한 권 서양사

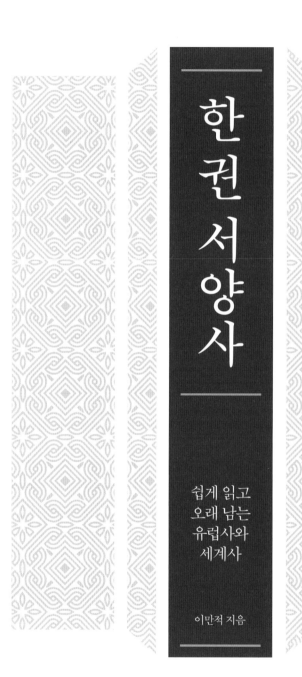

한 권 서양사

쉽게 읽고
오래 남는
유럽사와
세계사

이만적 지음

중앙books

선배들의 발자취를 기억하며

'이만적'이라는 제 이름은 원래 예명이었습니다. '만적의 난'이라는 사건을 널리 알리고 싶어서 써 온 이름이지요. 그런데 어느 날 모종의 사유로 더 이상 예명을 사용할 수 없는 상황에 처했습니다. 고민이 깊었습니다. 이제 와서 본명을 쓸 경우 이만적이라는 이름으로 이미 출간된 교재와 강의를 포기해야 했으니까요.

결국 예명을 본명으로 바꾸기로 결심한 저는 해변 만(灣)에 자취 적(蹟)을 저의 새 이름으로 삼았습니다. 하필 이 한자를 고른 것은 우리의 앞길을 개척했던 무수한 선배들이 '해변의 발자국'처럼 사라지고 있다는 사실이 슬펐기 때문입니다. 내가 사는 동안 이 세상이 아름다워지도록 노력한 이들을 기억하자는 의미였지요.

이 책은 오랜 시간 역사를 공부하고 가르쳐온 제 노하우를 담은 결과물입니다. 역사란 전 세계를 무대로, 수천 년의 시간 동안, 무수히 많은 등장인물들이 뛰노는 장대한 이야기입니다. 저는 어떻게 해야 학생들에게 이 거대한 서사를 알기 쉽게 전달할 수 있을지 그동안 쉼 없이 고민해왔습니다. 그래서 내린 결론은 주요 인물에 초점을 맞춰 이야기를 풀어나가는 것이었습니다. 비유하자면 어린아이에게 나무 그리는 법을 알려줄 때 곁가지보다 줄기와 뿌리를 먼저 그리도록 하는 것과도 같습니다. 이 책은 그러한 제 강의 원칙이 그대로 담겨 있어 한 권만 읽어도 누구나 쉽게 역사의 맥을 짚을 수 있도록 도와줍니다.

물론 '쉽게' 쓰는 것만이 전부는 아니었습니다. 중앙일보플러스의 인문학연구소장으로서, 이 책을 읽은 독자들이 세계사능력검정시험에서 큰 도움을 받을 수 있도록 구체적인 사건 소개에도 심혈을 기울였습니다. 특히 『한 권 서양사』에서는, 유럽사에 중점을 두고 이 작은 대륙이 아메리카와 아프리카, 그리고 아시아로까지 힘을 뻗치는 과정을 빈틈없이 묘사해 유럽이 어떻게 외부의 세계와 조우하고 현재에 이르렀는지를 조감할 수 있도록 했습니다. 간편히 읽으면서도 역사의 '맥'을 놓치지 않는 책. 이것이야말로 제가 궁극적으로 추구한 목표였습니다.

저의 이러한 노력이 올바른 것이었는지의 여부는, 지금부터 독자 여러분이 평가할 영역이라고 생각합니다. 이제 저는 여러분의 준엄한 평가를 기다리면 겸손한 마음으로 이 자리에 서 있겠습니다.

마지막으로 역사 교육의 중요성을 일깨워준 도산 안창호 선생님, 오랜 세월 역사 교육에 대한 고민을 함께해 온 방대광 형님께 감사의 인사를 드립니다.

이만적

차례

7 가장 참혹한 전쟁을 넘어서 – 세계대전과 현대

1

인류
문명의
기원

오 리 엔 트

인류의 출현과 메소포타미아 문명

인류의 기원

인류의 조상은 아프리카의 남쪽에서 발견된 오스트랄로피테쿠스 아파렌시스이다. '오스트랄로피테쿠스'는 '남쪽의 원숭이'라는 뜻이며 '아파렌시스'는 발견 장소인 아파르에서 따온 이름이다. 이들은 원숭이와 비슷한 부분도 있었지만 두 발로 서서 걸었다고 한다. 두 발로 걸었다는 말은 손이 자유로웠다는 뜻으로, 오스트랄로피테쿠스는 다른 동물들과 다르게 도구를 사용할 수 있었다. 약 390만 년 전 오스트랄로피테쿠스 아파렌시스가 아프리카에 거주했을 때에는 강한 자외선을 차단하기 위해 피부가 검은색이었으나 아시아와 유럽으로 퍼지면서 자외선이 약해져 피부색이 점점 옅어져 갔다. 오스트랄로피테쿠스 아파렌시스의 키는 남자가 1.5미터 이상인 데 비해 여자는 0.9미터에서 1.2미터 정도였을 것으로 추정된다.

　오스트랄로피테쿠스에 이어 호모 에렉투스, 호모 사피엔스가 나타

인류의 변화

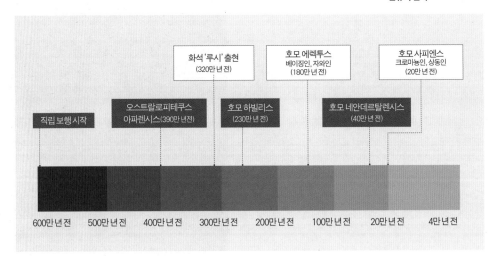

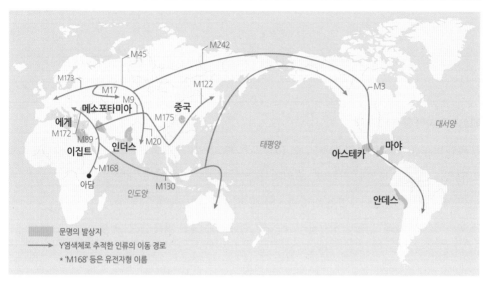

인류의 이동과 세계 4대 문명

났는데 호모 사피엔스가 현재 우리의 인류이다. 호모 에렉투스는 창을 이용해 짐승을 잡았으며, 이들보다 뇌가 발달한 호모 사피엔스는 한층 발전된 도구를 들고 사냥하며 식량을 구했다. 구석기 때는 이처럼 사냥이 가장 중요한 경제활동이었으나 신석기 시대부터 우리 인류는 농경과 목축을 하며 정착 생활을 했고, 청동기 시대에 들어와 본격적으로 문명을 만들었다. 세계 4대 문명이라 불리는 이집트 문명, 메소포타미아 문명, 인더스 문명, 황허 문명은 청동기 시대에 성립했으며, 이때부터 계급과 국가가 나타났다.

메소포타미아 문명의 시작

오리엔트는 로마의 언어인 라틴어로 '태양이 뜨는 곳'이라는 뜻이며, 오키덴스는 반대로 '태양이 지는 곳'을 의미한다. 당시 로마인들에게 '태양이 뜨는 곳'이란 메소포타미아 지방과 이집트 지역을 의미하며, 그중 메소포타미아는 아래 지도에서 보듯이 초승달 모양으로 생긴 비옥한 초승달 지대이다.

'메소포타미아'는 그리스어로 '강과 강 사이'라는 뜻이다. 그 이름대로 이 지역은 유프라테스강과 티그리스강 사이에 있다. 이 지역은 또

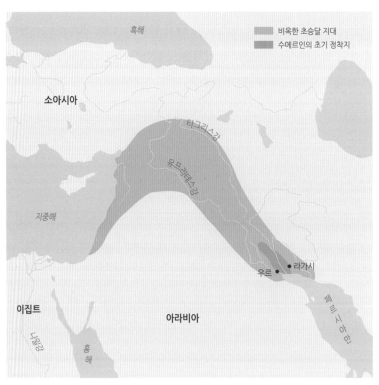

초승달 지대
나일과 유프라테스는 모두 강이란 뜻이며, 티그리스는 창처럼 빨리 흐른다는 뜻이다.

한 '이라크'라고도 불렸는데, 아랍어로 '강가의 땅'이라는 뜻이니 그리스어 이름과 유래가 비슷하다. 메소포타미아 지역과 이집트 지역은 기후가 몹시 건조하고, 낮과 밤의 기온 차이가 매우 크며, 강우량은 한반도의 30분의 1밖에 되지 않는다. 이집트에서는 드물게 내리는 비를 '나일강의 이슬'이라고 부른다. 빙하 시대에 이 지대는 기후가 온화하고 초목이 무성했다. 인도의 인더스강 유역도 지금처럼 사막이 아니라 푸르고 울창한 숲이었다. 빙하 시대가 끝나고 기온이 상승하면서 삼림은 시들었고 비옥한 땅은 사막과 스텝으로 변했다.

메소포타미아에 수메르인이 출현한 것은 기원전 3500년경이다. 이들이 사용한 설형문자는 갈대 줄기를 이용해 점토판 위에 쐐기 형태로 새긴 문자로, 이 점토판을 구워 단단하게 만들면 오랜 시간 기록을 보존할 수 있었다. 여기에는 수메르인들의 많은 전설과 영웅의 이야기가 새겨져 있다.

설형문자와 갈대 펜
수메르인은 설형문자를 통해 자신의 존재와 생각을 후세에 남겼다. 그들은 갈대 펜이나 금속 필기구로 점토판에 글을 새겼는데, 날카로운 문자의 모양이 쐐기[楔]를 닮았다고 해서 설형문자 (楔形文字)라고 한다.

수메르인의 기록을 보면 성경의 구약성서 이야기와 유사한 이야기들이 많다. 성경의 구약성서에는 여호와(하나님)가 이 세상과 인간을 창조했다고 되어 있는데, 수메르인의 기록에도 성경과 유사한 창조 이야기가 나온다. 그뿐 아니라 여호와가 남자의 갈비뼈로 여자를 만든 일, 노아의 방주가 등장하는 대홍수와 유사한 이야기도 수메르인의 기록에 나온다. 다음은 수메르인의 홍수 이야기이다.

신들은 자신들이 창조한 인간들이 본래 의무인 신들에 대한 봉사를 게을리 하며 제멋대로 행동하자 모든 인간을 없애기로 결정했다. 이 가혹한 처사에 불만을 가진 한 신이 몰래 왕이자 사제인 지우수드라에게 이 결정을 알렸다. "신들이 인류를 없애기 위해 대홍수를 일으키기로 결정했다. 너는 배를 만들어 가족과 모든 생물의 종자를 싣도록 하여라. 홍수는 7일간 쉬지 않고 계속될 것이다." 지우수드라는 신의 명령대로 따랐다. 홍수가 시작된 이후 7일째가 되던 날 신의 말대로 폭풍이 멎었고 하늘은 맑아졌다. 그리고 배는 산꼭대기에 멈추었다. 산에서 6일을 보낸 후 7일째 되던 날 지우수드라는 물이 빠졌는지 알아보기 위해 비둘기를 날려 보냈다. 하지만 비둘기는 바로 되돌아왔다. 그다음에는 제비를 날려 보냈으나 역시 되돌아왔다. 마지막으로 큰 까마귀를 날려 보냈는데 물이 빠진 대지에서 모이를 찾아다니느라 돌아오지 않았다. 그제야 물이 빠졌음을 안 지우수드라는 가족과 함께 배에서 나와 산꼭대기에서 모든 신들에게 제사를 올렸다.

유프라테스강과 티그리스강의 홍수는 아르메니아(지금의 터키와 시리아 사이에 있는 지역)의 눈이 녹으면서 일어나는 것으로, 보리 수확이 시작되는 시기인 4, 5월경에 일어나는 경우가 많았다. 다만 다른 시기에 홍수가 날 때도 있는데, 이 예기치 못한 재난으로 하룻밤에 일가가 전멸하는 경우도 많았을 것이다. 이런 수메르인의 불안하고도 덧없는 심정이 홍수 신화로 전해지는 것이다. 수메르인의 기록에 따르면 이 홍수가 끝난 뒤에 그들의 역사가 시작되었다고 한다.

지구라트와 바벨탑

메소포타미아 지역 남쪽에 있는 바빌로니아에 수메르인이 도시국가를 만든 시기는 기원전 3000년경 내지 기원전 2700년경으로 추정된다. 메소포타미아 지역에서는 이미 기원전 3000년대 초반에 구리와 주석을 합금한 청동을 만들어 청동기 시대를 열었다. 수메르인은 이 청동기를 기반으로 바빌로니아 지역에 우르, 키시, 니푸르, 라가시 등의 도시를 만들었다. 각 도시들은 자신만의 수호신과 신전을 가진 독립된 도시국가였는데, 그중 니푸르의 신인 '엔릴'은 전 바빌로니아를 대표하는 신으로 여러 도시의 종교적 중심이었다. 엔릴은 대기와 폭풍, 그리고 홍수의 신이었다. 엔릴이 지배하는 자연현상은 수메르인이 가장 두려워하던 것이었다. 또한 도시국가들은 전쟁을 통해 패권을 다퉜는데, 한 도시가 오랜 시간 패권을 누리는 경우는 얼마 없었다고 기록되어 있다.

　수메르인들은 신을 섬기기 위해 지구라트라는 높은 건조물을 수없이 만들었다. 지구라트는 '높은 봉우리'라는 뜻이다. 일설에 따르면 수메르인은 본래 산지에 살던 민족이었다. 산지의 꼭대기에서 신에게 제사를 지내던 그들이 메소포타미아 지역에 산이 없는 것을 보고 산 모양의 지구라트를 만들었다는 것이다. 성경에는 지구라트가 바벨탑이란 이름

으로 나온다. 히브리어 '바벨'은 아카드어 '바빌림'이 잘못 전해진 것이
다. '바빌림'은 '신의 문'이라는 뜻이고 바벨은 '혼돈, 혼잡'이라는 뜻이
다. 그리스인들은 '바빌림(또는 바벨)'을 바뷜론, 이 지방을 바뷜로니아라
고 불렀는데, 이를 영어로 읽은 것이 바로 바빌로니아이다.

구약성서에 따르면 인간들이 하늘에 닿으려고 탑을 쌓기 시작하자
여호와가 이를 괘씸하게 여겼다. 여호와는 인간의 언어가 하나이기에
서로 힘을 합칠 수 있음을 알고 그들로 하여금 여러 가지 언어를 사용하
게 해 서로 소통하지 못하도록 했다. 분열된 인간들은 결국 탑 쌓기를 중
단했고, 그 지역의 이름은 바벨(혼돈)이 되었다고 한다.

메소포타미아 지역의 평야는 두 강이 상류에서 실어온 퇴적물이 쌓
여 이루어졌다. 이 때문에 암석은 거의 없고 흙과 모래가 부드러워 걸으
면 푹신했다. 바람만 불어도 흙이 가루처럼 날아오를 정도였다. 알이 고
운 점토는 벽돌로 굽기에 적합해 일찍부터 벽돌 제조가 발달했다. 처음

**지구라트 유적과
대(大) 피터르 브뤼헐이
그린 바벨탑 상상도**

에는 흙으로 빚은 벽돌을 햇빛에 말려 건조시켰으나 이후에는 불로 구웠다. 이 지역은 또한 역청, 즉 아스팔트(석유를 정제할 때 잔류물로 얻어지는 물질)가 나와 지구라트를 만드는 것이 쉬웠다. 현재 메소포타미아 지역에서만 30개 이상의 지구라트가 발견되었는데, 이것들은 한 국가가 한 시기에 만든 것이 아니라 오랜 시간에 걸쳐 여러 민족이 건조한 것이다. 그래서 그 형태도 다양하다.

도시국가의 주민들은 곡식을 수확하거나 가축이 새끼를 낳으면 세금을 내기 위해, 혹은 신에게 제물로 바치기 위해 신전을 찾았다. 이때 주민이 납부한(또는 바친) 곡식과 가축의 수량을 기록하고 영수증을 만들어야 했으므로 문자가 발명되었고, 이 문자 덕분에 현대인은 수메르인의 역사를 알 수 있게 되었다.

수메르인의 문학 작품인 「길가메시 서사시」에 따르면 신들은 홍수가 일어나면 두려움에 떨며 개처럼 웅크리고 있었다고 한다. 또 홍수가

길가메시 서사시
우루크의 왕 길가메시는 친구가 죽자 인생의 무상함을 느낀다. 이에 그는 영원한 삶을 찾고자 여정을 떠나고 그 과정에서 한 노인을 만난다. 노인으로부터 불사의 약초가 있는 곳을 듣게 된 길가메시는 마침내 약초를 구하지만, 잠깐 한눈을 판 사이 뱀이 약초를 먹어치워 버린다. 길가메시는 한탄한다. "아, 이것이 모든 인간의 운명이란 말인가!" 이후 깨달음을 얻은 길가메시는 불멸의 삶보다는 현세에서 즐거움을 찾으면서 평생을 보냈다.
기원전 2000년 초의 바빌로니아 왕국 시대에 기록된 것으로 추정되는 「길가메시 서사시」는 죽음을 피할 수 없는 인간의 운명을 이야기한다. 뱀으로 인해 인간이 불멸성을 잃었다는 마지막 묘사는 성경의 에덴동산 이야기를 연상시킨다.

끝난 뒤 인간이 동물을 제물로 바치면 신들은 그 냄새를 맡고 파리처럼 모여들었다고도 기록되어 있다. 이는 신 역시 감정과 욕망이 있는 존재였다는 의미로, 필자는 이러한 인간적인 특징이 훗날 그리스의 신 제우스, 아테나 등에게 영향을 주었다고 생각한다.

절대적 존재인 이집트 신에 비해 수메르 신이 인간적인 특징을 지닌 것은 수메르의 도시국가들이 강력한 하나의 제국으로 통합되지 않았기 때문이다. 오랜 시간 통일된 국가를 유지한 이집트의 왕은 신이자 영원불멸의 존재로 여겨졌지만, 수메르의 왕은 죽음을 피할 수 없는 한낱 인간에 불과했던 것이다. 지배자의 힘이 약하니 그들이 믿는 신도 강력하지 못했다.

기원전 2700년경에 이르러 이 지역에 세습적 왕권이 등장했으나 왕은 신의 대리자에 불과했다. 50개의 도시국가를 정복한 수메르의 어느 왕은 전승 비문에 수메르 모든 나라의 왕인 엔릴 신이 자신을 백성의 목자로 인정했다고 기록했다. 왕은 단순히 목자, 즉 목동이었던 것이다. 이 목자라는 표현은 성경에도 나온다. "유대 땅, 베들레헴아. 네게서 한 다스리는 자가 나와서, 내 백성 이스라엘의 목자가 되리라(마태복음 2장 6절)."

바빌로니아

기원전 24세기경 도시국가 아카드의 왕 사르곤이 주변 여러 도시국가를 합쳐 하나의 통일 국가를 만들었다. 이제 푸른 목장에서 양떼를 지키는 목자가 아닌 전제적인 왕이 출현한 것이다. 수메르 국가들은 아카드에게 정복되었지만 그들이 인류에게 남긴 유산은 매우 크다. 수메르인은 인류 최고(最古)의 법전인 『우르남무 법전』과 1분을 60초로 계산하

흑해

바빌로니아 왕국의 영역

소아시아

티그리스강

유프라테스강

지중해

바빌론

이집트

우르 ● 라가시

아라비아

페르시아만

나일강

홍해

바빌로니아
기존의 수메르 문명이
번성하던 지역은 기온이
높아지면서 물의 염분
농도가 올라갔고, 이로 인해
밭농사의 생산력이 크게
떨어졌다. 이에 농경의
중심지가 바빌론으로
이동하면서 메소포타미아의
중심 지역도 바빌론이
되었다.

는 60진법, 태음력 등을 만들었으며, 그들이 만든 수로와 저수지는 근대에 들어서 튀르크족에게 파괴될 때까지 이 지역의 농경에 큰 도움을 주었다. 메소포타미아 지역을 처음 통일한 아카드인은 메소포타미아를 200년간 통치했다. 이후 이 지역을 재통일한 나라는 아무루인이 세운 바빌로니아이다.

아무루인의 바빌로니아 왕국은 이후 등장하는 신바빌로니아 왕국과 구분해 고바빌로니아 왕국이라고도 한다. 바빌로니아 왕국의 함무라비 왕은 즉위 39년인 기원전 1763년에 아카드의 사르곤 왕처럼 메소포타미아를 통일했다. 메소포타미아의 남부 수메르와 북부 아카드 지방을 합쳐 바빌로니아라고 부르기 시작한 것은 이 시기부터이다. 구약성서에 등장하는 아므라벨(창세기 14장)이 함무라비 왕이라는 주장도 있다.

함무라비 왕은 기원전 1800년경 법전을 만들었다. 『함무라비 법전』의 첫 번째 특징은 '눈에는 눈, 이에는 이'라는 말로 유명한 철저한 보복주의이다. 누군가가 다른 사람의 눈을 멀게 하면 그자의 눈도 멀게 하고, 다른 이의 뼈를 부러뜨리는 자는 그 뼈를 부러뜨린다. 두 번째 특징은 고의적 상해와 우발적 사고를 구분하지 않는 것이다. 우발적 사고에 의한 살인도 처벌받는다. 세 번째 특징은 신분적 차별이 강하다는 점이다. 가해자가 귀족이고 피해자가 평민일 경우는 은 1마나를 지불하며, 가해자가 귀족이고 피해자가 노예일 경우 은 1마나의 반을 지불한다. 하지만 가해자의 신분이 낮으면 낮을수록 무거운 형벌을 받게 된다. 함무라비 법전에 따르면 여성도 재산을 소유할 수 있으며, 노예도 돈을 내고 자신의 자유를 살 수 있었다.

함무라비 법전이 새겨진 돌기둥과 그 윗부분
왼쪽에 서 있는 사람이 함무라비 왕, 오른쪽에 앉아 있는 남성이 태양의 신 샤마슈이다. 함무라비는 태양신으로부터 받은 법을 약 2.4미터의 돌기둥에 새겨 자신의 제국 여러 군데에 설치했다.

이집트 문명

나일강의 선물, 이집트

그리스의 역사학자 헤로도토스는 다음과 같은 기록을 남겼다.

이집트는 나일강의 선물이다. 나일강이 범람해 관개가 되는 토지가 이집트이며, 그 강의 물을 마시는 이가 이집트인이다. 그들은 삽으로 밭이랑을 일으키는 고생도, 땅을 깊이 가는 고생도, 수확을 거둬들이는 고생도 하지 않는다. 강이 스스로 수량을 더해 와 그들의 논밭에 물을 대고 이내 원래의 상태로 돌아가면, 사람들은 물이 빠진 논밭에 씨를 뿌리고 거기에 돼지를 풀어 씨를 밟게 한다. 그다음엔 수확을 기다릴 뿐인데, 그마저도 돼지를 이용해 곡식을 뿌리째 뽑게 한 다음 거두어들이는 것이다.

앞서 말했듯 이 지역의 강우량은 매우 적어 이집트에서는 드물게 내리는 비를 '나일강의 이슬'이라고 한다. 나일강의 이슬은 6월에 시작되어 10월에 최고 수위에 오른 다음 점차 줄어드는데, 물이 빠진 뒤에는 비옥한 퇴적 물질이 대지를 덮는다.

유프라테스강과 티그리스강의 홍수는 노아의 홍수처럼 모든 것을 휩쓸어 갔지만, 나일강의 범람은 정기적으로 일어나는 데다 물의 증감

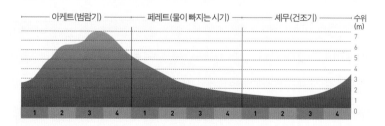

나일강의 범람

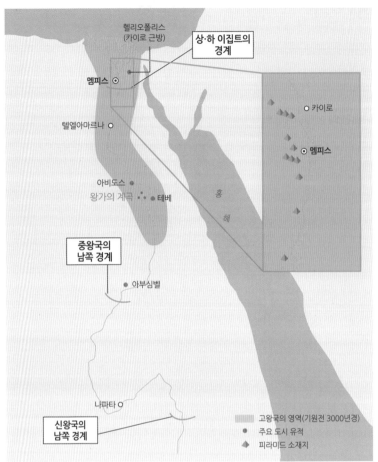

헬리오폴리스
(카이로 근방)

상·하 이집트의
경계

멤피스 ⊙

○ 카이로

텔엘아마르나 ○

⊙ 멤피스

홍

아비도스 ●
왕가의 계곡 ∵ ∴● 테베

해

중왕국의
남쪽 경계

● 아부심벨

나파타 ○

신왕국의
남쪽 경계

▨ 고왕국의 영역(기원전 3000년경)
● 주요 도시 유적
◆ 피라미드 소재지

이집트 문명

도 완만해 한 번 일어나면 비료가 필요 없을 만큼 비옥한 퇴적 물질로 대지를 덮어 주었다. 이렇게 만들어진 옥토와 태양열의 혜택으로 이집트인들은 관개 작업만 게을리 하지 않으면 연 2회 농작물을 수확할 수 있었다.

이렇듯 나일강이야말로 이집트 역사 그 자체라 할 수 있다. 이 지역에 인간이 살기 시작한 것은 약 20만 년 전부터인 것으로 보이며, 문명이 발생한 시기는 수메르인이 메소포타미아에 문명을 건설한 시기와 비슷하다고 추정된다. 이집트가 아무리 나일강의 선물이라 해도 인간의 노력이 전혀 필요하지 않았던 것은 아니다. 무엇보다 중요한 것이 치수

사업이었는데, 그 과정에서 이집트는 기하학, 천문, 역법 등을 발전시켰다. 또한 대규모 사업을 위해서는 많은 인력이 필요했기 때문에 각 거주지는 수십 개의 소왕국으로 통합됐다가 이후 상·하 이집트 2개 왕국으로 정리됐다.

나일강 상류에 위치한 상이집트는 기온이 높고 습도가 낮으며 강우량이 극히 적었다. 외부와의 교류도 거의 없어 사람들은 오로지 농사만 짓고 살아갔기에 정치적 단결이 강했다. 반면 나일강 하류에 위치한 하이집트는 기온이 온난하고 습도가 높으며 약간이나마 비도 내렸다. 이곳은 해외와 교류하며 국제적인 문화를 형성했다. 기원전 3100년경, 상이집트에 메네스라는 전설적인 왕이 등장해 상·하 이집트를 통일했다. 이후 이집트의 왕인 파라오('커다란 집에 사는 사람'이란 뜻)는 스스로 상·하 이집트의 왕을 칭했으며, 양국의 왕관을 결합한 이중 왕관을 썼다. 상이집트는 흰 왕관을, 하이집트는 붉은 왕관을 썼는데 파라오는 이를 통합

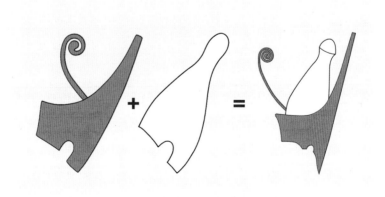

상·하 이집트 왕관
왼쪽이 하이집트의 붉은
왕관, 가운데가 상이집트의
흰 왕관이며, 오른쪽은
두 개를 합친 상·하
이집트의 이중 왕관이다.

한 이중 왕관을 썼다. 통일 이집트는 양국의 경계점, 지금의 카이로가 있는 멤피스에 새 수도를 마련했다.

멤피스는 나일강의 흐름이 완만하고 지중해 쪽에서 1년 내내 바람이 불어 범선이 쉽게 거슬러 올라갈 수 있는 곳이었다. 파피루스로 만든 돛을 단 갈대배가 오가는 이곳은 일종의 고속도로였던 셈이다. 멤피스에는 대량의 물자가 모였고, 이집트인들은 그 종류와 수량을 관리하기 위해 파피루스에 상형문자를 기록했다.

파피루스
나일강에서 자라는
파피루스의 줄기를 가늘게
잘라 종이처럼 사용했다.
이 파피루스(papyrus)에서
'paper'란 말이 나왔다.

이집트 왕조

이집트의 역사는 아케메네스 왕조 페르시아에 정복당할 때까지 약 2,500년 동안 이어지는데, 이를 크게 고왕국, 중왕국, 신왕국 시대로 구분한다(왕조의 구분 방법과 연도에 대해서는 여러 가지 설이 있음). 제3왕조부터 제6왕조까지를 고왕국 시대(기원전 2686?~기원전 2181?)라고 하며 수도는 멤피스였다. 이때 지배자인 파라오는 태양신 레[Re. 또 다른 이름은 라(Ra)]의 아들이었다. 파라오는 죽고 나면 저승과 나일강의 신인 오시리스와 결합해 한 몸이 된다. 그리하여 파라오는 저승에서 신으로 부활해 나일강의 범람을 조절하고, 이를 통해 곡식이 결실을 맺게 되는 것이다. 또한 살아 있는 동안에도 파라오는 신이어서 모든 국토가 그의 재산이었다. 이처럼 고왕국 시대에는 파라오의 힘이 컸기에 거대한 피라미드가 많이 세워졌다. 고왕국 시대는 외부의 침입으로 멸망한 것이 아니라 내부의 쇠약함으로 붕괴되었다.

제7왕조부터 제10왕조까지의 제1중간기(기원전 2181?~기원전 2050?)를 거친 뒤 등장한 제11~12왕조를 중왕국 시대(기원전 2040?~기원전 1758?)

라고 한다. 고왕국이 붕괴된 이후 혼란을 거듭하던 이집트는 테베의 한 지방 귀족에 의해 다시 통일되어 중왕국 시대가 시작되었다. 테베의 신은 아몬이기에 태양신 레와 동일시되면서 '아몬 레'라는 새로운 신이 등장했다. 중왕국 시대에는 거대한 피라미드가 건설되지 않았는데, 이는 파라오들이 고왕국 시대의 파라오만큼 강한 권력을 누리지 못했기 때문이다. 반대로 지방 귀족들의 힘이 커지면서 이들도 파라오를 따라 미라를 만들었다. 중왕국 시대의 파라오 조각상을 보면 얼굴에 고통과 근심이 가득 차 있는 데 비해 귀족의 모습은 매우 사실적으로 표현되어 있다. 그만큼 파라오의 힘이 약화되고 귀족의 힘이 커졌음을 의미한다.

제13왕조에서 제17왕조까지의 제2중간기(기원전 1750?~기원전 1567?)에는 힉소스인의 침입이 있었다. 기원전 1730년경 말, 전차, 강궁을 가진 힉소스가 이집트로 쳐들어 와 약 1세기 동안 하이집트를 점령한 것이다. 이때 이집트는 처음으로 이민족의 지배를 경험했다. 힉소스는 '이민족 통치자'라는 뜻의 이집트어에서 유래했다. 이들은 아라비아인이라는 설도 있고, 유대인이라는 설도 있다. 후자의 경우 힉소스의 왕들 중 '야곱'이라는 이름을 가진 사람이 있는데, 이를 구약성서에 나오는 야곱과 동일인으로 본 것이다. 하지만 힉소스의 정확한 정체는 알 수 없다. 중왕국 시대 때 이집트에는 말이 없었기 때문에 말과 전차를 앞세워 급습한 힉소스의 공격에 무력했다. 하지만 이내 전차 기술을 습득한 이집트인들은 힉소스를 몰아내고 이집트 외부로까지 활동 영역을 넓혔다.

힉소스를 물리치고 등장한 제18왕조부터 제20왕조까지를 신왕국 시대(기원전 1570?~기원전 1070?)라고 하는데 이때는 강력한 중앙집권 국가를 이루었으며 밖으로도 영토를 팽창해 대제국을 형성했다. 수도는 테베와 텔엘아마르나였다. 신왕국 시대 가장 위대한 파라오는 투트모세 3세였다. 당시 이집트는 힉소스에게 배운 전차 기술을 활용해 강력한 전차 부대를 만들어 둔 상태였다. 투트모세 3세는 이 전차 부대를 이끌고 총 18회의 메소포타미아 원정을 시도했으며, 여덟 번째 원정 때는 유프라테스강 상류를 넘어서기까지 했다. 이때 이집트군은 유프라테스강이 북에서 남으로 흐르는 것을 보고 큰 충격에 빠졌다고 한다. 그들은 여태껏 남에서 북으로 흐르는 나일강만 보고 살아왔기 때문이다.

이후 이집트는 제21왕조부터 제30왕조까지, 즉 후기 왕국 시대(기원전 1085?~기원전 332?)에 점차 쇠퇴한다. 기원전 7세기 이집트는 아시리아의 침입으로 잠시 아시리아의 지배를 받다가 그리스인 용병의 도움을 받아 독립하지만, 기원전 525년 페르시아의 대왕 캄비세스에 의해 다시 정복되고 말았다. 이로써 파라오의 이집트는 영원히 사라졌다.

메소포타미아와 이집트의 차이

고대 이집트의 신들은 새, 악어, 하마, 개, 고양이, 소 등 다양한 동물의 형태였다. 이러한 여러 신들 중 으뜸은 태양신이었고, 태양신의 대리자인 파라오 역시 신으로 추앙받았다. 이는 메소포타미아 지역의 왕과 대조된다.

개방적인 지형을 가진 메소포타미아는 이민족의 침입이 잦았다. 이 때문에 메소포타미아의 많은 도시국가들은 견고한 성벽을 쌓아 사람들을 보호했다. 반면 이집트에는 성벽이 없었다. 남쪽은 폭포로 막혀 있고, 북쪽은 지중해로 막혀 있으며, 동서는 끝없는 사막이 막고 있으니 성벽이 필요 없었던 것이다. 지형상의 이유로 수시로 지배자가 바뀌었던 메

소포타미아는 왕권이 약했지만 폐쇄적인 지형으로 보호받았던 이집트
는 파라오의 권한이 강력했다.

두 지역의 이 같은 차이는 사람들의 성향에서도 드러났다. 하루가
다르게 격변하는 삶을 살았던 메소포타미아인들이 현세 지향적이었던
것과 반대로, 수천 년간 큰 변화가 없는 삶을 살았던 이집트인들은 내세
지향적이었다. 이집트인들은 죽은 이를 미라로 만들었는데, 사막의 간
단한 묘혈(시체를 묻기 위해 판 구덩이)에 매장된 시체가 자연적으로 미라가
되는 현상에서 힌트를 얻은 것으로 보인다. 이렇게 제작된 미라는 죽은
자의 영혼을 위해 쓰인 『사자의 서(書)』와 함께 매장되었다.

사자의 서

이집트인들은 영혼불멸과 사후 세계를 믿어 시체를 미라로 만들었으며, 이렇게 만든 미라를 『사자의 서』와
함께 무덤 속에 안치했다. 이집트인들은 생전에 착한 일을 많이 하면 죽은 뒤 오시리스(사후 세계의 왕이자 죽은
사람을 어디로 보낼지 결정하는 재판관)를 만나 판결에 따라 좋은 곳으로 가게 된다고 믿었다.

①죽은 자의 영혼 ②죽은 자를 안내하는 아누비스 ③악인의 심장을 먹어치우는 괴물 암무트
④기록관 토트 ⑤죄를 고백하게 하는 호루스 ⑥사후 세계의 심판관 오시리스

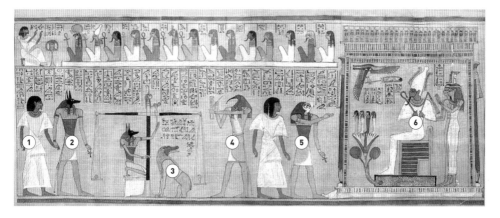

피라미드

내세지향적이었던 이집트인 중에서도 특히 파라오는 영원불멸한 삶을 위해 거대한 피라미드를 만들었다. 피라미드라는 말은 '수직의 높이' 또는 '첨탑'을 나타내는 이집트어에서 유래했다. 오늘날 이집트에 남아 있는 피라미드는 80여 개에 달하나 관람객들이 주로 찾는 곳은 쿠푸, 카프라, 멘카우라 왕의 피라미드로 기원전 2600년대에 만들어졌다. 그중 가장 큰 쿠푸 왕의 피라미드는 밑변의 한 변이 227미터, 높이가 약 146미터이다. 당시 나침반이 없었음에도 매우 정확하게 방위를 결정했으며, 네 변의 길이도 거의 227미터로 일치한다. 그중 동변, 즉 남북을 달리는 변이 정북보다 0도 5분 30초 서쪽으로 기울어져 있지만 이는 미세한 오차일 뿐이다. 이 모든 사실을 종합해보면 지금으로부터 4,000년 전에 천문학과 측량술이 얼마나 발달했는지를 알 수 있다. 피라미드에는 2.5톤의 석재가 약 230만

카프라 왕의 피라미드

개 쓰였는데 총 중량이 680여 만 톤이나 된다.

쿠푸 왕은 이 피라미드를 만들기 위해 모든 신전을 폐쇄하고 신에게 희생물을 바치는 것을 금했으며, 이집트인에게 왕을 위한 노역을 명했다. 이집트인들은 한 번에 10만 명씩 3개월간 교대로 노역했는데 돌을 운반하는 도로를 건설하는 데만 10년, 묘실을 건설하는 데 다시 10년, 그 위에 우뚝 솟은 피라미드를 건조하는 데 20년이 걸렸다. 일하는 사람들은 대부분 농민들로 주로 농한기에 노역을 했으며, 작업 기간 중 그들의 의식주는 왕실에서 막대한 비용을 지출해 보장해주었다. 현재 남겨진 기록 중에는 피라미드 건설 당시 노역자들의 출결 여부와 결근 사유를 적어놓은 자료가 있는데, 가족 행사나 음주 뒤 숙취 등의 이유로 일을 쉬었다는 대목이 있어 노역자들이 비교적 자유롭게 피라미드 건설에 참여했음을 알 수 있다.

쿠푸 왕의 뒤를 이은 카프라 왕의 피라미드는 쿠푸의 것보다 작지만 길이 73.5미터, 높이 20미터나 되는 거대한 스핑크스가 있다. 스핑크스는 본래 태양신 레의 상이었으나, 이 스핑크스는 카프라 왕의 얼굴을 하고, 몸은 맹수의 형상을 하고 있다.

미라

이집트인들은 사람이 죽으면 영혼이 육체를 떠나지만 이후 다시 돌아와 육체에 깃들면 되살아나므로 그때까지 시체를 소중히 보존해야 한다고 믿었다. 시체에 특수한 가공을 해 미라로 만드는 것도 바로 이 영혼의 귀환에 대비한 것이었다. 원래 이집트는 강우량이 적어 공기가 건조했고, 시체를 방치하면 자연적으로 미라가 되었기 때문에 일찍부터 미라를 만

들기 시작했다. 처음에는 왕과 귀족만 미라로 만들어졌지만, 이후 일반
인들도 미라로 만들어졌다.

　미라를 한 구 만드는 데는 70일 정도가 소요된다. 가령 파라오가 죽
은 경우, 먼저 시신을 씻은 뒤 향유를 바르고 왼쪽의 콧구멍 안에 길고
뾰족한 갈고리를 집어넣어서 두개골 안까지 닿게 한 뒤 뇌를 꺼냈다. 뇌
를 꺼내는 이유는 그것이 사후 세상에 갈 때 불필요한 부분이라고 생각
했기 때문이다. 그다음 왼쪽 갈비뼈 아랫부분을 잘라 심장을 제외한 장
기를 모두 꺼내 각각 다른 항아리에 담아 보관했다. 심장을 남겨놓은 것
은 사후 세계에서 심장의 무게를 달아 그 죄과를 심판했기 때문이다. 장
기를 담는 항아리에는 각각의 장기를 수호하는 수호신의 모습이 그려져
있다. 미라가 만들어지면 몸 안의 내용물이 밖으로 새지 않도록 긴 붕대
로 미라를 둘둘 감고 그 위를 왁스로 문질렀는데 이 왁스를 페르시아어
로 '뭄(mum)'이라고 한다. 미라를 뜻하는 '머미(mummy)'가 바로 여기에
서 온 것이다. 마지막으로 생전의 얼굴과 비슷하게 만들어 놓은 마스크
를 시체에 씌운 다음 죽기 전에 사용했던 물건을 무덤 안에 같이 넣어 장
례를 치렀다.

**5세가량으로 추정되는
어린아이의 미라**

오리엔트 세계의 발전

히타이트

인도유럽어족(인구어족)은 인도, 메소포타미아와 아나톨리아, 발칸반도의 남부로 이동했다. 이들 중 일부인 히타이트는 아나톨리아 지방(지금의 터키가 있는 소아시아)에 정착했는데 구약성서에는 헤테인이라고 기록되어 있다. 아나톨리아에는 철광이 풍부해 기원전 18세기경 히타이트는 철제 무기와 전차를 앞세워 주변 지역을 정복했다. 그들은 철기 문화를 서아시아에 전파하고, 메소포타미아와 이집트 간의 접촉을 촉진해 아시아 지역이 통일될 수 있는 길을 닦았다. 이 철제 무기는 오리엔트 전 지역으로 확산되기 시작했다. 이후 히타이트는 이집트(신왕국 시대)의 람세스

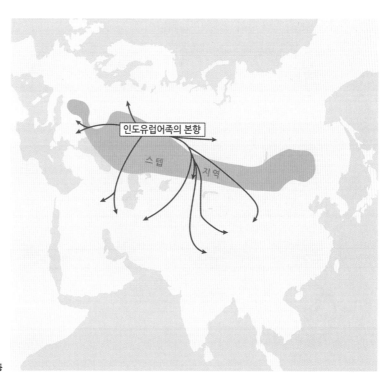

인도유럽어족의 이동

2세와 전쟁을 벌였는데 이 전투가 기원전 13세기경 '카데시 전투'이다.

　당시 이집트도 전차를 가지고는 있었지만 주로 철제 무기를 사용하는 히타이트에게는 대적할 수 없었다. 청동기가 주 무기였던 이집트는 결국 패했고 히타이트가 시리아의 중부와 북부를 차지했다. 이 전투 후 이집트의 람세스 2세는 히타이트에 철제 무기를 요청했지만, 히타이트는 '지금은 철이 생산되는 시기가 아니다'라며 거절하고 단 한 자루의 철제 검만 보내기도 했다. 하지만 그 와중에 아시리아인이 히타이트의 제철 기술을 습득하고 철로 무장한 군대를 조직해 팽창하기 시작하자, 히타이트와 이집트는 아시리아를 견제하기 위해 평화 조약을 맺었다. 이것이 인류 역사 최초의 평화 조약이다. 히타이트 제국은 기원전 1193년경 갑작스럽게 붕괴되는데, 해양 민족을 포함한 이민족의 이민으로 멸망한 것으로 보인다.

**이집트 유적에 묘사된
히타이트의 전차 부대**
보통 전차는 말을 끄는 사람과
활을 쏘는 사람 두 명으로
구성되는데, 철기로 만든
전차에는 공격수가
한 명 더 탈 수 있었다.

페니키아

페니키아는 '붉은 자주'라는 뜻이다. 이곳은 조개의 체액을 원료로 해서 만든 아름다운 보라색 염료로 유명한 지방이었다. 이 지역의 또 다른 이름인 '가나안'이라는 말 역시 '붉은 자주'라는 뜻이다. 이집트를 비롯한 각지에서는 페니키아에서 만든 보라색 천을 최고급품으로 취급했다. 페니키아인들은 이 보라색 직물을 가지고 활발한 해상 무역을 벌이며 지중해 일대에 여러 식민지를 개척했다. 그렇게 세운 도시 중에는 카르타고('새로운 도시'라는 뜻)도 있었는데, 훗날 로마 제국이 카르타고와 벌인 전쟁을 '포에니(라틴어로 '페니키아인'이라는 뜻)' 전쟁이라고 불렀던 것도 이 때문이다.

페니키아인은 헤라클레스의 기둥을 넘어 대서양을 항해해 영국까지 도달했다. 헤라클레스의 기둥이란 지브롤터 해협을 끼고 마주 보고 있는 유럽과 아프리카의 양 대륙의 바위산을 말하는 것으로, 고대에는 이곳을 세계의 끝이라 믿었다.

헤로도토스가 쓴 『역사』에는 홍해에서 출발한 페니키아인들이 아프리카의 희망봉을 돌아 헤라클레스의 기둥을 지난 뒤 이집트로 귀환했다는 기록이 있다. 헤로도토스의 마지막 기록을 보면 사실일 수도 있다. 기록에서 페니키아인들은 항해 도중 동쪽에서 뜬 태양이 북쪽을 경유해 서쪽으로 지는 것을 목격했다고 되어 있다. 북반구에서는 태양이 동쪽에서 떠서 남쪽을 경유해 서쪽으로 진다. 태양이 북쪽을 경유하는 것을 보려면 관찰자가 남반구에 있어야 한다. 따라서 이 같은 목격담을 남긴 페니키아인들은 남반구, 즉 아프리카의 희망봉을 돌아 귀환했을 가능성이 크다. 이것이 사실이라면 바스쿠 다 가마가 1497년 희망봉 앞 바다를 항해한 것보다 2,000년 이상 빠른 것이다.

이집트 문자		페니키아 문자	그리스 문자	로마 문자
의미	문자			
소의 머리		('a) Aleph	(a) Alpha	A
집		(b) Beth	(b) Beta	B
모서리		(g) Gimel	(g) Gamma	C/G
접는 문		(d) Daleth	(d) Delta	D

페니키아 문자

하지만 페니키아인의 가장 위대한 업적은 따로 있다. 바로 알파벳의 창안이다. 상업 국가였던 페니키아의 입장에서 볼 때 수메르의 설형문자나 이집트의 상형문자는 너무 불편했다. 이에 페니키아인들은 표음문자를 고안했는데 이 문자가 그리스 문자로 이어졌고, 이후 로마가 다시 그리스 문자를 채택·개량하면서 오늘날의 알파벳이 되었다.

헤브라이

헤브라이(히브리)는 '강 저편에서 온 사람'이라는 뜻이다. 여기에서 강은 유프라테스강을 말한다. 구약성서에 등장하는 헤브라이족의 조상 아브라함은 수메르인의 도시인 우르에서 태어났다. 아브라함의 손자인 야곱은 천사와 격투를 벌여 이긴다. 이에 여호와는 야곱에게 '이스라엘(하나님과 씨름을 했다는 뜻)'이라는 이름을 내리니 이것이 헤브라이 민족의 이름이자 그들이 세운 나라의 이름이 되었다.

이후 헤브라이 민족은 지금의 이스라엘 지방인 팔레스타인 지방으로 이동했다. 그중 일부는 이집트로도 이주했는데 이집트의 왕조가 바뀌면서 심한 박해를 받자 이집트를 탈출해 팔레스타인 지방의 부족들과 다시 합류한다. 이때 이집트의 헤브라이 민족을 이끌었던 인물이 모세

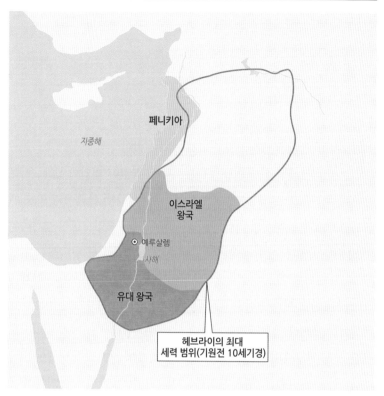

헤브라이

이며, 구약성서의 『출애굽기』에 그 과정이 기록되어 있다.

성경의 『출애굽기』에 따르면 모세가 헤브라이 민족을 이끌고 홍해를 건널 때 여호와가 홍해를 갈라 이들이 홍해를 건널 수 있도록 했다고 한다. 이 과정에서 모세는 여호와에 대한 일신교 숭배를 확립하고 이를 바탕으로 '십계'라는 규범을 부여했다. 일신교의 확립과 십계 규범으로 헤브라이 민족은 더 단결했고, 이후 강력한 병력까지 갖추게 되었다.

11세기경, 이스라엘 북부 지역에서 사울이라는 자가 헤브라이 민족 최초로 왕이 되었다. 당시 이스라엘이 자리 잡은 가나안 지역에는 블레셋이라는 민족도 있었는데, '이주자' 또는 '외국인'이라는 뜻인 블레셋은 바다에서 온 민족, 즉 해양 집단이라고 기록되어 있다. 다만 그들이 어디에서 왔는지는 아직도 모른다. 바로 이 블레셋(philistin)에서 지금의 팔레스타인이라는 호칭이 유래했다. 사울 왕은 이스라엘에게 가장 위협적인 존재인 블레셋을 물리치기 위해 전쟁을 벌인다.

　한편 이스라엘의 남쪽에는 다윗이라는 청년이 있었다. 그는 시와 음악에 재능을 갖춘 동시에 전투에도 능했다. 사울이 블레셋과 싸울 때 참전한 다윗은 블레셋의 거인 골리앗을 쓰러뜨려 죽임으로써 이스라엘의 영웅이 되었다. 이후 사울이 블레셋과의 전투에서 죽자 다윗은 왕위에 올랐다. 이때 이스라엘의 수도로 예루살렘이 정해졌다. 예루살렘은 '아름다운 황혼'이라는 뜻으로, 지금도 해가 지기 직전 모든 사물을 붉게 물들이는 황혼이 아름답기로 유명하다. 또한 이 도시는 '시온'이라고도 불리는데, '천국과 같은 장소'라는 뜻이다. 근대에 헤브라이 민족이 고국 재건운동을 펼치면서 이를 '시오니즘'이라고 한 것도 바로 여기에서 유래한 것이다. 다윗은 이 예루살렘의 언덕을 견고하게 쌓아 외부의 침입에 대비했다.

　다윗이 죽고 그 아들 솔로몬이 왕이 되면서 이스라엘은 더욱더 번영했지만 얼마 뒤 문제가 발생했다. 본래 다윗은 남부 유대 지역 출신이었다. 솔로몬 역시 남부 유대 중심으로 국정을 펼쳤다. 그 반작용으로 북부 이스라엘 지역 사람들에게 엄청난 세금과 강제 노역이 부과되었다. 당연히 북부 이스라엘의 불만이 커졌고 탄원도 이어졌다. 하지만 솔로몬의 뒤를 이어 왕이 된 그의 아들은 "아버지가 너희들의 멍에를 무겁게 하였으나 나는 너희들의 그 멍에를 더욱 무겁게 할 것이다. 아버지가 회초리로 너희들을 벌주었으나, 나는 전갈로 너희들을 벌줄 것이다"라고 하며 탄원을 무시했다. 결국 기원전 930년경, 헤브라이는 북부 이스라엘과 남부 유대 왕국으로 분열되었다.

아시리아

아시리아라는 이름은 그들이 섬겼던 태양신 '아슈르'에서 유래했다. 참
고로 아시아라는 지명도 아시리아어 '아수(해가 뜨는 땅)'에서 유래한 것
이다. 참고로, 유럽은 아시리아어 '에레브(그리스어로 에우로페)'에서 유래
된 말로 '해가 지는 땅'이라는 뜻이다.

　　이전까지 별다른 두각을 드러내지 않던 아시리아인은 기원전
3000년경 '아슈르'에 도시를 세운 뒤 중계 무역으로 부를 축적하고 주변
지역을 정복해 기원전 7세기경 오리엔트를 최초로 통일했다. 아시리아
가 이렇게 오리엔트를 통일할 수 있었던 열쇠는 철기로 무장한 전차 부
대였다. 수메르인의 경우 당나귀가 끄는 이륜과 사륜 전차를 사용했다.
그러나 차륜(전차의 수레바퀴)이라는 것이 120도짜리 부채 모양의 두꺼운
판자 세 개를 원으로 이어 붙인 조잡한 것이었다. 따라서 이때 사용한 전
차는 전투의 보조 수단에 불과했으며 수메르군의 주력은 보병이었다.
반면 아시리아인은 차륜부에 여섯 개의 튼튼한 바퀴살을 끼운 이륜 전

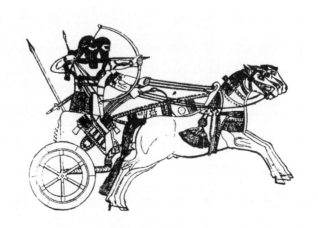

아시리아의 전차 부대

아시리아 제국
초기 제국 (기원전 825년경)
후기 제국 (기원전 650년경)

우라르투
루디아
아슈르
아시리아
엑바타나
지중해
키프로스
악갓
다마스쿠스
페르시아
바빌론
수사
수메르
예루살렘
엘람
유대
우르
멤피스
시내
두마
에시온게벨
아라비아
데제르타
(사막)
페르시아만
이집트
홍해
테베

아시리아의 영역

차를 사용했고, 전차를 끄는 짐승도 걸음이 빠른 말이었다. 당연히 전차
의 움직임은 이전과 비교도 할 수 없을 만큼 경쾌했다. 이런 전차 부대가
대규모로 전장을 누볐으니 당시의 오리엔트에서는 획기적인 전술이었
고 타민족에게는 공포의 대상이었을 것이다.

아시리아의 철기는 히타이트로부터 영향을 받았지만 전차는 오히
려 아시리아가 이집트와 히타이트에게 영향을 주었다는 설이 있다. 아
시리아에 전차가 나타난 것은 기원전 14세기 중엽이고, 기병이 나타난
것은 기원전 9세기 무렵으로 추정된다. 이때 기병들은 안장도 등자도
없이 말 등에 모포 한 장만 깔고 말을 탔다.

기원전 721년 아시리아는 3년간의 공격 끝에 이스라엘의 수도 사
마리아를 정복해 이스라엘을 멸망시켰다. 이어 유대 왕국이 공격을 받
았지만 가까스로 버티고 막대한 공납을 바치기로 약조한 다음 독립을
유지했다. 아시리아는 기원전 671년 이집트를 정복하고 드디어 오리엔
트 최초의 통일을 이루었다.

아시리아는 강대한 국가였지만 이민족에 대한 통치가 가혹했다. 포
로 10만 명을 장님으로 만들어 도망가지 못하게 하고 노예로 삼은 적도

있었다. 다음은 반란을 진압한 아시리아의 어느 왕이 남긴 기록이다.

> 나는 반란군을 진압했다. 나는 그들을 모두 죽여 시체로 골짜기와 절벽
> 을 덮었다. 도시의 성문 앞에 기둥을 세웠고, 반란 주모자들의 가죽을 모
> 조리 벗겨 그것으로 기둥을 감쌌다. 또 어떤 자는 기둥 속에 넣어 버렸으
> 며, 어떤 자는 말뚝에 꽂아 기둥 위에 세우고, 또 다른 자는 기둥 주위의
> 말뚝에 결박했다.

아시리아의 가혹한 통치로 새로 일어난 메디아와 신바빌로니아 연
합군은 기원전 612년 여름, 아시리아의 수도 니네베를 습격해 2개월의
공격 끝에 함락하고는 도시를 철저히 파괴해 버렸다. 아시리아가 망하
자 그동안 아시리아의 가혹한 통치에 힘들어하던 오리엔트 세계는 신의
축복이라며 자신들의 신에게 감사해했다. 이후 오리엔트 세계는 메디

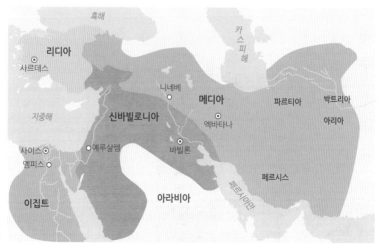

**아시리아 멸망 후
4국의 분할**

아, 신바빌로니아, 리디아, 이집트의 4국 분할 체제가 전개되었다.

신바빌로니아

메디아와 힘을 합쳐 아시리아를 멸망시킨 바빌론의 나보폴라사르는 기원전 612년 스스로 과거의 찬란했던 바빌로니아 왕국의 계승자임을 자처했다. 기원전 605년 카르케미시에서 이집트군과 싸워 결정적인 승리를 거둔 그는 아시리아가 지배하던 시리아와 팔레스타인을 정복했다.

이후 기원전 589년 신바빌로니아는 유대 왕국의 수도 예루살렘을 정복했다. 신바빌로니아는 유대의 왕과 왕비, 왕의 어머니 등 수천의 유대 사람들을 포로로 끌고 갔는데 이를 1차 바빌로니아 포수(捕囚)라고 한다. 이 1차 포수들은 비교적 관대한 취급을 받았다. 그런데 이후 신바빌로니아가 유대 왕국 땅에 세운 허수아비 왕이 배반하는 일이 벌어졌다. 기원전 586년 다시 예루살렘을 정복한 신바빌로니아는 이때 배반한 왕을 사로잡아 그가 보는 앞에서 아들들을 죽인 뒤 왕의 두 눈을 뽑고

공중정원
신바빌로니아의 네부카드네자르 2세
(재위 기원전 604~기원전 562)는 예루살렘을
공격해 유대 왕국을 멸망시켰다. 이 시절이
신바빌로니아의 전성기로, 수도 바빌론은
서남아시아 지방의 대도시로 성장했다.
특히 네부카드네자르 2세가 동방의
메디아에서 시집 온 왕비의 향수를 달래기
위해 만든 공중정원은 고대 세계 7대
불가사의 중 하나이다. 신바빌로니아는
네부카드네자르 2세 사후 힘이 약해져
기원전 539년 페르시아의 키루스 대왕에게
멸망당했다.

몸을 사슬로 결박해 신바빌로니아로 데려갔다. 이를 2차 포수라고 한다. 이들은 1차 포수들과 다르게 심한 박해를 받았다. 신바빌로니아의 바빌론에서 포수 생활을 보낸 헤브라이 민족은 유대 사람들을 중심으로 단결해 이때부터 유대인이라 불렸다.

아리아인

인도유럽어족(인구어족)인 아리아인은 기원전 30세기에 중앙아시아의 스텝에서 유목 생활을 하던 민족이다. 말의 원산지가 중앙아시아라는 사실에서도 알 수 있듯이 중앙아시아인은 오래전부터 유목 생활을 했다.

기원전 20세기경 아리아인의 일부가 메소포타미아 지역으로 이동했으며, 다른 일부는 인도에 들어가 원주민 드라비다인을 정복하고 카스트 제도를 만들었다. 이후 아리아인은 다시 메소포타미아로 이동해 메디아 왕국과 아케메네스 왕조 페르시아를 건설했다.

이들은 스스로를 아리아인이라 불렀다. '아리아'는 '고귀한'이란 뜻이다. 또한 그들의 땅은 '아리아인의 나라'라는 뜻인 '이란'이라 불렸다. 아리아인의 초기 거주지인 이란 고원 서부 페르시스(지금의 파르스 지방)를 라틴어로 페르시아라고 불렀기에 우리는 이들을 페르시아인이라고 부른다. 정리하면 아리아인 = 이란인 = 페르시아인이라는 공식이 성립된다. 참고로 페르시스의 어원은 파르사(승마자)로 유목민이라는 뜻이다. 즉, 페르시아인은 유목 생활을 하던 페르시아 지방의 사람이란 뜻이다. 1935년 페르시아는 유럽의 압박에서 벗어나 민족적 자긍심을 회복하고자 나라 이름을 페르시아에서 이란으로 바꾸었다.

메소포타미아로 이동한 아리아인, 즉 메디아인과 페르시아인은 인

도로 간 아리아인과 동일한 민족이기에 언어가 매우 유사했으며 공통되
는 신의 이름을 가지고 있었다. 또한 메디아와 페르시아 사이에는 서로
가 같은 계통의 부족이라는 인식이 있어 공동전선을 펴는 일이 많았다.

페르시아

페르시스 지방에 있던 페르시아가 세계적인 제국으로 성장한 것은 아
케메네스 왕조 때이다. 앞서 언급했듯 메디아와 같은 계통의 민족이었
던 페르시아는 원래 메디아의 속국이었다. 아케메네스의 후손인 키루스
2세, 즉 키루스 대왕도 어머니가 메디아에서 온 공주였다. 즉, 메디아의
왕은 키루스 대왕의 외할아버지이다.

　장성한 키루스 대왕이 정복 전쟁을 시작하면서 맨 처음 싸운 상대
가 바로 외할아버지의 메디아였다. 메디아군을 격파한 페르시아는 적국
의 왕, 즉 키루스 대왕의 외할아버지를 포로로 잡았다. 키루스 대왕은 그
를 끝까지 외할아버지이자 왕으로 대접하고 위로했다. 또 페르시아는
전투가 끝난 후 같은 민족인 메디아인을 후하게 대접해 메디아의 우수
한 인재들을 페르시아의 전력으로 흡수했다.

　메디아를 정복한 키루스 대왕은 리디아 정복에 나섰다. 이때 그는
처음으로 낙타를 탄 기병대를 전투에 투입했다. 리디아의 기병대는 처
음 보는 동물이 내뿜는 괴상한 냄새에 놀라 달아났다. 결국 리디아는 기
원전 546년에 키루스 대왕에게 정복당했다. 리디아를 정복한 키루스
대왕은 창끝을 중앙아시아로 돌려 박트리아(지금의 아프가니스탄 북부)를
정복해 페르시아 영토로 편입했다. 이어서 기원전 539년에는 비옥한
초승달 지대를 차지하고 있던 신바빌로니아를 정복했다. 신바빌로니아

왕도 페르시아에 사로잡혔으나 예우를 받았고 다음 해 그가 죽자 페르시아는 국장으로 성대하게 장례식을 치러 줬다.

　세계의 수도인 바빌론을 정복한 키루스 대왕은 페르시아 제국을 다스리는 군주의 칭호로서 '샤한샤'라는 말을 만든다. '모든 왕들의 왕'이라는 뜻이다. 이후 페르시아(이란)의 황제들도 이 칭호를 사용했다. 마치 중국 전국시대를 통일한 진 시황제가 왕들의 왕이란 뜻으로 황제를 칭한 것과 비슷하다.

　키루스 대왕은 아시리아와 다르게 피정복민의 종교와 풍속을 존중해 신바빌로니아가 수도에 모아 놓은 사방의 수많은 신상(신의 형상을 조각)을 각각 그 나라의 신전으로 되돌려 보냈으며, 기원전 537년에는 바빌로니아의 포수로 자유를 잃은 유대인을 해방시켜 고향으로 돌려보냈다. 유대인을 고향으로 보낸 것은 이민족 종교에 대한 관용 정책이 가장 큰 원인이었지만 그들을 통해 아직 정복되지 않은 이집트의 침공을 막으려는 의도도 있었다. 또한 유대교가 페르시아의 종교인 조로아스터교와 유사하다는 것도 유대인들에게 우호적이었던 이유 중 하나라는 설도 있다.

　조로아스터교는 창시자 조로아스터로부터 이름을 따왔다. 불을 숭상하기에 배화교라고도 한다. 조로아스터교는 이 세상을 빛과 선의 신인 아후라 마즈다와 어둠과 악의 신인 아리만이 싸우는 공간으로 보았다. 두 신의 싸움은 결국 아후라 마즈다의 승리로 끝나게 되는데, 선한 자가 승리하고 악한 자가 패배하게 되는 도덕적인 종교는 기존 메소포타미아의 다른 종교에서는 찾아볼 수 없는 것이었다. 조로아스터교는 아케메네스 왕조 페르시아의 영토 확장과 더불어 서아시아 지역으로 널리 전파되는데, 페르시아의 관용 정책은 이 종교의 영향을 받은 것으로 추측된다. 한편 최후의 심판, 천국과 지옥, 구세주 출현과 같은 조로아스터교의 교리는 유대교와 크리스트교, 이슬람교 등과 관련이 있는 것으로 보인다.

키루스 대왕이 죽은 후 그의 아들 캄비세스 2세가 즉위했다. 캄비세스 2세는 남아 있는 이집트 원정을 시도해 기원전 525년 이집트를 정복했다. 이집트를 정복한 왕은 누비아(지금의 수단 북동부 지역)의 왕국들과 카르타고 정벌을 계획했지만, 누비아 모래사막에서 5만여 명이 모래바람에 휘말려 전멸해버리고 말았다. 캄비세스 2세는 스스로 앞장서서 에티오피아 원정에 나서지만 이마저도 무참히 실패했다. 그가 아들 없이 죽자 기원전 522년 왕의 친척인 28세의 청년이 페르시아의 왕이 되니 그가 바로 유명한 다리우스 1세(재위 기원전 522~기원전 486)이다.

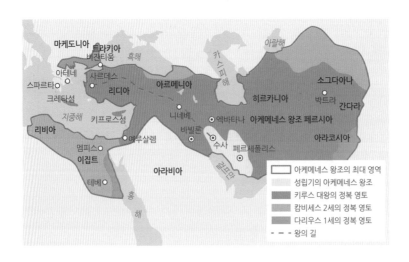

3개 대륙을 아우르다

다리우스 1세는 기원전 514년 70만 대군을 이끌고 스키타이 정복에 나섰다. 스키타이로 가려면 동쪽으로 가야 했으나 다리우스 1세는 서쪽으로 가는 길을 선택했다. 지리적으로 보면 보스포루스 해협을 건너 트라키아(지금의 불가리아)를 우회해 스키타이를 공격한 것이다. 동쪽으로 가는 길을 선택하지 않고 서쪽으로 간 이유는 아마도 다리우스 1세가 그리스 정복을 마음에 두고 있었기 때문이 아닐까 한다.

그리스 역사학자 헤로도토스가 쓴 『역사』에 따르면 "스키타이인들은 도시에도 성채를 세우지 않고, 자신의 짐을 모두 말에 실어 운반해 가는 기마 궁수로, 생활도 농경이 아닌 목축에 의존했으며, 사는 집도 수레 위에 지어 가축들에게 끌고 다니게 했다." 이처럼 이동 생활에 익숙한 스키타이는 다리우스군과 싸우지 않고 계속 이동했다. 이에 다리우스 1세

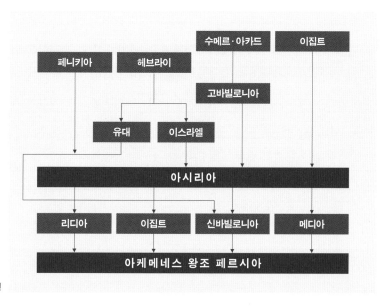

서아시아 세계의 변천

는 스키타이인에게 그만 도망가고 결전을 벌이자고 했지만, 스키타이인들은 자신들이 도망치는 것이 아니라 유목 민족의 문화대로 이동 생활을 하는 것뿐이라고 대답했다. 이 같은 스키타이의 전술로 인해 스키타이 정복은 실패하지만, 이후 다리우스 1세는 트라키아를 편입시키고 마케도니아의 항복을 받으면서 아시아, 아프리카, 유럽 3개 대륙에 걸친 제국을 만들게 된다.

　이렇게 키루스 대왕, 캄비세스 2세, 다리우스 1세의 3대 70여 년간 3개 대륙에 걸친 제국이 형성될 수 있었던 것은 피정복민에 대한 관용 정책과 아시리아를 계승한 중앙집권체제 덕분이었다. 전국을 20개의 주로 분할하고 주마다 총독, 군사령관, 징세관을 임명해 한 사람이 모든 권한을 갖는 것을 막고 행정권은 총독에게, 군권은 군사령관에게, 세금 징수는 징세관에게 주어 삼권을 분리한 것이다. 여기에 그치지 않고 수시로 '왕의 눈', '왕의 귀'라 불리는 감찰관을 지방에 파견해 관리들을 감독했다. 또 페르시아는 아시리아 이전부터 정비되던 도로를 더욱 발전시켰다. 그중 가장 중요한 도로는 겨울 수도인 수사와 연결되는 '왕의 길'이었다. 이후 아케메네스 왕조 페르시아는 그리스를 공격했다가 패배했지만 큰 타격은 없었다. 하지만 시간이 흐른 뒤 알렉산드로스가 이끈 군대의 공격을 받고 결국 멸망했다.

2

서양
정신의
원류

그
리
스

그리스 문명의 태동

크레타 문명

그리스 문명은 기원전 3000년경부터 에게해 지역에서 발달한 해양 문명인 에게 문명에서 비롯되었다. 그중 가장 먼저 발달한 크레타 문명은 기원전 2000년경부터 크레타섬에서 전성기를 맞이했다. 신화에 따르면 제우스와 에우로페 공주의 아들이자 크레타섬을 다스리는 미노스 왕에게는 왕비가 있었는데, 그녀가 수소와 정을 통해 반은 사람이고 반은 소인 괴물 미노타우로스를 낳았다.

현재 유럽의 지도
유럽이라는 이름은 페니키아의 공주 에우로페에서 유래했다. 바람기 많은 그리스의 신 제우스는 흰 수소로 변신해 있다가 에우로페가 등에 올라타자 그녀를 크레타섬으로 데려갔다. 섬 남부에서 에우로페는 훗날 크레타의 왕이 되는 미노스를 비롯한 세 명의 아들을 낳았다.

　　이에 격노한 왕은 미노타우로스를 출구를 알 수 없는 미궁 라비린토스에 가두고 매년 아테네의 젊은 남녀를 데려와 먹이로 주었다. 이에 아테네 왕 아이게우스의 아들 테세우스는 이 괴물을 물리치기 위해 직접 미궁 안으로 들어간다. 모험 끝에 미노타우로스를 죽인 테세우스는 다시 미궁 밖으로 빠져나오는데, 이때 미노스 왕의 딸이 준 긴 실을 가지고 들어가 출구를 찾을 수 있었다고 한다.

　　원래 테세우스는 아테네를 떠날 때 아버지 아이게우스에게 이렇게 말했다. "살아서 돌아오면 흰 돛을, 죽어서 돌아오면 검은 돛을 달고 오겠습니다." 그런데 테세우스는 귀환하던 중 자신을 도와주었던 미노스 왕의 딸이 죽자 충격에 빠졌고, 이로 인해 아버지와 했던 약속을 잊은 채 검은 돛을 달고 귀국하게 된다. 멀리서 검은 돛을 본 아이게우스 왕은 실

일부 복원된 크노소스 궁전
거대한 규모의 크노소스
궁전은 구조가 복잡한
것으로도 유명하다.
이 궁전을 처음 본
그리스인들이 미궁을
떠올렸던 것도 이 때문이다.

의 속에서 바다에 몸을 던져 죽고 만다. 이 바다를 '아이게우스의 바다'라 불렀으며 이 이름에서 지금의 에게해라는 말이 나왔다. 이 신화를 살펴보면 결국 아테네가 크레타에 대승을 거두지만 당시 크레타가 에게해에서 상당한 세력을 형성하고 있었음을 알 수 있다.

미케네 문명

기원전 14세기에는 그리스 본토에서 남하해 온 미케네인이 에게해를 장악했다. 이들은 크레타 문명을 수용하고 자신들의 고유한 문화를 덧붙여 미케네 문명을 발달시켰다. 미케네 문명에서 가장 유명한 이야기는 트로이 전쟁이다. 다음은 트로이 전쟁에 관한 이야기이다.

미케네의 왕 아가멤논에게는 동생이 있었는데 그는 스파르타 왕이었다. 그런데 트로이의 왕자가 스파르타의 왕비인 헬레네를 유괴하는 일이 벌어진다. 이에 아가멤논은 병력을 이끌고 트로이를 공격했다. 싸움에 능한 아킬레우스, 지략이 뛰어난 오디세우스 등 많은 미케네의 영웅들이 아가멤논을 따라 트로이와 싸우고 성을 포위했지만 10년이 다

그리스 도기에 묘사된
트로이의 목마

되도록 트로이를 정복하지 못했다. 그동안 양쪽 다 엄청난 희생이 따랐다. 아킬레우스는 약점인 발목에 화살을 맞아 죽었고, 그가 죽고 나서도 공방전이 계속되었지만 결판이 나지 않았다. 결국 미케네군은 거대한 목마를 만들어 트로이 성문 앞에 놔두고 철수하는데, 트로이는 이 목마를 전리품으로 여겨 성 안으로 가져온다. 하지만 사실 이 목마에는 미케네군이 숨어 있었다. 밤중에 목마에서 빠져 나온 미케네의 병사들이 트로이의 성문을 열어 주었고, 밖에서 기다리던 미케네의 본대는 일시에 성으로 진입해 트로이를 정복했다. 이 이야기는 지금까지도 전해지고 있다.

18세기 중엽 독일의 소년 하인리히 슐리만은 이 이야기를 읽고 트로이를 발굴하기로 마음먹었다. 성년이 된 슐리만은 그동안 모아놓은 자금으로 직접 발굴에 나서 결국 트로이 문명의 실체를 밝혀냈다. 이 발굴은 어린아이의 꿈을 실현시켰을 뿐 아니라 역사학계에도 충격을 안겼다. 이 발굴을 통해 미케네 문명의 실체가 많이 드러났다.

미케네 문명은 통일된 하나의 국가가 아니었으며, 여러 개의 작은 왕국으로 나누어져 있었다. 아가멤논은 '왕 중의 왕'으로 작은 왕국의 여러 군대를 연합해 트로이를 공격했던 것이다. 전쟁 도중 아가멤논과의 마찰로 아킬레우스가 전선을 잠시 이탈했던 것을 보면 아가멤논의 왕권이 그리 강하지 않았음을 추측할 수 있다.

사실 미케네 문명은 크레타 문명과 달리 강력한 해군이 없었다. 이로 인해 해상 무역이 점차 쇠퇴했고, 여러 왕국이 서로 전쟁을 벌이면서 서서히 붕괴되기 시작했다. 또한 기원전 1200년경 철기로 무장한 북쪽의 도리아인이 남하하면서 큰 타격을 입게 된다. 이 같은 여러 가지 이유가 겹쳐지면서 미케네 문명은 역사의 뒤안길로 사라진다.

　도리아인은 미케네인과 같은 인도유럽어족(인구어족)이다. 그들은 그리스뿐 아니라 소아시아에도 진출했는데, 히타이트 제국을 약화시킨 것도 이들로 추정된다. 물론 그리스의 모든 원주민들이 도리아인의 노예가 된 것은 아니다. 도리아인이 세운 나라 중 가장 대표적인 것이 스파르타이다. 도리아인의 침입 후 그리스는 수백 년 동안 암흑시대를 맞이하는데, 흡사 로마 제국이 게르만족에게 정복되고 수백 년 동안 서유럽에 암흑시대가 찾아온 것과 유사하다. 기원전 8세기경 그리스는 오늘날 우리가 알고 있는 화려한 그리스 문명을 창출하기 시작했다.

폴리스의 등장과 민주 정치의 맹아

폴리스의 시대

펠로폰네소스반도에는 산지가 많기 때문에 그리스의 도시국가들은 산지에 위치한 작은 평야에 만들어졌다. 이에 따라 그리스의 중요한 역사도 이 작은 도시국가, 폴리스에서 이루어졌다. 거대한 제국에서 역사가 이루어졌던 아시아와는 대조적인 부분이다. 그리스의 대표적인 도시국가로는 스파르타와 아테네가 있다. 아테네는 제우스의 이마에서 무장한 채로 태어났다는 지식, 문예, 전쟁의 여신인 아테나의 이름에서 따왔다. 아테나는 처녀, 즉 파르테노스라고도 불렸는데 파르테논 신전의 이름이 여기에서 유래했다.

비록 산과 산 사이에 폴리스가 자리 잡고 있었지만 그렇다고 외적의 침입이 아예 없었던 것은 아니어서 그리스인들은 평상시 평지에서 지내다가 전쟁이 나면 구릉 지대에 쌓은 성으로 가 방어를 했다. 이는

로마 시대에 제작된 아테나 여신상

우리나라의 고구려, 백제와도 비슷하다. 두 나라 역시 평상시에는 평지성에 살다가 전쟁이 나면 산성에서 방어를 했기 때문이다. 고구려의 건국지로 알려진 졸본성(오녀산성)이 그 대표적인 예이다. 높은 곳에 위치한 졸본성을 보고 많은 사람들이 '고구려 사람들은 평소에도 저렇게 높은 곳에서 살았구나'라고 오해하는데, 실상은 그렇지 않다. 평소에는 근처의 평지성에서 살다가 전쟁이 나면 이 높은 산성에서 방어를 한 것이다. 이 졸본성에 해당하는 아테네의 산성이 바로 아크로폴리스이다. '아크로'는 '높은'이라는 뜻이므로 아크로폴리스는 '높은 곳의 마을'이라는 뜻이다. 졸본성을 방어의 중심지로 삼았던 고구려가 '높은 성의 나라'라는 뜻이므로, 결국 아크로폴리스와 고구려는 같은 뜻의 이름이라고 할 수 있다. 한편 고구려의 평지성에 해당하는 것이 아테네의 아고라, 즉 광

아테네의 아크로폴리스

장이다. 이곳에서는 주로 상업 활동이 이루어지다가 나중에는 투표도 이루어졌다.

그리스는 넓은 평야가 없는 대신 지중해라는 바다가 있었다. 지중해는 항해하기 좋은 조건을 갖춘 바다이다. 이곳의 여름은 기후가 건조하고 공기가 맑아 놀랄 만큼 먼 곳까지 잘 보인다. 그래서 지중해는 무역의 바다, 상업의 바다였다. 아테네는 지중해의 일부인 에게해와 접하고 있어 일찍부터 상업이 발달했다.

기원전 750년경에서 기원전 550년경까지 약 200년 동안 그리스인들은 지중해와 흑해 연안에서 식민 활동을 전개했다. 그러나 중국의 진나라나 나중에 등장하는 로마 제국처럼 식민도시들을 중앙에서 직접 다스리지는 않았다. 식민도시들은 각각의 지역에서 독립적인 도시국가를 형성했고, 그리스 본토에서 정치 다툼으로 쫓겨나거나 인구 과잉으로 고향을 떠난 사람들이 새로운 땅을 찾아 떠나 식민도시를 형성하는 경우도 많았다. 심지어는 식민지 건설에 나설 자를 남자 중에서 추첨으로 뽑기도 했다.

그리스 본토의 수많은 폴리스와 지중해 연안의 수많은 식민도시는 비록 로마 제국처럼 하나의 제국을 이루지는 않았지만 동족의식은 강했다. 여러 도시국가는 자신들이 헬렌의 후손이라고 생각해 모두 델포이 신전에 기도했으며, 4년마다 올림피아의 제우스 신전에 모여 올림피아 제전에 참가했다. 참고로 그리스는 라틴어에서 유래한 말이다. 로마인들은 기원전 8세기에 그리스인들이 이탈리아반도 남부 그라이키아(Graecia)에 처음으로 식민도시를 건설하자 이들을 그라이키라라고 불렀다. 이 말에서 '그리스(Greece)'라는 이름이 생겨났다. 그리스인들은 스스로를 '헬렌의 후손'이라는 뜻인 헬레네스라 불렀다.

4년마다 열리는 올림피아에는 그리스 본토의 폴리스뿐 아니라 그들이 개척한 식민도시들도 참여했다. 올림피아의 첫 번째 우승자는 스파르타인이었지만 이후에는 이탈리아반도나 시칠리아섬 식민도시에서도 우승자를 배출했다. 이때 열린 올림피아의 특징으로는 나체로 참가한다는 점, 남자만 참가한다는 점, 수영이 없었다는 점 등을 들 수 있다. 올림피아가 개최되는 시기에는 모든 폴리스가 전쟁을 중지했다고 한다.

민주 정치의 등장

아테네의 역사는 왕이 통치하는 왕정에서 시작되었다. 하지만 이 왕은 아시아의 왕처럼 강력한 군주가 아니라 여러 귀족의 반장 정도에 불과했다. 오리엔트 지역은 나일강, 유프라테스강, 티그리스강이 해마다 범람해 강의 범람을 막는 치수 사업을 해야 했고, 이를 위해서는 왕이 강 유역의 귀족들을 하나로 묶어야 했다. 이는 자연스럽게 왕에게 권력이 집중되는 결과를 낳았다. 하지만 그리스는 자연환경이 달라 반대로 권력의 중심이 왕에서 귀족에게로 바뀌어 갔다.

귀족들은 기병을 가지고 있어 국방에서 중요한 역할을 차지하고 있었다. 미케네 문명 시기에는 전쟁에서 전차의 역할이 컸지만 이 시대에는 기병이 그 역할을 대신했다. 기병을 두려면 반드시 말이 있어야 했는데, 풀이 무성한 목장이 없는 그리스는 말을 키우기에 좋은 조건이 아니었다. 따라서 오직 부유한 귀족만이 말을 소유할 수 있었고, 이런 귀족들의 힘이 커져 귀족정이 전개된 것이다. 하지만 기원전 7세기부터 중장보병이 군대의 중심으로 부각되면서 아테네의 정치체제 역시 귀족정에

그리스의 중장보병
영화 〈300〉을 보면 그리스 병사들이 빨간 팬티만 입은 모습으로 나오는데 이는 사실과 다르다. 관객들이 미국의 슈퍼맨을 연상케 하려고 의도적으로 그런 복장을 만든 것이다.

서 민주정으로 변하기 시작했다. 이를 중장보병민주제라 부른다.

> 강인한 두 다리로 대지를 굳게 딛고 선, 용감한 심장을 가진 키 작은 남자, 그가 일단 두 다리를 내딛고 서면 아무도 그를 그 자리에서 밀쳐내지 못한다.

기원전 7세기의 시인 아르킬로코스가 묘사한 중장보병이다. 중장보병은 기원전 700년경 그리스에서 등장한 병과(兵科)이다. 그리스는 상공업이 발달하면서 평민들도 비교적 쉽게 무기를 구입할 수 있었는데, 이렇게 구입한 방패와 긴 창으로 무장한 평민들이 전쟁터에서 중장보병이 되었다.

중장보병은 특이한 방식으로 싸웠다. 그들은 서로 밀집한 상태에서 방패로 몸을 가리고 긴 창을 앞세운 채 질서정연하게 전진해 집단의 압력으로 적을 격파했다. 이 같은 전술을 팔랑크스(Phalanx)라고 한다. 이때 중장보병은 왼손에 방패를, 오른손에 창을 들었기에 오른쪽이 약점이었다. 그래서 그의 오른쪽에 선 전우가 방패로 이 약점을 가려주었다. 따라서 팔랑크스는 기존의 다른 전술과 달리 개인의 무술 실력보다 개개인이 자기 위치를 지키는 것이 중요했다. 흥분해서 무모하게 대오를 이탈해 앞서 나가지 않고, 적이 무서워 비겁하게 뒤로 물러서지만 않으면 됐다. 이러한 중장보병의 전투 방식은 아리스토텔레스가 강조한 중용의 미덕을 연상시킨다. 그는 용기를 가리켜 '만용과 비겁의 중간'이라고 강조했기 때문이다. 방패와 창을 살 수 있고, 중용의 덕을 갖춘 평민이라면 누구나 중장보병이 될 수 있었다.

당시 말에 올라탄 귀족들로 구성된 기병대는 중장보병이 구사하는 팔랑크스를 당해낼 수 없었다. 상공업의 발달로 부유해진 평민들이 중장보병으로 군대의 주력을 형성하고, 다시 이를 바탕으로 정치적 권리를 요구하며 귀족과 대립하기 시작했다. 이 같은 과정을 거치면서 그리스는 귀족정에서 민주정으로 발전해 나갔다.

그리스 정치의 발달

중장보병이 등장하고 귀족과 평민의 차이가 줄어든 뒤에도 아테네는 새로운 사회 문제에 직면했다. 식민도시에서 값싼 농산물이 수입되자 아테네의 농민들이 경제적으로 몰락하면서 빈부 갈등이 발생한 것이다. 피해를 본 많은 농민들이 토지를 저당 잡히거나 빚을 갚지 못해 노예가 되는 경우가 있었다.

이 위기 속에서 기원전 594년 솔론이 나타났다. 솔론은 왕가 출신의 명문 집안이었으나 재산상으로는 중류층에 속했다. 귀족과 평민의 전 시민 합의로 권력을 잡은 솔론은 개혁을 단행했다. 그는 정권을 잡자마자 빚 때문에 저당 잡힌 토지에 박혀 있던 팻말을 모두 뽑아 버렸다. 또한 그리스 시민을 노예로 삼는 것을 금지하고 외국인 노예만 인정했다. 이로써 아테네 시민들은 더 이상 노예가 되지 않았으며, 스스로 아테네의 시민이라는 자긍심을 갖게 되어 이후 전개될 시민국가의 기틀을 마련했다.

이어 솔론은 재산을 기준으로 시민을 4계급으로 나누고 참정권이나 군사상 의무를 각 등급에 따라 부과했다. 1계급과 2계급의 시민은 기병이 되고 고급 관직에 오를 수 있었으며, 3계급은 중장보병이 되고 하급 관직에 오를 수 있었다. 가난한 4계급은 위의 3계급과 같은 특권은 없었지만 민회에 참가하거나 민중재판에 출석할 수 있었다. 아테네는 혈통이 지배하는 국가가 아니라 재산이 지배하는 국가가 된 것이다. 이 같은 솔론의 정치를 '금권정치'라고 한다. 시민을 재산으로 나눈 것은 전쟁 때 사용하는 말과 무기를 모두 자비로 구입해야 했기 때문이다. 즉, 전쟁에 어느 정도로 참여할 수 있느냐에 따라 시민을 구분한 것이다.

하지만 솔론의 개혁은 귀족과 평민 모두에게 비난을 받았다. 귀족들은 저당 잡힌 토지를 가질 수 없었기에 솔론을 비난했고, 평민들은 솔론이 토지 분배를 약속했는데 이를 지키지 않아 그를 비난했다. 솔론의 개혁이 귀족과 평민 모두로부터 비난을 받자 그 기회를 틈타 기원전 561년 페이시스트라토스가 아크로폴리스를 점령해 참주(僭主, 독재자)가 되었다. 페이시스트라토스는 이웃 국가와의 전쟁에서 큰 역할을 해 시민들에게 인기가 높았고, 시민들은 그자를 아테네에 없어서는 안 될 중요한 인물로 생각했다. 어느 날 페이시스트라토스는 자기 손으로 자기 몸에 상처를 낸 다음 반대파에게 폭행을 당했다고 조작해 호위병을 거느릴 수 있게 되었는데, 이 호위병을 이용해 아크로폴리스를 점령해 버렸다.

페이시스트라토스에 의해 아테네에서는 참주정치가 이루어졌고 페이시스트라토스가 죽은 뒤에는 그 아들 히파이스가 참주의 자리를 이어받아 아버지와 같은 정치를 이어갔다. 하지만 이에 반대하는 세력이 나타났고, 이들은 스파르타의 도움을 받아 히파이스를 아테네에서 추방한 다음 소수의 사람들이 통치하는 과두정치를 준비한다.

이때 나타난 인물이 클레이스테네스이다. 클레이스테네스는 소수의 귀족이 통치하는 과두정치에 다수의 평민이 반감을 갖고 있다는 것을 알았다. 이에 그는 우선 민중의 힘을 이용해 스파르타군을 축출하고 민주 정치의 기틀을 만들었다. 기원전 480년, 클레이스테네스는 다시는 참주가 나오지 못하도록 도편추방제를 만들었다. 당시 그리스 제1의 도자기 생산지였던 아테네에는 도자기 파편이 많았다. 도편추방제란 이 도자기 파편에 참주가 될 위험이 있는 사람의 이름을 새겨 모았다가 도자기 파편이 6,000개 이상 모이면, 그 인물을 10년 동안 국외로 추방하는 제도이다. 도편추방제는 귀족들이 아니라 평민들을 위한 제도였다.

　이어서 클레이스테네스는 귀족들의 힘을 약화시키고자 행정 지역을 개편했다. 아테네는 귀족들의 영향력이 강한 네 개의 부족으로 구분되어 있었는데, 클레이스테네스는 귀족의 힘을 약화시키려고 네 개의 부족을 10개의 행정 지역으로 나누고 다시 행정 지역 10개를 30개의 작은 지역으로 개편했다. 마지막으로 그는 인류 역사상 최초로 비례대표제를 실시했다. 지역별로 인구수에 따라 의원을 뽑아 500인 평의회를 만든 것이다. 이것은 오늘날의 국회에 해당한다. 클레이스테네스는 솔론이 만든 재산에 따른 참정권 차별에 대해서는 따로 손을 대지 않고 그대로 두었지만, 그의 개혁은 아테네의 민주 정치, 즉 민중(Demo)이 권력(Kratos)을 갖게 하는 민주 정치(Demokratial)의 기틀을 마련한 대사건이었다.

스파르타

기원전 6세기 아테네의 정치체제가 확립될 무렵 스파르타에서도 정치체제가 자리 잡기 시작했다. 스파르타는 도리아인이 세운 나라이다. 그래서 소수의 도리아인이 원주민을 페리오이코이(반자유민) 혹은 헬롯(노예 혹은 예속 농민)으로 삼아 지배하며 그들의 노동력을 착취해 살아갔다.

기원전 6세기 스파르타는 계속되는 전쟁으로 소수의 도리아인 사이에 빈부 갈등이 심각해지기 시작했다. 스파르타는 이제 안으로는 노예의 반란, 밖으로는 주변 도시국가의 반격에 더해 시민들 간의 분열까지 걱정해야 하는 지경이 되었다. 이에 개혁이 시작되었다. 스파르타는 아테네와 달리 왕을 선출했다. 그런데 이렇게 뽑힌 왕은 한 명이 아니라 두 명이었다. 서로 견제하도록 하기 위함이었다. 이 스파르타의 왕 역시 아시아의 왕과는 달랐다. 왕은 소수의 도리아인으로 이루어진 일종의 행정부에 가서 스파르타의 법을 존중한다는 서약을 해야 했고, 행사할 수 있는 권한도 군대의 통수권뿐이었다. 나머지 권한은 모두 행정부가 가지고 있었다. 스파르타의 왕은 전쟁에 나갈 때도 행정부의 감시를 받아야 했다. 한편 행정부의 관리들은 임기가 정해져 있었으며, 임기가 끝날 때는 도리아인 시민에게 집무 보고를 해야 했고 심지어 그들로부터 탄핵을 당할 수도 있었다. 평등한 시민인 도리아인들이 스파르타의 정상부를 차지하고 있었으므로, 정상부만큼은 어느 정도 민주주의 사회였다고 할 수 있다.

스파르타는 또한 군국주의 사회였다. 스파르타에서는 만 7세가 되면 어머니의 손을 떠나 30세까지 병영 생활을 해야 했으며, 이곳에서는 지적 능력을 키우는 교육 없이 오로지 군사 교육만 실시했다. 만 20세가 되면 시민의 자격을 얻어 민회에 참가할 수 있고 결혼도 할 수 있었지만, 30세까지는 병영에서 생활해야 했다. 또 전투 시에는 15명(팔랑크스의 1열에 해당하는 인원) 단위로 함께 식사하고 함께 잠을 잤다. 30세 미만의 남성 시민은 그 와중에도 자식을 낳아야 했으므로 가끔 신부를 만나

러 병영을 떠나 집에 갈 수 있었다. 한편 여성도 훌륭한 아기를 낳을 수 있도록 체육 훈련을 받아야 했다. 아기가 새로 태어난 경우, 건강하게 자라날 것 같지 않으면 산속에 버렸다.

입법자 리쿠르구스로부터 시작된 이 스파르타 특유의 체제는 지금 보면 정말 이상하게 느껴지지만 이후 아테네의 민주 정치가 다수의 어리석은 민중이 이끄는 정치, 즉 중우정치로 변질되어 쇠퇴하자 플라톤은 그 대안으로 스파르타의 이 같은 체제를 제시하기도 했다.

민주주의와 군국주의 체제를 이룬 스파르타의 상층부, 즉 소수 도리아인 아래에는 페리오이코이와 헬롯이 있었다. '변두리에 사는 사람'이란 뜻의 페리오이코이는 참정권은 없고 납세의 의무만 있었다. 이들은 주로 농민과 수공업자들이었다. 페리오이코이 밑에는 노예인 헬롯이 있었다. 스파르타는 외부 도시국가의 공격에도 대비해야 했지만 내부에 있는 헬롯의 반란에도 대비해야 했다. 실제로 헬롯은 자주 대규모 반

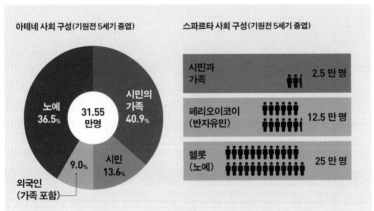

아테네와 스파르타

란을 일으켜 스파르타를 위험에 빠뜨렸다. 스파르타는 헬롯에서 뛰어난 인물이 태어나면 단지 그가 훌륭하다는 이유로 처형했다. 스파르타 전체 인구에서 헬롯이 가장 큰 비중을 차지했기 때문에 시민들은 이들을 억제하기 위해 오직 군사 훈련만 받았으며 생산 활동에는 일절 참가하지 않았다. 이와 같은 내부 사정으로 인해 스파르타는 아테네와 달리 해외 식민도시 건설에도 관심이 없어 쇄국주의라는 또 하나의 특징을 갖게 되었다.

페르시아 전쟁

마라톤 전투

아케메네스 왕조 페르시아의 다리우스 1세가 보스포루스 해협을 장악하고 트라키아까지 영토를 넓히자 흑해 무역을 통해 큰 수입을 얻고 있던 그리스인들은 위협을 느꼈다. 기원전 500년에 이오니아(아나톨리아 서남부 지역) 여러 도시들이 반란을 일으키고 아테네가 그들을 지원하자 다리우스 1세는 그리스를 정복하기로 결정한다. 기원전 492년, 페르시아 전쟁이 시작되었다.

　　강대한 페르시아군이 쳐들어온다는 소식에 아테네 시민들은 공포에 떨었다. 일부 시민은 살기 위해 페르시아의 안내역을 맡기까지 했다. 그때 아테네군을 이끌던 명장 밀티아데스가 시민들을 일치단결시키고 용기를 주었다. 기원전 490년, 밀티아데스는 아테네의 9,000명과 이웃 도시국가의 지원군 1,000명을 합한 1만 명의 중장보병을 이끌고 마라톤

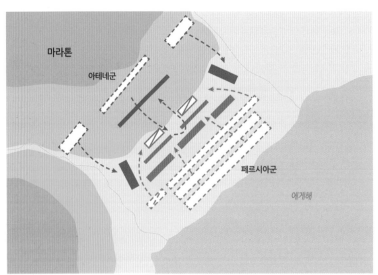

마라톤

아테네군

페르시아군

에게해

마라톤 전투
아테네군의 양 날개는 두꺼운 밀집 대형을 이루었으며 중앙은 얇고 간격이 넓은 대형을 이루었다. 중앙의 병사들은 느리게, 양 날개의 병사들은 빠르게 돌진해 페르시아군을 포위 공격했다. 단 15분 만에 끝난 이 마라톤 전투에서 페르시아군은 6,000명이 넘게 죽었으나 아테네군은 채 200명도 죽지 않았다.

에서 아테네로 통하는 골짜기에 진을 치고 2만 명의 페르시아군을 격파했다. 좁은 골짜기 때문에 페르시아의 기병이 제대로 싸울 수 없다는 것을 이용한 전술이었다.

이 한 번의 전투로 페르시아군은 6,000명이 넘게 죽었으나 아테네 군은 채 200명도 죽지 않았다. 이는 중장보병과 팔랑크스의 탁월함에 밀티아데스의 뛰어난 능력이 더해져 만들어진 결과였다. 전투 후 한 명의 병사가 승전을 알리기 위해 약 40킬로미터 거리를 쉬지 않고 달려 아테네에 도착했다. 이 병사는 '우리 군대가 승리했다'라는 한 마디를 전한 후 사망했다. 만약 이 병사가 왕을 위해 싸우는 군대의 소속이었다면 이렇게 쉬지 않고 달려왔을까? 그는 아마도 스스로를 아테네의 주인이라고 믿었기에 다른 시민들과 더불어 자유의 기쁨을 나누고자 그토록 무모한 주행을 한 것일지 모른다.

테미스토클레스

아테네가 마라톤 전투에서 승리한 이유로는 밀티아데스와 팔랑크스, 아테네의 민주주의를 들 수 있다. 명장 밀티아데스는 마라톤 전투 후 이듬해 이루어진 원정에 실패해 '시민을 실망시킨 자'로 지목되어 실각했다. 이후 등장한 인물이 테미스토클레스이다. 테미스토클레스는 마라톤 전투 때부터 아테네의 미래는 해전에서 결정된다고 믿어 왔다. 그는 정권을 잡자마자 군항을 건설했고, 200척의 갤리선을 건조했다. 물론 갤리선 건조는 상당한 자금이 필요한 사업이었다. 당시 개발된 아테네의 은광산에서는 국가에서 필요한 분량을 뺀 나머지 수익을 시민들에게 분배하고 있었는데, 테미스토클레스는 시민들을 설득해 그들에게 분배된 은을 받아다 갤리선 건조에 사용했다.

아테네의 장군들은 장군으로서의 능력뿐 아니라 시민들을 설득하는 정치가로서의 능력도 있어야 했다. 어떻게 보면 아시아의 장군들도 마찬가지였다. 중국 명나라의 장수 원숭환은 후금 누르하치의 군대를 격파했으나 내부의 모함으로 죽었고, 조선의 이순신도 일본군을 격파했으나 항상 선조의 견제를 받아야 했으니 말이다. 기원전 486년 페르시아에서는 다리우스 1세의 뒤를 이어 크세르크세스가 왕이 되었다. 크세르크세스는 기원전 480년, 육군과 해군으로 이루어진 30만 명의 대군을 직접 이끌고 그리스를 침공했다.

아테네와 스파르타 등 그리스의 도시국가들은 이미 페르시아의 침공 전에 연합을 결성해둔 상태였다. 테베와 같은 일부 도시국가는 페르시아 편에 서기도 했지만 아테네, 스파르타를 중심으로 한 도시국가 연합은 결연하게 전쟁을 준비했다. 우선 연합군의 총지휘권은 그리스 제1강국 스파르타가 가졌고, 여기에 아테네인 테미스토클레스가 제안한 작전이 채택되었다. 테미스토클레스의 전략은 우선 스파르타군이 테르모필레(테르모필라이)라는 땅에서 페르시아군을 저지하는 동안 아테네 해군이 바다에서 페르시아 해군을 격퇴한다는 것이었다.

테르모필레는 산들이 높게 솟아 있는 데다 동쪽은 바다, 서쪽은 온통 벼랑인 곳으로 이 벼랑은 전차 한 대가 겨우 지날 수 있을 만큼 좁았다. 또한 남북으로 3,200미터나 뻗어 있어서 대군이 한꺼번에 통과할 수 없는 천혜의 요새였다. 페르시아의 병력이 아무리 많아도 이 좁은 길을 통과할 때는 소수로 지나갈 수밖에 없었으니 적은 병력만 배치해도 방어할 수 있다는 것이 테미스토클레스의 생각이었다.

테르모필레 전투

테르모필레 방어전의 지휘자는 그리스 연합군 총사령관인 스파르타의
왕 레오니다스였다. 한 나라의 왕이 위험한 전투에 앞장서는 것은 아시
아에서는 드문 일이다. 하지만 스파르타에서는 앞서 언급했듯 두 명의
왕을 두었기 때문에 레오니다스가 전사하더라도 또 한 명의 왕이 남았
고, 설사 두 왕이 모두 죽더라도 도리아인으로 이루어진 행정부와 민회
가 스파르타를 이끌 수 있었다.

레오니다스는 스파르타군 300명, 연합군 7,000명을 이끌었는데
그들 중 테르모필레 계곡에 배치된 부대는 스파르타군 300명을 포함한
1,000명이었다. 나머지는 주변 지역에 분산 배치되었다. 이 1,000명의
부대는 테르모필레 계곡에서 페르시아 대군을 상대로 6일이나 버텼다.
그러나 7일째에 변절한 한 그리스인이 페르시아군에게 후방으로 갈 수

테르모필레의 레오니다스 왕

있는 샛길을 알려줬고, 앞뒤에서 페르시아군의 공격을 받게 된 1,000명의 결사대는 결국 왕과 함께 전원 전사했다. 근처에 분산 배치되었던 6,000여 명의 병사들도 대부분 전사하거나 페르시아의 포로가 되었다. 훗날 이 전투에서 사망한 스파르타인들을 위해 비석이 세워졌다. 그 내용은 다음과 같다. "나그네여, 가서 스파르타인에게 전하라. 우리는 조국의 명령을 지켜 여기 잠들었노라고."

살라미스 해전

테르모필레를 통과한 페르시아 대군은 그리스 본토로 물밀 듯이 쳐들어왔다. 그리스 델포이에는 그리스 최고의 신 제우스의 아들이자 다른 올림포스 신들의 의견을 대변하는 아폴로 신을 모시는 신전이 있다. 그리스인들은 중요한 결정을 할 때 이 신전의 여사제가 내리는 신탁을 받아 결정했다. 당시의 신탁은 다음과 같았다. "세계의 끝까지 도망칠 만큼 도망쳐라, 오직 나무로 만든 성에만 의지할지어다." 그리스인들은 이것을 듣고 두려워했으나 테미스토클레스는 도망치라는 말이 살라미스섬에 주민들을 대피시키라는 뜻이고 나무로 만든 성은 갤리선을 가리킨다고 해석했다.

테미스토클레스는 먼저 노약자와 부녀자들을 살라미스섬으로 피난시킨 뒤, 나머지는 아테네에서 건조된 200척의 갤리선을 포함한 총 300척의 군함에 태웠다. 페르시아군은 텅 빈 아테네에 도착해 도시를 불태웠는데, 살라미스섬으로 도피한 주민들과 군함에 탄 군인들은 자신들의 도시가 불타는 모습을 먼발치에서 바라보며 결의를 다졌다.

기원전 480년 9월 말, 테미스토클레스는 살라미스섬과 본토 사이

의 좁은 바닷길에 300척의 군함을 집결시켜 1,000척의 페르시아 함대
에 맞섰다. 사실 작전 회의 때 다른 도시에서 온 장군들은 그리스 함대를
더 넓은 바다로 이동시켜야 한다고 주장했다. 그러나 테미스토클레스는
살라미스에서 결전을 벌이길 원했다. 당시 해전에서는 대포가 없었기
때문에 배를 교묘하게 조종해 뱃머리의 견고한 부분으로 적선을 들이받
아 침몰시키는 것이 주된 전술이었는데, 좁은 살라미스 해협은 이 같은
전투를 벌이기에 최상의 지형이었기 때문이다. 하지만 테미스토클레스
는 그리스 연합군의 총사령관이 아니었기에 다른 사람들의 주장을 함부
로 무시할 수도 없었다. 이에 그는 페르시아로 간첩을 보내 적의 해군이
살라미스 해협을 공격하도록 유도했다.

　전투가 시작되자 테미스토클레스의 생각이 옳았음이 입증됐다. 좁
은 해로 안으로 빽빽하게 밀려든 대규모의 페르시아 함대는 제대로 움
직일 수 없었고, 그리스 함대는 이 기회를 놓치지 않았다. 그리스의 갤리

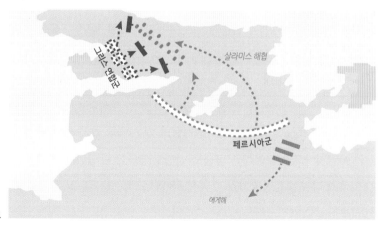

살라미스 해전도

선들은 최대 속도로 전진해 무시무시한 기세로 페르시아 함대의 옆구리를 들이받았다. 이어 그리스 병사들은 적의 함선에 올라타 긴 창으로 적군을 학살했다. 이 전투는 밤늦게까지 지속되었다. 다음 날 날이 밝자 살라미스 해협에는 페르시아 함대의 파편만이 바다 위에 둥둥 떠 있었다. 그리스의 대승이었다.

플라타이아이 전투와 페르시아 전쟁의 종결

살라미스에서 벌어진 싸움으로 페르시아 해군은 전멸했지만 아직도 육지에는 5만 명의 병사가 남아 있었다. 일단 겨울을 보낸 이들은 이듬해 다시 이동해 아테네 북동쪽 50킬로미터 지점에 있는 플라타이아이 부근에 진을 쳤다. 그리스 연합군 3만 명이 그들을 공격했다. 그리스는 장기인 중장보병의 팔랑크스 전술로 페르시아 육군과 싸웠고 돌멩이와 투창을 던지는 경장보병이 그들을 지원했다. 결국 페르시아군은 대패했다. 역시 그리스의 대승이었다.

뒤이어 그리스 해군은 이오니아 해안에서 페르시아 해군을 격파하고 아예 이오니아 해안을 점령해 페르시아의 지배를 받던 그리스 식민도시들을 해방시켰다. 이로써 아테네와 스파르타를 중심으로 뭉친 그리스는 거대한 아케메네스 왕조 페르시아의 침략을 완전히 몰아내게 된다. 하지만 이때 그리스는 더 동쪽으로 진격하지 못했다. 카르타고가 서쪽에 있는 그리스의 식민도시를 공격했기 때문이다. 앞서 말했듯 그리스는 이탈리아와 시칠리아 지방에도 식민도시를 두고 있었다. 카르타고가 이 시칠리아섬에 진출하자 기원전 480년 그리스는 히메라의 전투에서 카르타고를 격파했다.

전쟁의 결과

아테네는 해군으로 페르시아를 물리쳤는데, 이는 아테네의 민주 정치 발달에 큰 영향을 미쳤다. 앞서 말했듯 중장보병의 존재로 인해 그리스 시민들은 귀족뿐 아니라 평민도 정치에 참여할 수 있었다. 하지만 중장 보병에 참여하려면 자비로 방패와 긴 창을 사야 했다. 물론 말보다는 값이 저렴했기에 귀족만큼 부유하지 않은 평민도 구입할 수는 있었지만, 이 무기들조차 살 수 없는 정말 가난한 평민은 참정권에 제한을 받았을 수밖에 없었다. 그런데 해군의 노잡이들에게는 방패와 창이 필요하지 않았다. 그럼에도 그들은 배를 모는 데 없어서는 안 될 존재였다. 결국 페르시아 전쟁이 끝난 뒤, 노잡이로 참전한 가난한 평민들도 사회적인 발언권을 얻게 되었다. 참정권을 행사할 수 있게 된 것이다. 이로써 그리스의 민주 정치는 가난한 사람도 참여할 수 있게끔 발전했다. 물론 노예와 여자, 외국인이 배제된 것은 아테네 민주 정치의 한계이다.

복원된 그리스의 갤리선
배 앞부분에 충돌을 목적으로
만든 구리 충각이 있다.

아테네 민주 정치의 절정과
펠로폰네소스 전쟁

델로스 동맹

페르시아와의 전쟁 이후 그리스는 기원전 478년 아테네를 중심으로 델로스 동맹을 조직했다. 동맹에 참여한 도시국가들이 낸 자금을 델로스 섬에 있는 아폴론 신전에 보관했기에 이 같은 이름이 붙은 것이다. 이 동맹에 가입한 도시국가들은 군대와 함대를 제공하거나 그에 상응하는 돈을 내야 했다. 주로 군대와 함대는 아테네에서 제공했고, 다른 도시국가에서는 돈을 냈는데 이것은 결과적으로 아테네를 부강하게 만들었다. 돈을 낸 도시국가들이 자국의 군사력을 강화시키기 어려워진 반면 아테네는 외부의 돈으로 군대를 점점 키워나갈 수 있었기 때문이다. 결국 델로스 동맹에서 내는 자금도 아테네에서 보관하게 되었다.

한편 전쟁의 영웅 테미스토클레스는 이후 외적의 침입에 대비해 아테네와 항구를 연결하는 성벽을 쌓았다. 그런데 아테네의 시민들은 성벽을 쌓는 일에 동원되어 중노동을 해야 했기 때문에 불만이 많았다. 여기에 테미스토클레스가 페르시아 왕과 내통한다는 소문이 돌면서 그는 결국 도편추방제로 추방되었다. 정말 억울했지만 다른 방법이 없던 테미스토클레스는 페르시아로 망명했다. 그는 이후 3년 동안 페르시아 왕의 후한 대접을 받다가 사망했다.

페리클레스

테미스토클레스 이후 그리스의 정권을 잡은 인물은 페리클레스였다. 페리클레스는 델로스 동맹의 금고를 아테네로 옮기고 페르시아와 화해 조약을 맺었다. 페르시아가 이오니아 해안을 장악하는 대신 에게해로는 진출하지 않는다는 내용이었다. 이는 페르시아가 육지를, 그리스가 바다를 갖는다는 뜻이다. 이 조약으로 페르시아의 위협이 크게 줄어들자,

델로스 동맹에 소속되어 있던 다른 도시국가들은 동맹의 필요성을 느끼지 못해 돈도 내지 않으려 했다. 하지만 페리클레스는 아테네에 반항하는 도시국가들을 무력으로 철저하게 진압하며 돈을 걷어갔다.

페리클레스는 델로스 동맹을 통해 아테네가 도시국가가 아닌 제국이 되길 원했다. 페리클레스 시대에 민주 정치가 완성된 배경에는 노예제와 델로스 동맹이 있었다. 페리클레스는 델로스 동맹의 돈으로 파르테논 신전을 건축했다. 페르시아의 침공을 막기 위해 모인 돈을 한 도시의 신전을 건축하는 데 사용한 것이다. 이로써 아테네는 도시국가가 아니라 제국이 되었다.

페리클레스는 자신이 만든 제국을 유지하기 위해 동맹 도시국가에 감독관을 파견했고 그들이 반항하면 철저하게 정복해 그 토지를 아테네 시민들에게 분배했다. 동맹 도시국가들은 심지어 재판권마저 빼앗겨 판결이 필요할 경우 아테네 시민이 주도하는 민중 재판소의 결정을 받았다.

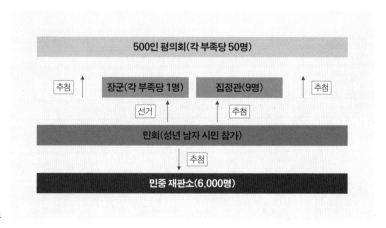

민주 정치의 구조

　　그러면서도 한편으로 페리클레스는 아네테의 민주 정치를 강화하기 위해 노력했다. 그는 우선 귀족의 힘을 약화시키고 평민의 힘을 강화시키고자 귀족들의 모임인 아레오파고스 회의의 권력을 제한했다. 그전까지 아레오파고스 회의에서 보유했던 권한들은 500인 평의회, 민회, 민중 재판소 등에 분산되었다.

　　또한 페리클레스는 장군을 제외한 공직자를 추첨으로 뽑도록 했다. 그런데 한 가지 문제가 있었다. 비록 살라미스 해전으로 가난한 평민도 참정권을 얻게 되었지만, 노예가 없어서 직접 농사를 지어야 했던 그들은 공직을 수행하기 어려웠던 것이다. 페리클레스는 이에 대한 해답도 제시했다. 추첨으로 공직에 당첨된 시민에게는 수당을 주어 생계를 유지할 수 있도록 한 것이다. 물론 이 수당은 델로스 동맹에서 나온 돈이었

연설하는 페리클레스

다. 따라서 전반적으로 볼 때 그리스 민주 정치의 기반은 노예제와 델로스 동맹이었다고 할 수 있다. 사실 이것은 현대에 들어서도 마찬가지이다. 유럽에서 민주 정치가 발달하는 동안 아프리카와 아시아 식민지의 주민들은 피눈물을 흘려야 했으니 말이다. 다음은 페리클레스가 자신이 완성한 민주 정치를 자랑하는 연설문이다.

> 우리의 제도를 민주주의라 부릅니다. 소수가 아닌 다수의 손으로 나라를 다스리기 때문입니다. (중략) 법은 사적인 논쟁에서 모든 사람에게 평등을 보장하지만, 개인의 우월성이 무시되는 것은 아닙니다. 어느 시민이 특출하다면, 그는 특권으로서가 아니라 그가 지닌 장점에 대한 보답으로 공직에 선출됩니다. 가난은 장애가 되지 않으며, 사람은 그가 처한 여건이 어떠하든지 조국을 위해 봉사할 수 있습니다.

페리클레스 말기 아테네의 인구는 18세 이상 남성으로 이루어진 시민과 그 가족이 약 13만 명, 외국인이 약 3만 명, 노예가 약 8만 명이었던 것으로 추정된다. 부유한 계층이 아닌 농민이나 소시민도 한두 명의 노예를 소유했다고 하니, 이들의 노동력으로 아테네 시민은 전쟁에 참전하고 민회에 참여할 수 있었던 것이다. 여기에 추첨으로 공직에 임명되면 델로스 동맹의 돈으로 일당을 주니 민주 정치가 완성될 수 있었다. 물론 아테네 민주 정치의 완성에는 페리클레스 개인의 탁월함도 빼놓을 수 없다. 동시대에 살았던 소크라테스에 따르면, 페리클레스의 연설은 그야말로 완벽했다고 한다. 아테네 시민은 페리클레스에게 매료되었다. 역사가 투키디데스는 당시 아테네 역사를 이렇게 기록했다. "명분상 민주정이었으나 실제로는 제1인자로 군림했다."

펠로폰네소스 전쟁의 시작

페르시아가 쳐들어 왔을 때 그리스는 단결했으나 그들이 물러가자 내부에서 패권 다툼이 발생했다. 기원전 431년부터 기원전 404년까지 아테네를 중심으로 한 델로스 동맹은 스파르타를 중심으로 한 펠로폰네소스 동맹과 전쟁을 벌였다.

　당시 육군은 스파르타가 강했고 해군은 아테네가 강했다. 페리클레스는 해군으로 스파르타를 공략하기로 결정했다. 과거 테미스토클레스가 쌓아 놓은 성벽에 의지해 스파르타 육군을 방어하는 동안 해군이 스파르타를 점령한다는 계획이었다. 페리클레스의 이 전략은 아무 문제도 없는 것처럼 보였다. 페리클레스의 예상대로 스파르타는 육지에서 전쟁을 끝내려는 의도로 아테네를 공격했고, 아테네는 성벽에 의지해 이

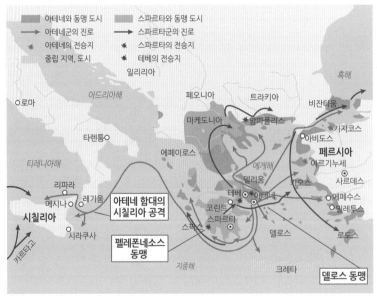

펠로폰네소스 전쟁

를 방어했다. 아테네의 모든 시민이 집을 버리고 성벽 안으로 들어가 성을 지켰다. 그런데 기원전 430년, 즉 전쟁 2년째 되던 해 여름에 이집트에서 발생한 역병이 페르시아 전역을 휩쓴 뒤 아테네 성벽 안으로도 들어왔다. 이 역병으로 인해 아테네 주민의 3분의 1이 사망했다. 순식간에 너무 많은 사람이 죽어 화장에 필요한 땔감이 모자랄 정도였다고 한다. 페리클레스도 이 역병으로 병사했다.

풍운아 알키비아데스

페리클레스 사후 지루하게 이어지던 펠로폰네소스 전쟁은 한때 아테네와 스파르타의 평화 조약으로 끝을 맺은 적이 있다. 하지만 이 조약에 불만을 가진 이들이 있었다. 바로 아테네의 가난한 시민들이었다. 생활에 여유가 있었던 부자들과 달리 그들은 전쟁을 통해 전리품을 얻고자 했기 때문이다.

이때 페리클레스의 조카이며 소크라테스의 제자인 알키비아데스가 등장한다. 그는 가난한 평민층을 이용해 권력을 잡고 싶었다. 아버지가 일찍 죽어 삼촌 페리클레스 밑에서 자란 알키비아데스는 상속받은 재산도 많았고 페리클레스의 어깨너머로 배운 웅변술도 뛰어났다. 하지만 알키비아데스는 페리클레스와 결정적인 차이가 있었다. 그는 지극히 자기중심적인 인간이었다. 페리클레스는 아테네를 위해 지도자가 되었지만 알키비아데스는 개인의 출세를 위해 지도자가 되기를 원했다.

알키비아데스는 화려한 웅변술로 민중을 선동해 정적들을 도편추방제로 제거했다. 도편추방제를 정치적으로 악용한 것이다. 야심가였던 알키비아데스는 가난한 시민들의 바람에 따라 전쟁을 재개했다. 그는 스파르타와의 화친을 깼을 뿐 아니라 중립 국가였던 도시국가를 공격해 그곳의 성인 남자를 모두 죽이고 부녀자를 모두 노예로 팔아치운 다음 남은 빈 땅에 아테네 시민들을 이주시켰다. 그 도시국가가 아테네에 아무런 해를 끼치지 않았음에도 이런 짓을 벌인 것은 순전히 가난한 시민들의 인기를 얻어 권력을 독점하기 위해서였다.

그러던 중 시칠리아섬에 있던 아테네의 동맹국이 주변 국가의 공격을 받자 아테네에 도움을 요청했다. 시칠리아가 부유하다는 소문이 퍼져 있던 아테네에서는 이 기회에 시칠리아를 점령해 더 큰 부를 얻기로 하고 군대를 파견했다. 스파르타와 전쟁 중임에도 불구하고 내린 결정이었다. 기원전 415년, 아테네는 국고를 털어 갤리선 134척, 수송선 130척, 중장보병 5,000명, 경장보병 1,300명 등 도합 2만 5,000명이 넘

쾌락에 빠진
알키비아데스를
끌어내는 소크라테스

는 대부대를 출정시켰다. 당연히 알키비아데스가 이 전투를 지휘했다. 그런데 알키비아데스가 대부대를 이끌고 출발한 직후, 그는 아테네에 남아 있던 정적들의 모함을 받게 된다. 이에 아테네 시민은 즉각 알키비아데스의 소환을 결정했다. 하지만 위기를 느낀 알키비아데스는 소환 명령에 따르지 않았다.

알키비아데스는 조국의 명령을 거부한 데 그치지 않고 적국 스파르타에 망명했다. 그는 스파르타가 조국 아테네를 쉽게 정복할 수 있게끔 조언했고, 이에 스파르타의 침입이 더 심해져 아테네 시민들은 피폐해졌다. 설상가상으로 시칠리아로 원정을 떠났던 아테네 군대마저 스파르타의 지원을 받은 적군에게 패배했다. 2만 5,000명의 아테네 군인들 중 상당수가 전사했으며 7,000여 명은 포로로 잡혀 노예가 되었다. 이어 스파르타는 페르시아와 동맹을 맺었다. 그들은 이오니아에 있는 그리스의 도시국가들을 페르시아에 넘겨주는 대가로 전쟁 비용 등의 지원을 받기로 했다. 영웅 레오니다스를 낳았던 스파르타가 동포를 판 것이다.

한편 알키비아데스는 스파르타 아기스 왕의 왕비와 간통을 벌이다 스파르타에서 쫓겨났다. 그는 페르시아로 망명해 페르시아인들에게 세력 균형을 위해 스파르타 원조를 중단하라고 조언했다. 이후 알키비아데스는 기원전 408년, 아테네 장군을 도와 스파르타군을 격파하면서 다시 아테네로 돌아왔다. 아테네 시민들은 귀국한 그를 보려고 항구에 몰려들었고, 그에게 장군직을 부여했다. 하지만 장군이 된 알키비아데스는 스파르타와의 전투에서 패하고 말았다. 그는 패전의 책임을 피하기 위해 페르시아로 재차 망명하려다가 기원전 404년 소아시아에서 암살자에게 살해되었다.

펠로폰네소스 전쟁의 종결

기대했던 알키비아데스가 스파르타에게 패배하자 아테네 시민들은 전세를 역전시키기 위해 델로스 동맹의 자금을 쏟아 부어 150척의 갤리선을 건조했다. 다행히도 이 함대는 스파르타를 격파했지만 갑자기 불어닥친 폭풍 때문에 많은 함선과 병사를 잃고 말았다. 그러자 이성을 잃은 아테네 시민들은 재판을 열어 해군 지휘관들을 모두 사형시키기로 결정한다. 싸움에서 졌기 때문이 아니라 천재지변 때문에 병력을 잃은 것인데도 감정적으로 이러한 결정을 내린 것은 중우정치의 폐해라 할 만했다. 이때 사형을 반대한 자는 단 한 사람, 소크라테스뿐이었다.

아테네가 이처럼 어리석은 결정을 반복하게 되면서 결국 27년 동안 전개된 펠로폰네소스 전쟁의 최종 승자는 스파르타가 된다. 아테네가 점령되었을 때 스파르타의 다른 동맹국들이 아테네를 철저히 파괴해야 한다고 주장했지만 스파르타는 이를 받아들이지 않았다. 대신 스파르타는 아테네에 민주 정치의 폐지를 포함한 몇 가지 요구사항을 전달했고 아테네가 이를 수용하자 본국으로 돌아갔다.

양대 폴리스의 쇠퇴

중우정치

국어사전을 보면 '데마고그(demagogue)'라는 단어가 나오는데 '정치적인 이익을 위해 유언비어를 퍼뜨리는 선동가'라는 뜻으로 설명된다. 그런데 그리스어에서 유래된 이 말은 원래 '민중을 지도하는 자'라는 뜻이다. '민중의 지도자'가 졸지에 '선동 정치가'가 된 까닭은 페리클레스의 죽음 이후 아테네에 등장해 '민중을 이끌었던 지도자'들이 하나같이 선동적인 선전을 통해 반대파를 중상모략하고 자신들의 기득권을 유지하려 했기 때문이다.

고대 그리스인의 문맹률은 정확히 알 수 없지만 페니키아에서 가져온 표음문자를 개량해 썼던 이들은 표의문자를 사용하던 국가들에 비해 훨씬 쉽게 읽고 쓰는 법을 배웠을 것이다. 문자는 지식을 담는 그릇이며, 지식은 곧 권력이다. 아직 해독되지 않은 인더스 문명의 문자는 제외하더라도 메소포타미아, 이집트, 중국 모두 어려운 문자를 사용했다. 문자를 배우려면 많은 시간과 노력이 필요했으니 그럴 여유가 있는 소수의 지식인층만이 권력을 독점했다. 반면 그리스의 문자 체계는 쉬웠기 때문에 지식과 권력이 빠르게 분산될 수 있었다. 즉, 알파벳이 아테네의 민주주의에도 영향을 준 것이다. 문제는 권력을 갖게 된 아테네의 시민들이 자신의 힘을 지혜롭게 쓰지 못했다는 점에 있다. 아테네 민주 정치의 민낯을 보여주는 이야기를 하나 소개한다.

페르시아 전쟁이 한창일 무렵, 군인이자 정치가로 이름 높았던 아리스티데스는 시민들이 자신의 추방 여부를 놓고 투표를 벌인다는 이야기에 투표장으로 향했다. 그때 한 시민이 그에게 다가왔다. 다른 아테네인과 달리 글자를 몰랐던 그 시민은 자신의 도편에 '아리스티데스'라고 적어달라고 부탁했다. 아리스티데스는 그 이유를 물었다. 시민의 대답이 걸작이었다. "솔직히 그 사람을 잘 모르오. 그런데 주변에서 하도 그 사람을 칭찬하는 통에 진저리가 나서 쫓아내려 하오." 아리스티데스는 말없이 그 부탁을 들어주었고 결국 그의 이름이 적힌 도편 6,000개가 모이면서 아테네에서 추방되었다.

이처럼 다수의 어리석은 민중이 이끄는 정치, 이른바 중우정치는 펠로폰네소스 전쟁을 거치면서 더욱 심화되었다. 승전한 해군 지휘관들을 사형시킨 이야기는 이미 언급했으니 다른 사례를 소개한다.

펠로폰네소스 전쟁 당시 델로스 동맹의 한 도시국가가 동맹을 배반하자 아테네는 그 도시국가를 함락시켰다. 아테네의 민회에서는 해

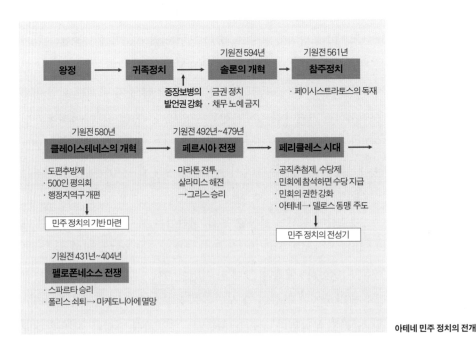

아테네 민주 정치의 전개

당 도시의 성인 남성을 모두 죽이고, 여성은 모두 노예로 만들자고 결의했다. 결의 직후 이를 집행하기 위해 한 척의 갤리선이 그 도시로 출발했다. 그런데 다음 날 아침 다른 의견이 나왔다. 배반을 주도한 사람은 소수인데 일반 시민들에게까지 그런 잔혹한 처우를 하면 안 된다는 주장이었다. 그런 전례를 만들면 다음에 또 배반이 일어났을 때 배반의 주동자와 시민들이 일치단결해 아테네에 저항할 테니 진압하기도 더 어려울 것이라는 우려도 나왔다. 시민들은 아연실색했다. 결국 전날의 결의를 취소한 그들은 앞서 떠난 갤리선을 막기 위해 세 척의 갤리선을 다시 그 도시로 출발시켰다. 출발하는 세 척의 갤리선 승무원들에게는 전날 출발한 갤리선을 따라 잡으면 막대한 상금을 주겠다는 약속도 했다. 죽을 힘을 다해 노를 저은 끝에 간신히 문제의 도시에 도착한 후발대는 먼저 도착해 최초의 결의를 낭독한 뒤 사형을 집행하려던 아테네의 장군을 가까스로 막을 수 있었다고 한다.

소크라테스

스파르타의 요구로 민주 정치를 폐지한 아테네에서는 잠시 동안 30인의 참주정치가 실시되었다. 이 30인 중 특히 악명 높은 인물이 바로 크리티아스인데, 소크라테스의 또 다른 제자였던 그는 민주 정치를 요구하는 사람들을 무자비하게 학살하며 자신의 권력을 공고히 하려 했다. 하지만 이미 민주 정치에 익숙해져 있던 아테네는 크리티아스를 제거하고 곧 자신들의 옛 정체(政體)를 부활시켰다.

　아테네인들은 한번 잃었다가 겨우 되찾은 민주 정치를 다시 잃지 않을까 걱정했다. 그런 아테네인들에게 소크라테스는 눈엣가시였다. 당

시 화려한 대화술로 많은 청년들로부터 인기를 누리던 소크라테스가 공
직자를 추첨으로 선발하는 아테네의 제도를 비판했기 때문이다. 사실
공직자 추첨 선발은 아테네 민주 정치의 핵심이라 할 만한 부분이었다.
게다가 중우정치를 조장하고 배신을 밥 먹듯 했던 알키비아데스, 참주
정치를 통해 횡포를 부린 크리티아스가 모두 소크라테스의 가르침을 받
았다는 사실 역시 그를 위험인물로 여겨지게끔 만들었다.

민주 정치 지지자들은 결국 기원전 399년, 소크라테스를 재판에
넘겼다. 아테네의 신들을 모독하고 청년들을 타락시켰다는 혐의였다.
이에 소크라테스는 자신이 신들을 모독했다는 것은 중상모략이며, 청년
들을 타락시키지도 않았다고 스스로를 변호했다. 하지만 결과는 유죄였
다. 당초 소크라테스가 받아야 할 벌은 사형이 아닌 벌금형이었다. 그러

소크라테스의 죽음

나 소크라테스는 결정을 내린 시민들에게 야유를 보내며 벌금형을 거부
했다. 그 행동에 화가 난 시민들은 다시 이루어진 재판에서 사형을 선고
해버리고 말았다.

당시 아테네에서는 사형을 선고받았다 해도 이를 피할 방법이 있었
다. 외국으로 떠나는 것이다. 그 경우 아테네는 사형을 집행하지 않았다.
하지만 소크라테스는 외국으로 피하라는 주변의 권유를 거절했다. 펠로
폰네소스 전쟁 당시 조국을 위해 세 번이나 출정했던 그는 사실 누구보
다도 아테네를 사랑하는 사람이었기 때문이다. 결국 기원전 399년, 소
크라테스는 70세의 나이로 사망했다.

이후 아리스토텔레스도 비슷한 상황에 처하게 되는데, 그는 외국으
로 떠나는 선택을 한다. 아테네 시민이었던 소크라테스와 달리 아리스
토텔레스는 아테네가 아닌 마케도니아 출신이었기 때문이다.

스파르타의 몰락

소크라테스의 제자였던 플라톤은 아테네의 민주 정치가 중우정치로 변
질되고 이로 인해 스승이 사형을 당하자 민주 정치를 대체할 이상적인
국가 체제를 제시했다. 그 모델은 펠로폰네소스 전쟁의 승자인 스파르
타였다. 스파르타는 사회 구성원들 가운데 소수의 사람들(도리아인)만이
정치에 참여했고, 그 아래에 있는 대다수의 피지배층은 오직 생산에만
힘쓰는 구조였다. 여기에서 영감을 얻은 플라톤은 소수의 현명한 자가
통치하는 철인정치를 구상했다.

하지만 당시 스파르타도 많은 문제를 안고 있었다. 우선 전쟁 중 페르
시아로부터 지원받은 돈을 갚아야 했다. 더 심각한 문제는 저출산으로 인

한 인구 부족이었다. 기원전 404년, 스파르타에서 중장보병으로 싸울 수 있는 시민의 수는 2,000명에 불과했다. 그리스 전체의 인구가 300만 명 이상이었으니 이 정도 규모로는 그리스 지배를 꿈도 꿀 수 없었다.

결국 전쟁 이후 주도권을 잡은 국가는 테베였다. 테베는 자신을 중심으로 보이오티아 동맹을 결성해 스파르타를 공격했다. 이때 벌어진 레우크트라 전투에서 테베는 사선진이라는 특이한 진법을 사용한다. 왼쪽 부대를 일반적인 팔랑크스보다 훨씬 두껍게 하고 상대적으로 약한 다른 부대를 조금씩 뒤로 물리는 이 진법은 위에서 내려다보면 전체적으로 비스듬하게, 즉 사선(斜線)으로 보이기 때문에 이 같은 이름이 붙여졌다.

원래 중장보병이 구사하는 팔랑크스는 방패를 든 왼쪽보다 창을 든 오른쪽에 허점이 많다. 이 같은 약점을 보완하기 위해 스파르타는 정예

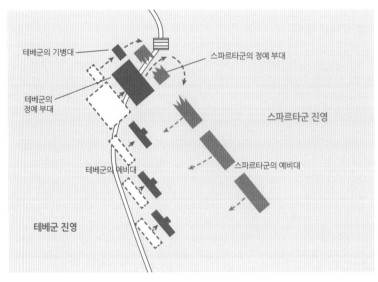

레우크트라 전투 전개도

부대를 오른쪽에 배치했다. 사선진은 이에 대응하기 위해 만들어진 진법이었다. 강력하지만 수가 적었던 스파르타군 우측의 병사들은 죽여도 죽여도 계속 몰려오는 테베군 좌측 부대에 조금씩 지쳐 가다가 이내 하나둘씩 쓰러졌다. 정예부대가 무너지자 사기가 떨어진 스파르타의 남은 병사들도 한순간에 궤멸되었다.

이 전투에서 스파르타는 왕과 함께 다수의 중장보병을 잃었다. 남은 시민이 고작 1,000명 정도였다고 한다. 이후 스파르타는 쇠락의 길을 걷게 된다. 한편 전투의 승자 테베는 잠시 그리스의 주도권을 잡는 듯했으나 이들 역시 위대한 정치가들이 사망한 이후 몰락하기 시작했다.

그리스를 넘어, 알렉산드로스 제국

알렉산드로스 대왕의 등장

'키가 큰 사람'이란 뜻인 마케도니아는 당시 그리스에서 야만인으로 취급받았지만 현재는 그리스의 일파로 간주된다. 기원전 359년, 마케도니아에서 위대한 왕이 즉위하니 바로 필리포스 2세이다. 그는 왕이 되자마자 홀로 1,000명을 상대한다는 막강한 기병대를 조직했고, 중장보병을 더 긴 창으로 무장시켜 팔랑크스의 위력을 한층 끌어올렸다. 필리포스 2세는 여기에 더해 테베에서 볼모로 머물던 시절 목격한 사선진도 배워 와 자국의 군대에 적용했다.

　　마케도니아의 막강함을 알게 된 그리스의 이소크라테스는 필리포스 2세에게 편지를 보냈다. 그리스의 여러 국가를 화해시키고 연합군을 조직해 페르시아를 토벌해 달라는 요청이었다. 필리포스 2세는 당연히 이에 응했고 이를 위해 철저한 준비를 했다. 기원전 338년, 필리포스 2세는 카이로네이아 전투에서 아테네와 테베 연합군을 격파해 그리스의 패권을 잡았는데, 이 전투를 이끈 이가 바로 18세의 소년 알렉산드로스(알렉산더)였다. 알렉산드로스는 아버지가 정복에 성공할 때마다 자신이 정복할 영토가 줄어들까 봐 고민하던 야심가였다. 전투에서 승리한 그는 아테네 병사들의 시체를 아테네에 전달했다. 이에 감격한 아테네 시민들은 필리포스 2세와 알렉산드로스에게 아테네의 시민권을 부여했다.

　　카이로네이아 전투 이후 필리포스 2세는 그리스 도시국가들을 모아 '헬라스 동맹'을 결성했는데 여기에서 스파르타는 제외되었다. 비록 쇠퇴한 스파르타였지만 자주 독립국가의 자세만은 잃지 않으려 했기 때문이다.

　　헬라스 동맹의 맹주가 된 필리포스 2세는 페르시아 정벌을 위해

1만 명의 마케도니아 군대를 이끌고 페르시아로 진격했다. 그런데 이때 필리포스 2세가 딸의 결혼식에서 암살당하는 사건이 벌어지면서 원정은 잠시 중단되었다. 당시 필리포스 2세는 아내와 사이가 매우 좋지 않았다고 한다. 그의 왕비는 이웃 국가의 왕녀로 자존심이 매우 강하고 격정적인 여인이었다. 그래서 왕비가 필리포스 2세를 죽였다고 보는 사람도 있다.

　　필리포스 2세가 죽었다는 소문이 퍼지자 그리스 도시국가들이 반란을 일으켰다. 알렉산드로스는 즉시 이 반란을 진압하고 다시 그리스와 동맹을 맺었다. 반란의 중심이었던 테베는 알렉산드로스에 의해 철저히 파괴되었고 시민 3만 명은 노예로 팔렸다. 다만 시인 핀다로스의 집만은 파괴를 면했다. 알렉산드로스가 좋아하는 시인이었기 때문이다. 테베를 격파하고 다시 페르시아 원정군을 조직한 알렉산드로스는 페르시아 원정 전에 관습대로 델포이 신전에 갔으나 아무리 불러도 여사제가 나오지 않았다. 이에 알렉산드로스가 여사제를 강제로 끌어내자 그녀는 "당신은 절대로 지지 않을 사람이군요"라고 말했다. 이에 알렉산드로스는 "이제 신탁은 필요 없다. 이 말이 내가 바라던 신탁이다"라며 자신의 전 재산을 전쟁 비용으로 내놓고는 "나는 희망만 가지면 된다"라고 말했다고 한다.

　　이처럼 어머니를 닮아 격한 면모도 있었지만, 대개의 경우 알렉산드로스는 중용을 유지했다. 스승 아리스토텔레스의 영향이었다. 두 사람이 만날 당시 알렉산드로스는 13세, 아리스토텔레스는 41세였다. 아직 어렸던 왕자는 대철학자 밑에서 3년간 가르침을 받았다. 이후 알렉산드로스가 페르시아로 원정을 떠날 때 역사가와 철학자 등 많은 학자를 대동해 정복지의 지리, 동식물, 인종을 연구했는데, 이러한 학구적인 태도는 틀림없는 스승의 영향이었다. 하지만 제자가 스승을 넘어선 측면도 있었다. 아리스토텔레스는 알렉산드로스에게 그리스인만이 우수한 민족이고 나머지는 모두 노예로 대우하라고 가르쳤지만 대왕은 이를 따르지 않았다.

페르시아 원정의 시작

기원전 334년 봄, 알렉산드로스 대왕은 3만 명의 중장보병과 5,000명의 기병대를 이끌고 아케메네스 왕조 페르시아를 침공한다. 군인뿐 아니라 학자와 군인의 부인까지 따라 나선 대규모 행렬이었다. 그래서 알렉산드로스 원정 중에만 1만여 명의 아이가 태어났다고 한다. 식량은 한 달 정도 분만 가지고 갔는데, 그만큼 자신이 있었다는 뜻이다.

알렉산드로스는 페르시아와 큰 전투를 세 차례 치렀고 모두 사선진을 써서 승리했다. 물론 알렉산드로스가 이끈 군대의 강점은 사선진만이 아니었다. 필리포스 2세 때 도입된 중장보병의 긴 창은 4미터가 넘어 일반적인 중장보병이 사용했던 2.4미터짜리 창보다 훨씬 길었다. 이것은 단순히 위에서 아래로 떨어뜨리기만 해도 육박하는 적군에게 큰 충격을 가할 수 있었다. 또한 맨 앞 3열까지만 창을 뻗을 수 있었던 기존의 팔랑크스와 대조적으로, 마케도니아군은 5열까지 창을 뻗을 수 있었다.

여기에 필리포스 2세가 양성한 강력한 기마부대도 있었다. 원래 등자가 없으면 말을 타고 싸우기가 어렵다. 등자로 몸을 고정시켜야 마상에서 무기를 힘껏 휘두를 수 있기 때문이다. 그런데 아시아에서는 등자가 일찍 등장한 데 비해 유럽에서는 중세에 이르러야 등장한다. 중세가

되어서야 무거운 철갑옷을 두른 기사가 나타난 것도 이 때문이다. 이러
한 원인으로 인해 고대 그리스의 기병들은 전투가 아닌 이동을 목적으
로 말에 탔다. 그런데 마케도니아에서는 등자 없이도 3.5미터나 되는
긴 창을 움켜쥐고 싸울 수 있는 강력한 기마부대를 만드는 데 성공한다.
알렉산드로스 이후 유럽의 전투는 중장보병들이 중앙에서 버티는 동안
기마부대가 적의 기마부대를 격파하고 적 본대 병력의 후방을 치는 형
태로 전개되었다.

　　알렉산드로스 대왕의 첫 전투가 벌어진 곳은 그라니코스 강가였다.
이때 마케도니아군은 강을 건너야 했는데 물살이 거세 병사들이 좀처럼
움직이려 하지 않았다. 이에 알렉산드로스 본인이 선두에 서서 빗발치
는 적들의 화살을 뚫고 강을 건넜다. 흰 새의 커다란 깃털로 장식된 투구

**싸우는
알렉산드로스(왼쪽)를
묘사한 부조**
말을 타고 있는 두 사람 모두
등자가 없는 것을 볼 수 있다.

를 쓴 사내가 돌진해오자 페르시아 병사들은 그가 적군의 우두머리임을 알고 알렉산드로스를 집중적으로 공격했다. 이윽고 페르시아 병사 두 명이 알렉산드로스를 포위했다. 한 명이 알렉산드로스의 투구를 내리쳤지만 다행히 머리를 다치지 않았다. 이에 알렉산드로스가 병사 하나의 가슴에 창을 깊숙이 꽂아 넣었다. 그런데 미처 창을 뽑기도 전에 다른 한 명의 페르시아 병사가 등 뒤에서 큰 칼을 내리쳤다. 위기일발의 순간, 왕을 따라온 부하가 한 발 먼저 무기를 휘둘러 그 병사의 팔을 어깨에서부터 잘라냈다.

한 나라의 왕이 제대로 된 호위병도 없이 앞장서서 싸우다 죽을 뻔한 이 장면에는 중요한 함의가 있다. 당시 마케도니아의 왕은 미케네 문명의 아가멤논이나 스파르타의 왕처럼 상징적인 존재에 불과했던 것이다. 더구나 알렉산드로스의 군대는 마케도니아뿐 아니라 그리스 각지에서 온 연합군이었다. 그날의 경험으로 중요한 깨달음을 얻은 알렉산드로스는 이후 아시아의 전제군주제를 꿈꾸게 된다. 알렉산드로스가 쉬지 않고 전쟁을 계속한 것, 또 인도를 정복하고 회군할 때 일부러 거친 사막을 횡단한 일을 두고 어떤 이들은 알렉산드로스의 진짜 꿈이 세계를 정복하는 게 아니라 강력한 전제군주제를 건설하는 것이었다고 말한다. 전쟁이 지속되고 위기가 이어지면 자연스럽게 권력은 한 사람에게 집중되기 때문이다.

전투가 끝난 뒤 알렉산드로스는 고르디온을 지나게 된다. 이때 그는 신전 기둥에 복잡한 매듭이 매어져 있는 것을 발견한다. 고르디온 지방에서는 이 매듭을 푸는 자가 아시아의 지배자가 된다는 전설이 있었다. 이를 들은 알렉산드로스는 칼로 매듭을 내리쳐서 풀어버렸다.

이수스 전투

기원전 333년, 알렉산드로스는 이수스에서 다리우스 3세가 이끄는
60만의 페르시아 대군과 결전을 벌인다. 그런데 이 전투가 일어나기 직
전, 알렉산드로스가 큰 병을 얻게 된다. 이에 다리우스 3세는 '알렉산드
로스의 주치의가 페르시아 왕과 내통하고 있다'는 내용의 가짜 편지를
알렉산드로스의 손에 흘러들어 가도록 만든다. 물론 치료를 방해하려는
목적이었다. 하지만 알렉산드로스는 의사가 주는 약을 태연하게 마신
뒤에야 입수한 편지를 의사에게 보여 주었다. 부하를 향한 자신의 신뢰
를 보여준 것이다. 이때 먹은 약은 매우 독한 것이어서 알렉산드로스는
며칠 동안 신음했지만, 곧 병이 나았다. 이를 지켜본 병사들은 왕에게 충
성을 다짐했다.

생명의 위험을 무릅쓰면서 내부를 결속시킨 알렉산드로스는 이수
스 전투에서 중장보병이 적의 본대를 막는 동안 자신이 직접 기병과 함
께 적의 옆을 치는 전략을 구사했다. 그 와중에 알렉산드로스는 허벅지
에 부상을 입었지만, 결국 페르시아군을 돌파해 후방에 있던 다리우스

이수스 전투
창을 든 알렉산드로스(왼쪽)와
겁에 질린 다리우스 3세(오른쪽
전차에 올라탄 사람)가 보인다.

3세의 전차 앞까지 도달하는 데 성공한다. 자신에게 창을 겨누는 알렉산드로스를 본 다리우스 3세는 크게 놀라 어머니, 부인, 딸을 모두 버리고 도망갔다. 왕이 도망가자 마케도니아군의 본대를 상대로 우세하게 싸우던 페르시아의 중앙군은 순식간에 무너져버렸다. 이것이 전제군주제의 단점이다. 그리스는 자유로운 시민들이 싸우기 때문에 왕이 죽더라도 전투가 유지되지만, 전제군주제 국가는 왕의 명령으로 움직이기 때문에 왕이 죽거나 사라지면 군대도 무너진다.

거침없는 정복 후 이집트에서

이수스 전투 이후 알렉산드로스는 저항하는 페니키아 지역의 도시들을 공격해 점령했다. 특히 티레성 전투에서는 해안에서 800미터나 떨어진

헬레폴리스의 모형
고대 그리스의 공성탑이다. 알렉산드로스는 티레성 앞까지 이어지는 길을 만든 뒤 헬레폴리스를 진격시켜 이 난공불락의 성을 점령했다.

섬에 있는 천혜의 요새 티레성을 공략하기 위해 섬으로 이어지는 둑을 쌓아 길을 만들기도 했다.

이집트는 페니키아 지역과 대조적이었다. 기원전 515년부터 페르시아의 지배를 받아 불만이 많았던 그들은 알렉산드로스를 해방자로 여겨 저항 없이 그를 맞이한 뒤 파라오로 섬겼다. 이집트를 정복한 알렉산드로스는 이곳에 알렉산드리아를 건설했다.

이집트의 알렉산드리아는 없는 것이 오직 눈뿐이라는 이야기가 나올 정도로 거대한 도시였다. 세계 7대 불가사의 중 하나인 135미터의 파로스 등대, 50만 권의 장서를 자랑하는 도서관은 당시 세계 최대 규모였다. 이집트의 알렉산드리아는 지중해의 진주라고 불렸으며 지금도 이집트 제2의 도시이다. 알렉산드로스는 이후에도 정복지에 알렉산드리아라는 이름의 도시를 70개 정도 더 건설했는데, 이는 원정을 떠날 때 물자를 보급하고 군사 거점으로 삼기 위함이었다.

이집트에 있을 당시 알렉산드로스는 거친 리비아 사막을 횡단해 아몬의 신전을 참배한 적이 있다. 이를 그저 국경 지대 순찰 과정에서 벌어진 해프닝 정도로 설명하는 사람들도 있지만, 다른 시각에서 접근해볼 필요가 있다. 군이 왕이 직접 순찰을 할 필요가 없기 때문이다. 어쩌면 알렉산드로스는 신탁을 받아 전제군주가 되고 싶었던 것인지도 모른다. 알렉산드로스는 이 신전에서 그가 아몬의 아들이란 신탁을 받았다고 하며, 자신의 군대에게 이를 강조했다.

가우가멜라 전투

이제 남은 곳은 페르시아의 수도! 다가오는 알렉산드로스를 기다리며 다리우스 3세 역시 마지막 결전을 준비한다. 이 싸움이 바로 기원전 331년의 가우가멜라 전투이다.

이수스는 산이 바다와 접해 있고 강이 흐르는 데다 땅이 평평하지 않아 양쪽 모두 불편했다. 이에 다리우스 3세는 가우가멜라라는 평지에 전차 200대를 배치했다. 페르시아군의 기세에 눌린 부하들이 밤에 기습 공격을 하자고 제안했으나 알렉산드로스는 "전 세계를 평정하려는 자들이 어찌 비겁한 술수로 승리하려 하는가? 내일 낮에 정정당당하게 싸우리라"라고 말한 후 다음 날 아침까지 코를 골며 자 병사들을 안심시켰다. 이와 비슷한 일화가 우리나라에도 있는데, 조선 인조 시절 이괄의 난이 일어났을 때 이를 진압했던 조정의 장수도 전투 전날 태평하게 잠

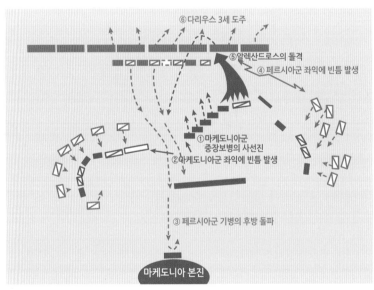

가우가멜라 전투의 전개도

을 자 병사들을 안심시켰다고 한다.

당시 다리우스 3세도 많은 준비를 해 마케도니아군의 5배나 되는 군대를 모았고 낫이 달린 200대의 전차 부대를 배치했다. 알렉산드로스는 이번에도 모루와 망치 전술을 구사했다. 페르시아의 전차 부대가 마케도니아군에게 달려들 때 중장보병 부대가 모루가 되어 그 공격을 막았다. 그동안 알렉산드로스의 기병대가 망치가 되어 다리우스 군대의 후방으로 돌격했다. 알렉산드로스가 자신을 노린다는 걸 눈치챈 다리우스 3세는 이번에도 병사들을 남겨둔 채 도망갔고 페르시아 군대는 또다시 붕괴됐다. 결국 가우가멜라 전투도 알렉산드로스의 승리로 끝났다.

페르세폴리스 입성

알렉산드로스는 비록 다리우스 3세를 놓쳤지만 바빌론에 입성할 수 있었다. 이후 수사에 이어 당시 아케메네스 왕조 페르시아의 수도 페르세폴리스까지 점령한 알렉산드로스의 군대는 엄청난 보물을 획득했다. 아테네가 1년 동안 거두어들인 금액이 2,000탤런트였는데, 알렉산드로스군이 페르세폴리스 왕궁을 점령해 얻은 화폐가 4만 탤런트나 됐다. 로마의 역사가 플루타르코스는 이 보물을 운반하는 데 두 마리의 당나귀가 끄는 마차 1만 대와 낙타 5,000마리가 이용되었다고 한다. 과거 그리스와의 전쟁에서 패하긴 했지만 페르시아 전체의 국력은 여전히 막강했던 것이다. 이 엄청난 재산을 갖고도 패배한 것은 다리우스 3세가 무능력했기 때문이다.

수도를 점령한 알렉산드로스는 이곳에 4개월 동안 머물렀는데 평상시에는 중용을 지키던 그도 술에는 약했던 것 같다. 알렉산드로스가 술에 취해 있을 때, 한 그리스인이 '페르시아가 그리스를 공격했을 때 그리스의 도시들을 불태웠으니 우리도 페르세폴리스를 불태우자'고 충동질했다. 술에 취한 알렉산드로스는 그 말을 듣고는 도시에 직접 불을 질렀다. 활활 타오르는 불을 보자 정신이 든 알렉산드로스는 황급히 불을 끄라고 명령했지만 페르세폴리스는 이미 잿더미가 된 뒤였다.

아케메네스 왕조 페르시아의 멸망

그리스 연합군은 애초에 페르시아의 수도를 정복할 목적으로 편성되었다. 그 목적이 달성되자 알렉산드로스는 헬라스 동맹군을 해산해 그리스로 돌려보냈다. 이때 병사들에게 엄청난 수당을 주었다. 이후 새로 용병을 모집해 자신의 마케도니아군과 합친 알렉산드로스는 새롭게 조직된 군대를 이끌고 다리우스 3세를 추격했다. 그는 다리우스 3세가 박트리아의 지방관에게 납치되었다는 소식을 듣고 급히 달려갔으나 페르시아의 샤한샤는 이미 중상을 입고 버림받은 채 누워 있었다. 알렉산드로스가 다리우스 3세에게 물을 주자 다리우스 3세는 이수스 전투 때 사로잡힌 자신의 가족들을 친절히 대해 준 것에 대해 깊이 감사하다는 말을 남기고 죽었다. 이로써 아케메네스 왕조 페르시아는 공식적으로 멸망했다. 알렉산드로스는 페르시아 마지막 왕의 장례식을 치러 주었다.

인도 공략

박트리아까지 정복한 알렉산드로스는 인도도 정복하기로 한다. 기원전 327년, 알렉산드로스는 군대를 이끌고 인도를 침공했다. 당시 인도의 북동부에 마가다 왕국이 있긴 했지만, 인더스강 유역은 여러 개의 나라로 분열된 상태였다. 인도에 진입한 이듬해에 알렉산드로스는 코끼리 200마리를 이끌고 온 인도의 부대와 전투를 벌여 승리했다.

이후 알렉산드로스는 갠지스강 유역을 공격하려 했는데, 이는 그가 동쪽의 끝까지 직접 가보려 했기 때문이다. 하지만 습기 가득한 인도 땅에서 긴 장마를 만나자 장병들은 명령에 반항하기 시작했다. 급기야 병사들이 열병으로 죽어 나가자 알렉산드로스는 동쪽으로 가려던 결심을 포기하고 갑자기 함선 건조를 명령했다. 배가 완성되자 알렉산드로스는 인더스강을 따라 남하했다. 그의 군대는 옆에서 강가를 따라 진군했다. 이 12만 외국인 군대의 행렬을 환영하는 부족도 있었지만 저항하는 부족도 있었다. 어떨 때는 알렉산드로스가 전투 중 화살에 맞아 쓰러지기까지 했다. 장병들은 그가 죽었다고 생각했지만 천만다행히도 왕은 의식을 회복했다. 인더스강 하류까지 진출한 알렉산드로스는 함대를 페르시아만으로 돌려보내고 자신은 쉬운 길 대신 적을 만날 일 없는 사막을 횡단해 기원전 324년에 수사로 돌아왔다. 사막을 횡단하는 데 두 달이 걸렸는데 전투에서 죽은 병사보다 더 많은 병사가 갈증으로 죽어 갔다. 결국 인도를 출발할 때의 병력 중 4분의 1만이 돌아올 수 있었다.

알렉산드로스의 융합 정책

알렉산드로스가 수사를 떠나 박트리아를 정복하고 인도까지 진출한 뒤 다시 수사로 돌아오기까지 총 8년이 걸렸다. 그동안 군대 내부에도 변화가 생겼다. 알렉산드로스의 군대가 동진을 거듭할수록 병사의 수는 줄어만 갔고 이를 보충하기 위해 알렉산드로스는 페르시아의 현지인을 군대에 편입시켜야 했다. 그리고 페르시아인들의 충성을 받으려면 알렉산드로스 자신이 페르시아인의 왕이 되어야 했다.

그전까지 알렉산드로스는 단지 마케도니아의 왕이자 그리스 연합군의 대표일 뿐이었다. 둘 중 그 어느 쪽도 전제군주와는 거리가 멀었다. 하지만 이때부터 알렉산드로스는 스스로를 페르시아의 왕으로 생각했으며 전제군주제를 도입하려 노력했다. 신하들에게는 페르시아 왕이 그러했듯 자신을 만날 때마다 절을 하라고 요구했다. 물론 그리스인들은 자신들을 노예 취급하는 것이라고 여겨 불쾌하게 여겼지만 말이다.

더 나아가 알렉산드로스는 스스로를 신격화하고 그리스 남자와 페르시아 여인 사이의 합동 결혼식도 강행해 두 문화권 간의 융합 정책을 펼쳤다. 이때 그 자신도 다리우스 3세의 딸과 결혼했다. 사실 알렉산드로스에게는 박트리아 출신의 첫 번째 부인이 있었다. 이 첫 번째 결혼이 연애결혼이었다면 다리우스 3세의 딸과 한 결혼은 일종의 정략결혼이었다. 즉, 페르시아 왕 등극과 민족 융합이라는 두 가지 목적을 위한 혼인이었던 것이다.

알렉산드로스의 이 같은 행동은 결국 저항을 받았다. 신격화는 별문제가 없었다. 그리스에서도 위대한 영웅을 신격화하는 문화가 있었기 때문이다. 진짜 문제는 알렉산드로스의 민족 융합 정책이었다. 알렉산드로스는 주위의 그리스인들이 저항하자 잔혹하게도 그들을 모두 죽였다. 그라니코스 강가에서 벌어진 전투 당시 알렉산드로스의 목숨을 구했던 부하 역시 그리스인과 페르시아인을 동등하게 대하려는 알렉산드로스의 정책을 비판하다 술에 취한 왕의 창에 찔려 죽고 말았다.

결국 알렉산드로스의 곁에는 페르시아인만 남게 되었다. 마케도니아인은 알렉산드로스를 직접 만날 수도 없었는데, 알렉산드로스는 남아 있던 늙은 마케도니아 군인들마저 고향으로 돌려보내고 페르시아인으로 빈자리를 채웠다. 마케도니아 군인들은 반항했지만 알렉산드로스의 결심에는 변함이 없었다.

대왕의 죽음

이후 알렉산드로스는 아라비아반도 원정과 카르타고 원정을 계획했다. 아라비아반도를 정복해야 홍해와 페르시아만이 제대로 연결될 수 있었으며, 지중해 무역을 장악하려면 카르타고를 정복해야만 했기 때문이다. 그런데 알렉산드로스가 갑자기 열병에 걸리고 만다. 열병이 10일 정도 지속되며 알렉산드로스는 스스로 일어설 수 없는 상태에까지 이르렀다. 그 와중에 마케도니아의 장군들이 알렉산드로스의 측근인 페르시아인들의 제지를 물리치며 병실로 들어갔다. 알렉산드로스는 그들에게 고개를 끄덕이고는 바로 사망했다. 기원전 323년의 일로 대왕의 나이 33세였다. 알렉산드로스는 죽었지만 그에 의해서 만들어진, 세계시민주의적 특징을 지닌 헬레니즘 문화는 실로 엄청난 영향을 끼쳤다.

후계자 싸움

알렉산드로스가 유언 없이 사망하자 제국은 부하 장수들에 의해 분열되었다. 그들의 정통성을 위협했던 알렉산드로스의 아들, 어머니, 왕비는 모두 후계자들에게 죽임을 당했다. 마케도니아와 그리스의 일부 지역은 카산드로스(이후 안티고노스 왕조)가, 마케도니아와 소아시아의 일부는 리시마코스가 통치했으며 이집트는 프톨레마이오스가 통치해 프톨레마이오스 왕조가 등장했다. 이 프톨레마이오스 왕조 출신의 유명한 여

왕이 바로 클레오파트라이다. 나머지는 대부분 셀레우코스 왕조가 통치
했다. 이들은 모두 알렉산드로스의 부하 장수들이었다. 알렉산드로스가
전제군주가 되려 할 때에는 그렇게나 질색하던 그들이었지만, 정작 자
신들이 왕이 되자 알렉산드로스가 이루지 못한 전제군주제를 채택했다.
하지만 이들의 나라는 모두 그리스어를 공용어로 사용했으며 헬레니즘
문화를 발전시켰다.

　셀레우코스 왕조는 기원전 3세기 무렵 힘이 약화되어 페르가몬(소
아시아 서부 지역), 박트리아, 파르티아(지금의 이란 북동부 지역)가 독립했다.
결국 셀레우코스 왕조는 시리아 북부와 그리스 동부만 지배하다가 기원
전 63년에 아르메니아에게 멸망되었고 아르메니아는 로마에게 정복당
했다. 이 중 박트리아 왕국 역시 그리스인이 세운 나라이다. 이곳은 다른

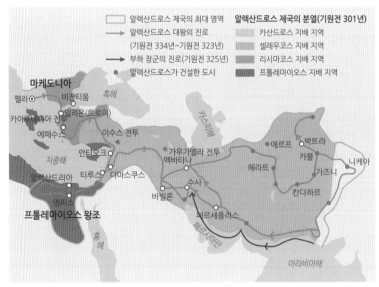

알렉산드로스 제국과 그 분열

간다라 미술의 전파
왼쪽부터 간다라
불상(1~2세기),
중국 운강 석불(5세기),
석굴암 본존불(8세기)이다.

그리스 도시국가와 달리 알렉산드로스의 정신을 잘 계승해 원주민과 협
조하며 간다라 미술을 꽃피웠다. 이전까지 인도에는 불상이 없었다. 하
지만 그리스의 인간 중심적 문화의 영향을 받은 간다라 미술은 부처를
인간화해 표현하기 시작했다. 이후 중국에서 넘어온 대월지가 박트리아
를 정복하고 쿠샨 왕조를 세웠다.

3

고대
유럽의
완성

로
마

제국의 시작

로마의 건국 신화

호메로스의 『일리아스』에 따르면 트로이의 영웅 아이네이아스는 트로이가 함락될 때 가족들을 데리고 탈출해 이탈리아의 라티움에 정착했다고 한다. 이후 아이네이아스의 후손인 아물리우스는 형이자 이탈리아의 왕인 누미토르를 몰아내고 왕위를 찬탈했다. 위협이 될 남자 조카들을 모두 살해한 아물리우스는 조카딸인 레아 실비아마저 여사제로 만들어 버렸다. 여사제가 되면 평생 결혼을 할 수 없고, 결혼을 못 하면 자식을 낳을 수 없으니 경쟁자가 태어날 가능성이 사라지기 때문이다.

여사제로 살아가던 레아는 어느 날 물을 길으러 숲으로 갔다가 군신 마르스의 눈에 띄어 관계를 갖게 된다. 이후 레아는 쌍둥이 형제 로물루스와 레무스를 낳았다. 이 소식을 들은 아물리우스는 쌍둥이를 티베르강에 내다 버리라고 명하고, 시종들은 두 아이를 광주리에 넣어 강에

**늑대의 젖을 먹는
로물루스와 레무스**

띄워 보낸다.

형제들은 죽을 위기에 처하지만 강가를 지나던 암컷 늑대가 쌍둥이를 발견하고 자신의 젖을 먹여 길렀다. 이후 양치기가 쌍둥이를 거둬 자기 자식처럼 보살폈고, 장성한 뒤 누미토르로부터 출생의 비밀을 듣게 된 그들은 할아버지를 대신해 복수를 결심한다.

작은할아버지를 죽이고 누미토르를 다시 왕으로 만든 형제들은 할아버지의 곁을 떠나 새 땅을 개척하기로 한다. 이때 로물루스는 팔라티누스 언덕에 도시를 세우자고 주장했고, 레무스는 다른 곳에 세우자고 주장했다. 의견 차가 심해지자 로물루스는 레무스를 죽이고 팔라티누스 언덕에 도시를 세웠다. 도시를 세운 이후 부족한 주민을 채우기 위해 각지에서 도망쳐 온 자들을 수용했다. 그러자 젊은 남자의 수가 크게 늘어났다. 남자에 비해 여자가 적은 것을 본 로물루스는 이웃 마을을 공격해 처녀들을 약탈했다. 이 같은 과정을 통해 만들어진 나라가 바로 로마이다. 그 이름은 건국자 로물루스에서 따온 것이다.

원로원의 나라

위의 이야기는 말 그대로 신화이다. 역사가들은 기원전 1000년경 인도유럽어족(인구어족)의 일파가 북쪽에서 남하해 이탈리아에 정착했는데, 그중 한 일파인 라틴족이 기원전 8세기 중엽에 티베르강 주변에 정착해 로마가 탄생했다고 본다.

로마는 처음에는 왕정이었다. 왕 중에는 라틴족과는 다른 민족인 에트루리아인도 있는데, 로마의 문화에는 이 에트루리아의 흔적이 강하게 남아 있다. 가령 로마의 대표적인 볼거리였던 검투사는 악령을 무마하기 위해 두 사람을 싸우게 하고 그중 진 쪽을 희생물로 바쳤던 에트루리아의 장례 문화에서 기인했다.

기원전 510년경 클레이스테네스가 고대 그리스에서 민주 정치의 기초를 마련할 무렵, 로마의 정치도 왕정에서 공화정으로 바뀌게 된다. 이 공화정의 핵심은 귀족들로 이루어진 원로원이었다. 여기에 두 명의 집정관과 평민들로 이루어진 민회가 있었다. 쉽게 설명하면 원로원은 지금의 국회, 집정관은 지금의 대통령, 민회는 지금의 시민단체에 해당한다. 현대 한국은 대통령의 힘이 강한 대통령제이지만 독일과 같은 국가는 의회의 힘이 더 강한 의원내각제이다. 로마는 바로 의원내각제라 할 수 있었다.

두 명의 집정관을 둔 로마의 체제는 두 명의 왕을 두었던 스파르

로마의 원로원

타를 연상케 하는데, 이는 서로를 견제하기 위함이었다. 게다가 임기도 1년에 불과했다. 민회 역시 사실상 귀족들에게 장악되어 있어서 평민들의 목소리를 대변하지 못했다. 이로 인해 로마는 귀족들의 모임인 원로원을 중심으로 정치가 이루어졌다. 외국인이 로마의 원로원을 보고 '왕들의 모임'이라고 기록한 것은 바로 로마의 공화정이 귀족정이었기 때문이다.

로마 민주 정치의 발전

로마의 공화정은 귀족 공화정에서 민주 공화정으로 변하기 시작하는데, 이는 그리스와 마찬가지로 중장보병의 도입 때문이었다. 알렉산드로스 대왕 이후 유럽의 전투는 무기와 갑옷을 자비로 구입한 평민들, 즉 중장

로마의 중장보병
평민들로 이루어진 중장보병은 그리스와 마찬가지로 갑옷, 방패, 긴 창을 자비로 구입했다. 하지만 통일된 갑옷을 입었던 그리스와 달리 로마 병사들의 갑옷은 모양이 제각각이어서 육박전이 펼쳐질 때 누가 적군이고 누가 아군인지 모를 정도였다. 이에 로마는 적군과 아군을 식별하기 위해 수염을 깎았다고 한다. 또한 로마 병사들은 적에게 목이 잘린 시체의 주인을 알아볼 수 있도록 이름을 새긴 도장을 반지 형태로 만들어 손가락에 끼고 다녔는데, 중요한 계약을 할 때 이 도장으로 날인을 했다.

보병이 중앙에서 적을 막고 귀족들로 이루어진 기병이 좌우를 치는 형태로 이루어졌다. 전투에서 중장보병은 필수불가결한 존재였고 이에 기병, 즉 귀족들은 많은 특권을 평민들에게 양보할 수밖에 없었다.

이러한 정치적 변화를 상징하는 것이 기원전 494년 있었던 성산사건(聖山事件)이다. 당시 로마에서는 귀족과 평민 사이의 빈부 격차가 매우 심해 많은 평민들이 빚으로 고통을 겪고 있었다. 견디다 못한 평민들이 성산에 몰려가 그곳에서 자신들만의 새로운 국가를 세우려 하자 놀란 귀족들은 한 발 양보해 평민들의 요구를 들어주기로 했다. 이를 통해 평민을 보호하는 조직인 평민회와 그 수장인 호민관 제도가 만들어졌다. 평민회는 기존의 유명무실했던 민회를 대체했으며 호민관은 평민에게 불리한 법률과 행정을 거부할 수 있는 권한을 행사할 수 있었다.

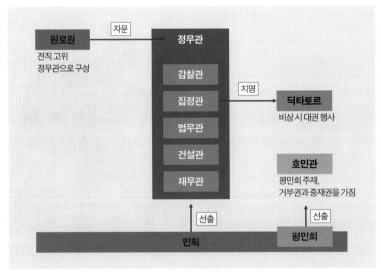

로마 공화정의 구조

뒤를 이어 기원전 450년에는 12표법이 만들어졌다. 12표법은 귀족 계급과 가부장의 특권, 채무자 돈을 갚지 못할 경우 노예로 만드는 것, 민사에 종교적 관습이 개입하는 것 등을 인정한 법이다. 이 법은 비록 귀족과 평민 간의 차별을 인정하긴 했지만, 법률을 성문화함으로써 귀족들의 자의적인 법 행사를 방지했다는 점에서 역사적 의의가 있다고 할 수 있다. 기원전 367년에는 리키니우스가 법을 제정했는데, 평민들의 빚을 면제해 주는 한편 귀족들이 공유지를 점유하는 것을 제한하는 내용을 담고 있었다. 또 두 명의 집정관 중 한 명은 반드시 평민 중에서 선출하도록 정했다. 마지막으로 기원전 287년에는 호르텐시우스법이 제정되었다. 이를 통해 평민회에서 의결이 이루어지면 원로원의 동의 없이 법적 효력을 가지게 되어 평민이 법률상 귀족과 동등한 권리를 획득하게 되었다. 이처럼 로마는 귀족적 공화정에서 민주적 공화정으로 발전했는데 이는 중장보병제의 힘 덕분이라고 할 수 있다.

호민관 제도 (기원전 494년)	성산사건을 계기로 설치. 정원 두 명(이후 10명), 임기 1년, 평민 중에서 선출 평민에게 불리한 법률과 행정에 대한 거부권 행사
12표법 (기원전 450년)	로마 최초의 성문법 기존의 관습법 일부를 성문화, 자의적인 법 집행을 방지
리키니우스법 (기원전 367년)	집정관 1인은 반드시 평민 중에서 선출 개인의 국유지 점유 면적을 제한
호르텐시우스법 (기원전 287년)	평민회의 의결을 원로원의 동의 없이 국법으로 인정 법률상 귀족과 평민의 평등 이룩

로마 공화정의 발전

라이벌 카르타고

제1차 로마-카르타고 전쟁

카르타고는 기원전 8세기경 페니키아인들이 세운 도시국가이다. 로마는 카르타고를 '포에니'라고 불렀는데, 이 말도 라틴어로 페니키아인이라는 뜻이다. 카르타고가 페니키아에 기원을 두고 있기 때문이다. 이들은 영국과 아프리카의 서해안까지 진출할 정도로 활발한 해상 무역을 벌이고 있었다.

카르타고는 귀족적 공화정 체제였으며 해군이 강했다. 육군은 주로 용병을 썼는데, 누미디아의 기병과 스파르타의 보병 등을 혼합한 부대였다. 그들은 돈을 벌기 위해 싸울 뿐이라 충성심이라고는 없었다. 반대

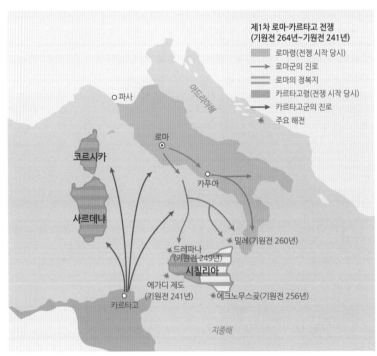

제1차 로마-카르타고 전쟁

로 로마인들은 전쟁에 참여하는 대가로 시민권을 얻었고, 전쟁에 승리하면 전리품을 공동으로 소유할 수 있었다. 그래서 로마인은 자신의 시민권을 위해, 전리품을 얻기 위해 싸웠다.

팽창해가던 로마는 카르타고와 지중해의 패권을 놓고 세 차례에 걸쳐 전쟁을 벌인다. 이를 로마-카르타고 전쟁이라고 하며 포에니 전쟁이라는 이름으로도 알려져 있다. 제1차 전쟁은 시칠리아섬을 두고 일어났다.

원래 로마는 육군은 강했지만 해군은 약했다. 5단의 노가 장치된 120척의 함대를 보유한 카르타고에 비하면 로마의 함대는 보잘것없었다고 한다. 이에 로마는 기원전 260년에 신형 함대 330척을 건조해 카르타고 해군을 격파했다. 당시에는 배와 배끼리 부딪쳐서 해전의 승패를 결정했는데, 로마는 뱃머리를 단단한 금속철로 덧대 적의 배에 타격을 주었다. 또한 뱃머리의 금속철로 타격을 줄 수 없는 경우에는 쇠갈고리를 던져 적의 배를 고정시킨 다음 병사들을 적의 배로 난입시켜 백병전을 벌이는 전술도 사용했다.

이후 카르타고에 상륙한 로마 육군은 수도를 포위해 공격하지만 이듬해에 스파르타 용병이 이끄는 코끼리 부대에 섬멸당하고 만다. 로마는 그들을 구하기 위해 400척의 함대를 파견하지만 폭풍을 만나 그중 280척을 잃고 만다. 이 소식을 들은 원로원은 충격에 빠졌다고 한다. 하지만 로마는 다시 돈을 모아 200척의 함대를 조직했고, 기원전 241년 카르타고 함대를 전멸시키며 우여곡절 끝에 제1차 로마-카르타고 전쟁에서 승리한다. 로마는 이 전쟁으로 시칠리아섬을 얻었으며 이후 사르데냐섬과 코르시카섬을 점령했다.

카르타고의 아버지와 아들

제1차 로마-카르타고 전쟁이 끝나고 카르타고는 복수를 준비했다. 그 중심에 선 인물이 하밀카르 바르카스라는 장수였다. 그는 로마를 공격하기 위한 준비 작업으로 이베리아반도로 진출해 식민도시를 개척했다. 그 도시들 중 하나가 '바르셀로나'로, 바르카스의 이름에서 따온 것이다. 당시 이베리아반도에는 아직 통일된 국가가 자리 잡지 못했고 은이 풍부했다. 하밀카르는 은광을 통해 재정을 마련하는 한편 이베리아인들에게 카르타고식 훈련을 시켜 우수한 병사로 육성했다.

기원전 221년 하밀카르가 죽자 그의 아들인 한니발이 26세에 장군이 되었다. 어렸을 때부터 병영에서 자란 한니발은 아버지로부터 군대를 지휘하는 법을 배우며 로마에 대한 증오심을 키웠다. 하밀카르는 항상 아들에게 이렇게 말했다고 한다. "너는 로마가 카르타고의 원수라는 것을 한시도 잊어서는 안 된다. 네가 장성하거든 꼭 이 아버지의 뜻을 이어 카르타고의 원수를 갚을 것을 신 앞에서 맹세하거라."

제2차 로마-카르타고 전쟁

기원전 218년 한니발이 로마 공격에 나서니 이것이 제2차 로마-카르타고 전쟁의 서막이다. 그리스 역사가 폴리비오스에 따르면 당시 한니발이 거느린 병력은 보병 9만 명, 기병 1만 2,000명, 코끼리 37마리였다고 한다.

제1차 로마-카르타고 전쟁 이후 로마의 해군은 더욱 강성해졌다. 이에 한니발은 바다가 아닌 육지를 통해 로마를 공격하기로 결심했다. 사실 이것은 쉽지 않은 결심이었는데, 육로를 통해 로마로 가려면 험준한 피레네산맥과 알프스산맥을 넘어야 했기 때문이다. 실제로 한니발의 카르타고군이 이 높고 가파른 산들을 넘어설 때 위에서는 원주민들이 바위를 굴려 위협했고 아래에서는 얼어붙은 험준한 계곡이 죽음의 손짓을 했다.

천신만고 끝에 이탈리아반도에 진입한 한니발 군대는 기원전 216년 칸나에 평원에서 로마군과 격돌했다. 여기에서 한니발은 정예부대를 진영 양쪽 끝에 배치해 중앙으로 돌격하는 로마의 8만 군대를 초승달 모양으로 포위해 섬멸시켰다. 이 전투에서 로마군은 7만 명이 전사했고 숙영지 보호를 위해 남겨뒀던 예비대 1만 명이 포로로 잡혔다. 반면 카르타고군은 6,000명의 병력을 잃었을 뿐이었다. 로마로서는 씻을 수 없는 치욕이었다.

하지만 위기에 처한 로마의 시민들은 더욱 단결했다. 원로원은 대패한 집정관 두 명을 국가를 위해 싸우고 돌아온 영웅으로 환대했다. 이것이 바로 로마의 힘이었다. 그리스의 아테네가 장군들에게 폭풍으로

알프스를 넘는 한니발의 군대

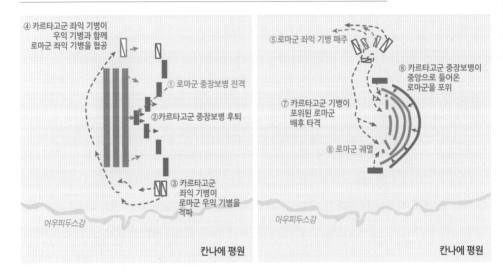

④ 카르타고군 좌익 기병이 우익 기병과 함께 로마군 좌익 기병을 협공
① 로마군 중장보병 진격
② 카르타고군 중장보병 후퇴
③ 카르타고군 좌익 기병이 로마군 우익 기병을 격파
아우피두스강
칸나에 평원

⑤ 로마군 좌익 기병 패주
⑥ 카르타고군 중장보병이 중앙으로 들어온 로마군을 포위
⑦ 카르타고군 기병이 포위된 로마군 배후 타격
⑧ 로마군 궤멸
아우피두스강
칸나에 평원

칸나에 전투 전개도

피해를 입은 책임을 물어 사형에 처한 것과 대조적이다.

한니발에게 더욱 절망적인 사실은 로마의 동맹시들 역시 로마와의 의리를 지켰다는 점이다. 당초 한니발은 이탈리아 내부에서 로마군을 대파한다면 로마의 동맹시들이 이탈할 것이라 예상했다. 하지만 대부분의 동맹시들은 로마를 배신하지 않고 결속을 이어갔다. 한니발은 비록 전투에서는 승리했지만 전쟁에서는 진 것이다.

시간이 흐를수록 한니발의 군대는 지쳐 갔다. 겨울이 오자 코끼리들은 얼어 죽어 단 1마리만 남았고, 한니발 자신도 안질에 걸려 한쪽 눈을 잃었다. 설상가상으로 로마가 '한니발이 왕이 되려고 한다'는 거짓 정보를 카르타고에 퍼트리는 바람에 본국에서 원군도 제대로 보내주지 않았다. 이제 한니발에게 남은 희망은 초조함을 못 이긴 로마가 섣불리 자신에게 덤벼드는 것을 기다렸다가 반격을 가해 분위기를 역전시키는 것뿐이었다.

하지만 로마는 지혜로웠다. 그들은 이탈리아에 주둔 중인 한니발을 직접 상대하지 않고 카르타고 본토를 직접 치기로 했다. 이는 한니발이 피레네산맥과 알프스산맥을 넘어 로마의 의표를 찔렀던 것과 같은 전략이었다. 기원전 204년, 로마의 스키피오는 3만 5,000명의 병력을 이끌고 카르타고를 공격했다.

스피키오가 카르타고의 수도를 공격해오자 이탈리아반도에 있
던 한니발에게도 귀환 명령이 떨어졌다. 급히 귀환한 한니발은 기원전
202년 자마에서 스키피오의 로마군과 격전을 벌였다. 자마 전투 당시
양군의 전력은 비슷했으나 기병은 로마 쪽이 더 많았다. 한니발은 80마
리의 코끼리 부대를 앞세우고 보병들은 가로로 넓게 배치한 다음 양쪽
에 기병대를 두었다. 하지만 전투가 시작되자 수적으로 우세했던 로마
의 기병대가 한니발의 기병대를 격파하고 그의 배후를 공격했다. 앞은
로마의 중장보병, 뒤는 로마의 기병에 포위된 카르타고의 군대는 전멸
했다. 칸나에 전투 당시 한니발이 썼던 전법을 스피키오가 그대로 쓴 것
이다. 이 전투에서 카르타고군 2만 명이 전사하고 나머지는 포로가 된
반면 로마군의 손실은 전사자 약 1,500명에 그쳤다.

자마 전투가 끝나고 카르타고는 로마에 항복했다. 그들은 이베리아

제2차 로마-카르타고 전쟁

반도를 포함한 모든 식민지와 단 20척을 제외한 모든 전함을 로마에 넘겨야 했다. 또한 50년간 매년 200탤런트를 배상하고, 로마의 동의 없이는 전쟁을 벌이지 않겠다고 약조했다. 한니발은 패배 이후 시리아로 망명해 로마를 공격하려 했으나 로마가 시리아 지역까지 진출해오자 기원전 183년 자살로 파란만장한 삶을 끝냈다.

제3차 로마-카르타고 전쟁

제2차 로마 - 카르타고 전쟁 이후 로마는 시리아, 마케도니아, 그리스 등 동쪽으로 진출하기 시작했다. 카르타고는 그동안 경제력을 키워 50년 동안 갚기로 한 금액을 10년 만에 모두 갚았다.

하지만 평온은 길지 않았다. 지난번 전쟁이 끝났을 때 카르타고는 로마의 동의 없이는 전쟁을 할 수 없다는 조약을 맺었다. 그러자 이웃에 있던 누미디아가 이를 이용했다. 그들은 전쟁을 일으키지 못하는 카르타고를 끊임없이 괴롭히는 한편 카르타고와 로마를 이간질했다.

누미디아가 계속 공격해 오는데도 로마가 전쟁을 허락하지 않자 결국 카르타고는 로마의 허락 없어 누미디아를 공격했다. 로마는 즉시 조약 위반을 빌미로 카르타고를 포위했고, 카르타고는 애원하며 화의를 요청했다. 로마가 카르타고 측에 모든 무기를 양도하라고 요구하자 카르타고는 이에 순응했다. 하지만 로마의 요구는 여기에서 끝나지 않았다. 카르타고 주민 전원이 도시를 떠나 해안에서 16킬로미터 이상 떨어진 곳으로 이주하라고 강요한 것이다. 이는 카르타고 사람들의 터전을 빼앗고 그 도시를 파괴하겠다는 뜻이었다. 너무나 가혹한 처사였다. 이에 카르타고 시민들은 마음을 바꿔 로마에 대항하기로 했다. 성문을 굳게 닫은 카르타고인들은 다시 무기를 생산하며 방어전을 준비했다. 부족한 군인을 보충하기 위해 노예를 해방시켜 군대에 편입시켰다. 이에 로마가 카르타고의 성을 공격하니 이것이 제3차 로마-카르타고 전쟁이었다.

　제1차와 제2차 로마-카르타고 전쟁 때와는 비교도 할 수 없을 만큼 초라해졌지만, 전투에 임하는 카르타고인들의 투지는 무시무시했다. 고립된 상태에서 그들이 벌인 농성전은 기원전 149년에서 기원전 146년까지 3년이 넘게 지속되었다. 하지만 굶주림과 역병이 도시를 휩쓸자 카르타고 시민들도 더 이상 버틸 수 없었다. 성문이 뚫리고 일주일 동안 치열한 시가전이 전개되었다. 마지막까지 남은 카르타고인은 5만명이었다. 제3차 포에니 전쟁이 시작될 무렵 카르타고의 시민은 50만명이었으니 10분의 1만 살아남은 것이다. 생존자들은 모두 노예가 되어 다른 지역으로 팔려나갔다. 로마는 카르타고를 완전히 파괴하기 위해 불을 질렀는데 17일간 불이 꺼지지 않았다. 로마는 또 카르타고에 작물이 자라지 못하도록 소금을 뿌리고 향후 25년 동안 그 누구도 카르타고 땅에 발을 들이지 못하도록 했다.

민주정의 쇠락과 제정의 등장

그라쿠스 형제의 개혁

로마-카르타고 전쟁 이후 로마는 외적으로 크게 팽창했지만 내적으로는 곪아가고 있었다. 부유한 카르타고를 상대로 한 전쟁에서는 이길 때마다 엄청난 전리품이 들어왔다. 평민들 입장에서 보면 농사를 짓는 것보다 전쟁에 참여해 전리품을 얻는 쪽이 더 이득일 정도였다. 하지만 그 이후 로마가 정복한 땅들은 카르타고만큼 부유하지 않았다. 이로 인해 전리품으로 생계를 유지하던 평민들은 점차 몰락해 갔다.

평민들의 몰락을 가속화시킨 원인은 또 있다. 로마의 시민은 시민권을 얻는 대신 국방의 의무를 수행해야 했다. 평민들의 경우, 전쟁에 참여하게 되면 농지를 관리할 사람이 없어 땅이 점점 황폐화되었다. 설상가상으로 속주에서 값싼 농산품이 들어와 전쟁이 끝난 뒤 농사를 열심히 지어도 농산물이 잘 팔리지 않았다. 반면 원로원을 구성하고 있는 지주들은 많은 노예로 농사를 지었기에 문제가 없었다. 그들은 심지어 몰락한 평민들의 토지를 사거나 빼앗아서 농경지를 늘리기까지 했다. 이들이 운영하던 대농장을 라티푼디움이라고 한다.

로마는 기원전 287년 제정된 호르텐시우스법으로 귀족과 평민이 법률적으로 평등해졌지만 카르타고와의 전쟁을 기점으로 다시 빈부의 차가 심각해졌다. 점점 가난해지던 평민들과는 대조적으로 당시 로마 귀족들은 엄청난 사치를 누렸다. 식사 때 산해진미를 먹은 뒤 구토 약을 삼켜 위에 든 것을 토해내고 다시 다른 별미를 즐길 정도였다.

이렇게 병들어가는 로마를 개혁하고자 한 이가 티베리우스 그라쿠스였다. 그의 어머니는 카르타고를 정복한 스피키오 아프리카누스의 딸이다. 즉, 로마에서 가장 명망 있고 부유한 집안에서 태어난 것이다. 하지만 티베리우스 그라쿠스는 전쟁터에서 중장보병을 맡아온 평민이 무너지면 로마의 강대함도 사라진다고 생각했다. 이에 그는 평민들의 경제적 몰락을 막기로 결심했다.

기원전 134년 호민관에 당선된 티베리우스는 당선되자마자 개인이 점유할 수 있는 토지 면적을 제한하는 법을 평민회에서 통과시켰다. 그때 마침 페르가몬이라는 나라의 왕이 죽으면서 나라를 로마에 바치겠다는 유언을 남기자 티베리우스는 이 토지를 로마의 몰락한 평민들에게 분배해주는 법안도 통과시켰다. 모두 기울어가는 로마를 살리기 위한 노력이었다. 하지만 절차가 문제였다. 티베리우스 그라쿠스는 이 모든 일을 원로원과 상의하지 않고 독단적으로 실시했다. 이에 흥분한 원로원의 귀족들은 손에 돌과 곤봉을 들고 티베리우스 그라쿠스와 그의 일파 300여 명을 죽이고 시체를 강가에 버렸다.

티베리우스 그라쿠스의 뜻은 그의 동생 가이우스 그라쿠스가 이어받았다. 기원전 123년 호민관에 당선된 그는 더 과감한 개혁을 추진했다. 바로 이탈리아반도에 살고 있는 모든 사람들에게 로마의 시민권을 부여하는 것이다. 이는 로마 시민 이외의 사람들에게도 로마의 기득권을 나눠준다는 의미였다. 훗날 로마에서는 제국에 살고 있는 모든 사람에게 시민권을 부여하는 만민법을 실시하지만, 가이우스의 시대에는 아직 너무 급진적인 제안이었다. 원로원은 즉시 국가 비상사태를 선언하고 가이우스 그라쿠스 일파 3,000여 명을 죽인 다음 역시 시체를 티베르강에 내다버렸다. 가이우스 그라쿠스는 도망가서 위기를 모면했으나 결국 스스로 목숨을 끊었다. 그의 목에는 같은 무게의 금덩어리를 준다는 현상금이 붙어 있었기 때문에 자살한 그의 목을 베어간 자는 큰돈을 벌었다. 이후 가이우스의 재산뿐 아니라 그 처가의 재산까지 모두 몰수당했다. 이로써 가이우스가 진행하던 토지 분배도 중단되었다.

　이때 로마의 원로원은 이미 예전의 원로원이 아니었다. 그리스와 같은 민주 정치를 채택했음에도 로마가 대제국으로 성장할 수 있었던 것은 원로원이 있었기 때문이다. 사실 민주 정치에서는 권력을 가진 시민들에게 성숙한 의식이 없다면 중우정치로 변질될 위험성이 있다. 그래서 플라톤은 민주 정치를 비판하며 소수의 현명한 이들이 통치하는 철인정치를 제시했던 것이다. 로마의 원로원은 이 철인정치와 비슷한 점이 있었다. 오랜 경험과 지혜를 바탕으로 로마를 이끌어왔기 때문이다.

　하지만 그라쿠스 형제 시절의 원로원은 이미 이성을 잃은 채 자신들의 이익을 지키는 것에만 몰두하는 집단으로 변질되었다. 게다가 이들에게는 빈부 갈등이라는 내적 문제와 비대해진 영토 관리라는 외적 문제를 해결할 능력이 없었다. 이제 로마는 원로원을 대체할 단 한 명의 철인이 필요했다. 이 위기의 시대에 등장한 이가 바로 카이사르이다.

가이우스 마리우스의 군사제도 개혁

기원전 107년에 집정관이 된 가이우스 마리우스라는 인물은 빈민 출신으로 교양이 부족했고 정치적 감각도 떨어졌다. 하지만 무인으로서 뛰어난 자질을 갖춘 그는 여러 전쟁에서 승리해 명성을 얻었고, 무엇보다 집정관 두 명 중 한 명을 평민 중에서 선출하도록 정한 리키니우스법이 있어 집정관이 될 수 있었다.

　그라쿠스 형제의 개혁이 실패한 로마는 더 이상 중장보병 제도를 유지할 수 없었다. 이에 마리우스는 원로원을 설득해 몰락한 농민 계층인 프롤레타리아('자식 말고는 가진 재산이 없는 사람'이라는 뜻)를 중심으로 지원병을 채용했고, 국가 부담으로 이들을 무장시켜 훈련받도록 했다. 또한 마리우스는 퇴역 군인들에게 북아프리카, 시칠리아, 마케도니아 등지의 토지를 분배해 주었다. 이로써 로마의 군사제도는 시민권을 얻는 대가로 전투에 참여해야 하는 의무제에서 돈을 벌기 위해 싸우는 직업군인제도로 바뀌었다.

직업군인들의 입장에서는 자신을 채용해 훈련시켜 주고 퇴역 후에는 토지까지 나눠주는 장군에게 충성을 다할 수밖에 없었다. 자연히 로마의 권력은 원로원에서 마리우스 장군에게로 옮겨갔다. 일종의 군벌이 탄생하게 된 것이다. 이는 고대에서 근대에 이르기까지 중국 각지에서 할거한 군벌 집단을 연상케 한다. 하지만 둘 사이에는 엄연한 차이가 있다. 중국의 군벌들이 근거지에서 얻은 수입으로 사병들을 유지한 반면, 로마의 직업군인들은 국가의 돈으로 유지되었고 토지 역시 국가가 분배해주었다. 이로 인해 중국처럼 중앙집권이 무너지는 혼란이 벌어지지는 않았다. 마리우스의 군사제도 개혁 이후 술라, 폼페이우스, 크라수스, 카이사르 등 여러 명의 군벌이 나타났다. 지존의 자리를 향한 피 튀기는 경쟁의 발판이 마련된 것이다.

마리우스와 술라

당시 마리우스와 경쟁했던 또 다른 군벌의 주인은 술라였다. 마리우스가 가난한 평민 출신인 반면 술라는 뼛속까지 귀족이었다. 한마디로 마리우스는 평민파였고 술라는 원로원파였다. 이제 평민파와 원로원파의 대립은 마리우스와 술라의 대립으로 표면화되었다.

당시 이탈리아반도에 살고 있는 모든 이에게 시민권을 부여하려던 가이우스 그라쿠스의 계획이 실패로 돌아가면서 이탈리아반도에 있던 동맹시들은 로마로부터 독립하려고 했다. 원로원은 군대를 보내 이 반란 행위를 진압하려 했지만 이미 빈부 갈등으로 쇠약해진 로마 군대로는 쉽지 않은 일이었다. 결국 기원전 90년, 이탈리아반도의 모든 동맹시의 시민들에게 로마의 시민권이 부여되었다.

이때 술라는 동맹시에 시민권을 주는 것에 반대했다가 평민파의 공격을 받고 자신의 근거지로 도망친다. 이에 평민회는 술라를 궁지로 몰아넣기 위해 그가 가지고 있던 군대의 지휘권을 마리우스에게 넘기는 내용의 법안을 통과시키는데, 이게 화근이었다. 분노한 술라는 평민회의 결정에 불복했을 뿐 아니라 로마의 군대를 이끌고 로마로 진격해왔다. 이미 병사들은 술라의 사병이나 다름없는 상태였던 것이다.

술라의 군대가 로마로 진격해오자 평민파의 사람들은 도망쳤고 마리우스도 아프리카로 도주했다. 이후 술라가 정복 전쟁을 위해 로마를 비웠다는 소식을 들은 마리우스는 기원전 87년 로마에 돌아와 집정관이 되었다. 로마에서 술라의 원로원파를 학살하던 마리우스는 곧 폐렴으로 사망하고, 자신의 사람들이 학살당했다는 사실을 알게 된 술라는 로마로 돌아와 다시 권력을 장악했다. 그 과정에서 대두된 인물이 폼페이우스와 크라수스이다. 공직 경험이라고는 전혀 없는 23세의 폼페이우스는 사비를 털어 조직한 군대를 이끌고 술라 측에 합류했고, 권모술수가 뛰어난 크라수스도 술라를 지지하며 연줄을 잡았다.

로마로 입성한 술라는 평민파에 대한 철저한 보복에 나섰다. 그는 살생부를 만들어 평민파를 학살하고 그들의 재산을 빼앗았다. 살생부를 담당하던 크라수스는 반대파의 재산을 자신의 재산으로 만들며 벼

락부자가 되었다. 술라는 대학살 이후 3년간 집정관이 되었다가 기원전 79년에 후계자를 정하지도 않고 집정관에서 사임했다. 그리고 이듬해에 온몸이 썩어 구더기가 들끓는 병으로 죽었다.

제1차 삼두정치

로마를 주름 잡던 두 군벌이 죽자 남은 것은 크라수스와 폼페이우스였다. 살생부로 엄청난 돈을 벌어들인 크라수스는 막강한 영향력을 행사하고 있었고, 폼페이우스 역시 뛰어난 무공으로 명성을 날리고 있었다.

그러던 중 기원전 73년, 검투사 스파르타쿠스가 반란을 일으켰다. 70명으로 시작한 반란군의 규모는 이후 6만 명으로 늘어나면서 로마 시민들을 공포에 떨게 만들었다. 이를 진압한 이가 폼페이우스였다. 사실 로마에는 노예 반란 외에도 골칫거리가 하나 더 있었는데 바로 지중해에 출몰하는 해적이었다. 로마 원로원은 폼페이우스에게 해적을 소탕하라는 임무를 내렸고, 이를 위해 3년 동안 지중해 전역을 통치할 수 있는 무제한의 권력을 주었다. 하지만 폼페이우스는 단 40일 만에 이탈리아반도 연안 지역을 평정했고, 다시 두 달 만에 지중해 전역에서 해적을 소탕했다.

기원전 70년 크라수스와 폼페이우스가 로마의 집정관으로 당선되었다. 크라수스에게는 엄청난 부가, 폼페이우스에게는 화려한 무공이 자랑거리였다. 폼페이우스는 집정관이 된 후 아르메니아, 폰토스(아나톨리아 북동부 지역)에 이어 시리아 왕국까지 정복했다. 당시 유대의 통치자는 하스몬 왕가였는데 왕가에 내분이 일어나자 폼페이우스는 기원전 63년에 예루살렘을 침공해 유대 왕국을 로마의 속국으로 만들었다. 불과 3년 만에 지중해와 흑해, 소아시아 일대 대부분을 평정한 것이다. 폼페이우스의 인기는 하늘을 찌르는 듯했다.

이때 로마에는 또 한 명의 영웅이 등장한다. 바로 율리우스 카이사르였다. 로마 제1의 부호였던 크라수스, 로마 제1의 무장이었던 폼페이우스에 비하면 카이사르는 가진 것이 없었다. 처음 그는 다른 사람들로부터 많은 돈을 빌려 선거운동을 벌인 끝에 법무관에 당선되었다. 어렵게 정치에 입문한 대가로 막대한 빚이 생겼지만 카이사르는 걱정하지 않았다. 자신의 성공에 자신이 있었기 때문이다.

기원전 62년, 카이사르는 법무관의 임기를 마치고 더 큰 야망을 위해 에스파냐 총독으로 떠나게 되었다. 이때 채권자들이 그의 길을 가로막았다. 그를 도와준 인물은 의외로 크라수스였다. 카이사르의 인물 됨됨이를 알고 있던 그는 카이사르를 키워 폼페이우스를 견제하고자 했다. 거부 크라수스가 보증을 서준 덕분에 카이사르는 무사히 임지로 떠날 수 있었다. 이후 카이사르는 로마에 복종하지 않는 에스파냐 원주민을 정복하고, 항복한 원주민은 후하게 대접해 인기가 크게 올랐다. 이때 재산도 꽤 늘었지만 혼자 갖지 않고 부하들에게 공평하게 나눠주어 그들의 충심을 얻었다. 그러던 어느 날, 알렉산드로스의 전기를 읽던 카이사르가 펑펑 울었다. 부하들이 그 이유를 묻자 "알렉산드로스는 30세도 안 되어 그리스를 정복하고 아시아를 정복해 세계의 지배자가 되었는데 35세인 나는 무엇이란 말이냐?"라고 답했다.

이후 에스파냐 총독 시절 얻은 인기와 많은 돈을 발판 삼아 집정관 선거에 입후보한 카이사르는 기원전 60년에 당선되었다. 이제 크라수스, 폼페이우스, 카이사르의 시대가 열린 것이다. 원로원 중심의 공화정을 찬양하던 키케로만이 그를 경계해 시민들에게 "저 세 사람을 조심하라. 로마 공화정을 저들 독재자의 손에서 지켜야 한다"라고 연설했지만, 이미 로마의 권력은 이 세 명에게 옮겨간 뒤였다.

이후 카이사르는 특유의 친화력으로 크라수스와 폼페이우스를 끌어들여 제1차 삼두정치를 만들었다. 이때 카이사르는 상대적으로 소원한 폼페이우스와 가까워지기 위해 자신의 딸을 그에게 시집보냈다. 그무렵 폼페이우스는 부인이 불륜을 저질러 실의에 빠진 상태였다. 폼페이우스는 젊은 부인과 사랑에 빠져 정치에 대한 관심을 잃고 만다.

카이사르의 대두

사실 제1차 삼두정치가 실시될 때만 해도 카이사르의 인기는 크라수스와 폼페이우스에 비해 형편없었다. 하지만 집정관 임기를 마치고 갈리아의 총독으로 8년의 시간을 보내며 카이사르는 일약 로마의 영웅이 되었다.

당시 로마의 북쪽, 즉 프랑스 지역에는 켈트인이 살고 있었는데 로마인은 이들을 갈리아라고 불렀다. 현재의 독일 지방에 있던 게르만족이 갈리아 지방에 진출하기 시작하자 살 곳을 잃게 된 켈트인은 로마의 영토를 자주 침범했다. 로마로서는 우선 갈리아를 정복하고 게르만 침공에 대비해야 했다. 이 중대한 임무를 카이사르가 완벽하게 성공시킨 것이다. 이때 그는 지금의 영국인 브리타니아까지 갔으나 정복하기가 곤란하다는 것을 깨닫고 곧바로 철수했다. 기원전 51년 카이사르는 갈리아를 장악하고 그곳에서 얻은 전리품으로 군자금도 두둑이 챙겼다. 그가 쓴 『갈리아 전기』에 따르면 한꺼번에 노예 5만 3,000명을 판 적도 있다고 하니 엄청난 돈을 벌어들였을 것이다. 하지만 정복 기간 동안에 카이사르가 얻은 가장 큰 수확은 로마 군대가 철저하게 그를 따르게 되었다는 사실이다.

이처럼 갈리아에서 활약하는 와중에도 카이사르는 수도 로마의 움직임을 경계하며 언제나 원로원파의 거두 키케로를 제거하려 했다. 이때 염탐을 맡은 자가 카이사르의 부인을 만나려고 여장을 한 채 카이사르의 집에 잠입하다가 발각되기도 했는데, 카이사르는 그를 호민관에 당선시켜 키케로를 추방하는 데 성공했다.

제1차 삼두정치의 종언

그러던 중 로마 정치에 큰 변화가 생기는데, 크라수스가 파르티아로 원정을 떠났다가 전사한 것이다. 기원전 53년 크라수스는 보병 3만, 기병 1만을 이끌고 파르티아 왕국을 공격했다가 적군의 유인 작전에 말려들어 전사했다. 그의 아들이 6,000명을 데리고 포위망을 탈출하긴 했으나

파르티아
파르티아는 로마와 한나라 사이의 중계무역으로 발달한 나라이다. 이곳은 태양신 미토라를 숭배하는 미토라교를 믿었는데 이것은 인도에도 전해져 미륵 신앙이 탄생했다. 미륵 신앙이란 불법이 쇠퇴한 뒤 천상에서 미래불인 미륵이 내려와 세상을 바로 잡는다는 신앙이다.

그마저도 실종되었다. 흥미롭게도 이 실종된 로마 군단이 중국으로 이동했다는 설이 있다. 후한서에 따르면 기원전 36년, 한나라의 장군 진탕이 흉노족과의 전투 중 머리가 노랗고 코가 우뚝한 특이한 외모의 포로 1,000여 명을 잡았다고 한다. 진탕은 이들을 간쑤성의 어느 마을에 정착시키면서 그곳의 이름을 리첸(驪靬, 여간)이라고 지었는데, 이것이 로마를 가리키는 말이라는 것이다. 최근 이 같은 역사 기록이 주목을 받으면서 리첸 마을의 주민들은 자신들이 로마 제국의 후예라고 믿게 되었다고 한다.

크라수스가 죽은 데 이어 카이사르의 딸, 즉 폼페이우스의 부인이 사망했다. 삼두정치를 이끌던 이들 중 하나가 죽고 남은 둘을 이어주던 연결고리가 끊어졌으니 남은 것은 폼페이우스와 카이사르의 격돌뿐이었다.

8년에 걸친 카이사르의 정복으로 갈리아인의 3분의 1은 사망했고 3분의 1은 노예로 팔려갔다. 반면에 카이사르는 엄청난 전리품과 세금을 얻었다. 갈리아 정복으로 카이사르의 힘이 커지자 원로원에서는 카이사르를 견제하기 시작했다. 원로원은 카이사르를 견제하려고 전례 없이 폼페이우스 한 명만 집정관으로 당선시켰다. 이에 카이사르는 원로원에 자신도 집정관으로 당선시켜 주거나 아니면 갈리아 총독의 임기를 더 연장시켜 줄 것을 요구했다. 하지만 원로원은 카이사르의 제안을 거절하고 갈리아 총독에서 해임해 버렸다. "내가 움직이면 왕년의 내 부하들이 다 모일 것이다"라는 폼페이우스의 호언장담을 믿고 내린 결정이었다. 원로원의 결정을 들은 카이사르는 술라와 마찬가지로 군대를 이끌고 로마로 진격했다.

로마의 내전기

무서운 기세로 진격하던 카이사르를 막은 것은 갈리아와 이탈리아의 경계선인 루비콘강이었다. 당시 로마에서는 군대를 거느리고 이 강을 건널 수 없었다. 하지만 기원전 49년 1월 10일 밤, 카이사르는 "주사위는 던져졌다"라고 외치며 이 강을 건넜다. 그 말대로 이제 카이사르는 권력을 차지하지 않으면 반역자가 되어 죽을 운명밖에 남지 않게 되었다. 카이사르의 군대가 로마로 진군하자 원로원과 폼페이우스는 즉시 발칸반도로 도망갔다. 로마에 무혈 입성한 카이사르는 이때 술라나 마리우스와는 다른 행동을 한다. 반대파를 살해하거나 보복하지 않은 것이다.

한편 발칸반도로 도망간 폼페이우스는 카이사르가 가진 병력의 두 배가 넘는 군대를 모았다. 하지만 이들은 오합지졸로 폼페이우스가 직접 나서서 기초적인 군사 훈련까지 시켜야 했다. 폼페이우스 자신도 예전의 그가 아니었다. 반면 그를 추격하던 카이사르의 군대는 갈리아 전쟁으로 단련된 데다 단결력이 강했다. 마침내 발칸반도의 파르살루스에서 옛 장인과 사위가 격돌했다.

당시 전투의 기본적인 전술은 중장보병이 가운데를 지키는 동안 양쪽의 기병이 적의 뒤를 치는 것이었다. 따라서 상대의 기병을 먼저 격파하고 적 본대의 후방을 치는 자가 전투의 승자였다. 결국 승패의 관건은 기병 대 기병의 싸움이었다. 중장보병뿐 아니라 기병 역시 상대의 두 배였던 폼페이우스는 승리를 장담했다. 그를 따라 도망쳐온 원로원들도 폼페이우스의 승리를 예상했다. 하지만 전투가 시작되자 그들은 경악했다. 적의 기병이 아직 어리고 미숙하다는 점을 진즉에 파악한 카이사르는 자신의 보병 중에서도 역전의 노장들을 뽑아 적 기병의 얼굴을 긴 창으로 찌르게 했다. 자신의 기병들이 얼굴을 바로 들지 못하고 도망치는 모습을 본 폼페이우스는 패배를 직감하고 전투가 채 끝나기도 전에 이집트로 도망갔다. 카이사르의 승리였다.

이집트는 알렉산드로스의 부장 프톨레마이오스가 세운 프톨레마이오스 왕조의 지배를 받고 있었다. 하지만 이 왕조는 기원전 2세기 이래 왕가 내부의 싸움과 원주민의 끊임없는 저항으로 쇠락의 길을 걷는 중이었다. 당시 이집트의 왕인 프톨레마이오스 13세는 누이인 클레오파트라와 결혼해 공동으로 이집트를 통치하고 있었다. 이때 폼페이우스가 망명한 것이다. 이들은 폼페이우스를 받아 주자니 카이사르가 무서웠고, 받아들이지 않자니 폼페이우스의 보복이 두려웠다. 결국 환영하는 척하며 폼페이우스를 안심시킨 프톨레마이오스 13세는 방심한 그를 살해했다. 뒤늦게 이집트에 도착한 카이사르는 폼페이우스의 잘린 머리를 받게 되는데, 그가 기뻐할 줄 알았던 이집트 왕의 기대와는 반대로 카이사르는 눈물을 흘렸다고 한다.

이때 클레오파트라는 동생 프톨레마이오스 13세를 견제하기 위해 카이사르와 손을 잡기로 결심했다. 원래 프톨레마이오스 왕조는 알렉산드로스의 부하가 세운 나라여서 그리스인 혈통이었다. 당연히 헬레니즘의 교양을 갖춘 그녀는 외모도 무척 아름다웠다. 교양 있고 아름다운 여인이 무릎을 꿇고 애원하자 여자에게 약한 카이사르로서는 그 부탁을 들어주지 않을 수 없었다. 그는 기원전 48년에서 기원전 47년에 걸쳐 전개된 '알렉산드리아 전쟁'을 통해 반대파를 제거하고 클레오파트라가 권력을 잡도록 도와줬다. 이때 그 유명한 알렉산드리아 도서관이 불타 없어지고 말았다. 그 뒤 카이사르는 클레오파트라와 열렬한 사랑에 빠져 아들 카이사리온을 낳았다. 이후 흑해 연안 아나톨리아 지방 북동부

에 있던 폰토스에서 반란이 일어나자 카이사르는 이 반란을 단숨에 진압하고는 원로원에 "왔노라, 보았노라, 이겼노라"라는 단 세 마디로 이루어진 유명한 보고서를 보냈다.

권좌를 앞두고 죽다

이제 제1차 삼두정치를 이끈 정치가 중 카이사르 한 명만 살아남았다. 귀족적 공화정에서 민주적 공화정으로 이행했던 로마는 이제 민주적 공화정에서 단 한 명이 다스리는 제정으로 넘어갈 듯 보였다. 사실 로마-카르타고 전쟁 직후부터 이 같은 조짐이 있었다. 호르텐시우스법으로 로마는 법률적으로 귀족과 평민이 평등했으나 경제적 불평등은 더 심화되었다. 건전했던 원로원도 자신들의 라티푼디움 확장에만 집중하면서 타락했다. 무엇보다도 제국의 크기가 커졌다. 중국의 진나라, 인도의 마우리아 왕조, 서아시아의 페르시아 모두 엄청난 영토를 유지하기 위해 단 한 사람에게 막강한 권력을 부여했다. 이제 로마에도 그러한 사람이 등장할 차례였다.

권력을 혼자 독점하게 된 카이사르는 종신 집정관의 자리에 오른 다음 원로원의 정원을 300명에서 900명으로 늘려 의원 개개인의 힘을 약화시켰다. 이어서 식량을 무상으로 받는 자를 32만 명에서 15만 명으로 줄인 카이사르는 그 대신 로마의 빈민들을 카르타고나 그리스 등으로 이주시켜 토지를 분배해주었다. 원로원의 귀족들이 집권했다면 불가능한 일이었다. 그들은 그 토지를 자신들의 라티푼디움에 흡수하려고 했을 테니까.

카이사르는 기원전 46년 달력을 개정하는데, 이 달력을 율리우스력이라고 한다. 이후 16세기의 로마 교황 그레고리우스 13세가 이 율리우스력을 다시 개정해 현재 사용되는 그레고리우스 역법으로 발전시켰다. 이 같은 기원으로 인해 달력에는 고대 로마와 관련된 명칭이 많다. 7월의 영문명인 'July'는 율리우스에서 따왔고, 10월을 가리키는 'October'는 카이사르의 후계자인 옥타비아누스에서 따왔다. 또한 8월을 뜻하는 'August' 역시 옥타비아누스의 호칭인 아우구스투스(존엄한 자)에서 유래된 것이다.

이후 카이사르는 개선장군에게만 일시적으로 부여되던 '임페라토르'라는 호칭을 계속 사용했는데 임페라토르에서 황제를 뜻하는 'imperial'이 유래했다. 또 그는 공식 석상에 등장할 때도 개선장군의 옷을 입고 월계관을 썼다. 비록 왕의 호칭은 거부했지만 점차 왕을 꿈꾸게 된 것이다.

카이사르는 그 욕망을 채우는 데 축제를 이용했다. 축제 때 카이사르는 부하 안토니우스에게 많은 사람이 보는 앞에서 월계관으로 만든 왕관을 자신에게 바치게 했다. 그리고 이때 박수칠 사람도 준비했다. 안토니우스는 카이사르의 계획대로 많은 사람들이 보는 앞에서 월계관을 바쳤다. 하지만 미리 준비한 사람을 제외하고는 박수치는 사람이 없었다. 이에 카이사르가 안토니우스에게 월계관을 돌려주자 많은 사람들이 갈채를 보냈다. 실망한 카이사르는 자리를 떴고 고뇌에 빠졌다.

이 같은 연극을 지켜본 사람 중에는 브루투스도 있었다. 카이사르의 옛 여인의 아들이었던 그는 카이사르로부터 아들과 같은 대우를 받고 있었다. 하지만 그는 또한 공화정을 지지하는 인물이기도 했다. 카이사르의 야심을 깨닫게 된 브루투스는 결국 그를 제거하기로 결심했다. 기원전 44년 3월 15일, 파르티아 원정을 3일 앞둔 날, 브루투스와 그의 일파가 카이사르를 에워싸고는 단검으로 그를 23번이나 찔렀다. 믿었던 이에게 살해당한 카이사르는 죽으면서 "브루투스, 너마저……"라는 말을 남겼다고 한다.

결국 카이사르는 죽을 때까지 황제의 자리에 오르지 못했다. 하지만 그는 실질적으로 로마의 제정을 이끈 사람이라 평가받는다. 이 때문에 그의 이름은 독일어로 카이저(Kaiser), 러시아어로 차르(Царь), 영어로 시저(Caesar)라고 불리며 제왕을 가리키는 일반명사가 되었다.

카이사르의 죽음을 기뻐한 원로원은 브루투스 등 암살자들에게 사면령을 내리고 공화정을 유지할 수 있게 되었다는 사실에 행복해했다. 브루투스는 카이사르를 죽인 후 시민들 앞에서 자신의 행동을 설명했다. 그러나 시민들의 반응은 분노와 칭찬이 섞인 모호한 것이었다. 이에 암살자들도, 카이사르파도 적극적인 행동을 취하지 않았다. 이때 키케로가 암살자들에게는 사면령을 내리는 한편, 카이사르를 신격화하고 그가 실시했던 정책을 계속 유지한다는 중재안을 내놓았다.

3월 20일 카이사르의 장례식이 거행되었다. 이때 카이사르의 부하였던 안토니우스는 피 묻은 카이사르의 옷을 시민들에게 보여주면서 그의 유언장을 읽어 내려갔다. "나의 재산은 내 누이의 손자인 가이우스 옥타비아누스를 양자로 삼아 상속하게 한다. 또한 로마 시민 모두에게 각기 2개월 반 분의 임금에 해당하는 돈을 유산으로 나누어 주도록 하라." 내용인즉 카이사르의 누이의 손자 가이우스 옥타비아누스를 양자 겸 상속인으로 정하고, 그의 재산 중 일부를 로마 시민들에게 나눠 주라는 것이었다. 카이사르의 유언과 피 묻은 옷을 본 시민들은 일순간 분노에 휩싸여 이성을 잃은 채 암살자들을 죽였다. 브루투스는 해외로 도망갔고 유언장을 읽은 안토니우스의 명성은 나날이 높아져 갔다.

제2차 삼두정치

율리우스 카이사르는 결혼을 세 번이나 했지만 아들은 클레오파트라가 낳은 어린 카이사리온뿐이었다. 이 때문에 옥타비아누스를 후계자로 정한 것이다. 카이사르가 죽을 당시 옥타비아누스의 나이는 19세였다. 유언에 따라 후계자가 된 그는 곧바로 자신의 이름을 가이우스 율리우스 카이사르 옥타비아누스로 개명했다.

옥타비아누스는 카이사르의 후계자였지만 나이가 어리고 경력도 없었다. 그리고 원로원에는 공화파의 거두 키케로가 있었다. 이에 옥타비아누스는 안토니우스와 카이사르의 부하였던 레피두스를 끌어들여 제2차 삼두정치를 시작했다. 제2차 삼두정치가 시작되자마자 안토니우스는 옥타비아누스의 동의를 얻어 공화파의 거두 키케로를 살해했다. 그는 키케로의 머리뿐 아니라 그동안 공화정을 지지하는 글을 쓴 그의 손까지 잘라 광장에 전시했다.

이 무렵 브루투스는 발칸반도에서 세력을 키우고 있었다. 브루투스는 그곳에서 군대를 모아 삼두정치를 파멸시킬 준비를 했다. 기원전

42년, 옥타비아누스와 안토니우스는 필리피에서 브루투스와 싸웠다. 초전에서는 옥타비아누스가 크게 졌지만 이후 안토니우스가 브루투스를 격파해 그가 자살하도록 만들었다. 이후 옥타비아누스는 자신의 부족함을 깨닫고는 무공이 뛰어난 아그리파를 중용했다.

필리피 전투로 안토니우스의 인기는 치솟았으나 옥타비아누스의 인기는 떨어졌다. 안토니우스는 자신의 인기를 더 높이기 위해 크라수스가 실패했던 파르티아 원정을 위해 소아시아로 갔다. 전쟁을 준비하려면 돈이 필요했다. 안토니우스는 당연히 엄청난 부가 있는 이집트를 노렸다. 당시 클레오파트라는 카이사르를 따라 로마로 갔다가 그가 암살되자 이집트로 돌아와 어린 카이사리온을 왕으로 세운 뒤 실권을 장악하고 있었다. 안토니우스가 돈을 뜯어낼 목적으로 클레오파트라를 소아시아로 부르자 그녀는 주홍색 돛을 달고 은으로 된 노를 저으며 황금으로 가득한 배를 타고 왔다. 화려한 배를 타고 오는 클레오파트라의 미모를 본 안토니우스는 넋이 나가고 말았다. 그 순간 안토니우스에게 파르티아 원정과 로마의 첫 번째 황제 자리는 아무 의미 없는 것이 되어 버렸다.

클레오파트라를 따라 알렉산드리아로 간 안토니우스는 클레오파트라의 품 안에서 살다시피 했다. 옥타비아누스로서는 이때가 기회였다. 그는 삼두정치의 주역들에게 영토 분할을 제안했다. 갈리아와 에스파냐는 옥타비아누스, 동방은 안토니우스, 아프리카는 레피두스가 지배하자는 것이었다. 또한 옥타비아누스는 안토니우스와의 유대를 위해 그와 자신의 누이 옥타비아 간의 정략결혼을 추진했다. 사실 세 사람 중 가장 우위에 있던 안토니우스로서는 이런 제안을 받아들일 필요가 없었

다. 하지만 클레오파트라와 함께할 평온한 나날을 원하던 안토니우스는
이를 승낙하고 만다. 옥타비아누스를 제거할 기회를 잃은 것이다.

안토니우스의 몰락
그러던 중 폼페이우스의 아들이 반란을 일으켰다. 하지만 옥타비아누스
의 부하 아그리파가 이를 격파하면서 옥타비아누스의 인기가 급상승했
다. 반란군을 흡수해 힘이 더욱 강해진 옥타비아누스는 레피두스를 실
각시키고 안토니우스를 제거할 준비를 했다. 한편 안토니우스는 이전
에 중단했던 파르티아 원정을 완수하러 시리아로 갔다. 문제는 이때 클
레오파트라를 데려가 시리아, 페니키아, 키프로스 등 로마의 영토를 클
레오파트라에게 바쳤다는 것이다. 게다가 정작 중요한 파르티아 원정은
크라수스처럼 대실패로 끝이 났다.

   기원전 33년 안토니우스는 옥타비아라는 정식 부인이 있음에도
불구하고 클레오파트라와 결혼했다. 그리고 이듬해에 안토니우스의 유
언장이 로마 시민에게 알려졌다. 내용인즉 옥타비아와의 이혼을 원하며
자신이 죽으면 유해를 이집트의 알렉산드리아로 운반해 클레오파트라
곁에 묻히게 해달라는 것이었다. 로마 시민들은 격분했다. 그들은 "당장
안토니우스를 로마로 끌고 와서 시민 앞에 세우고, 클레오파트라를 우
리의 손으로 쳐 죽이자"라고 외쳤다.

   이런 분위기를 이용해 기원전 31년, 옥타비아누스는 로마 시민의
전폭적인 지지를 받으며 클레오파트라에게 선전포고를 했다. 원래 안토
니우스는 옥타비아누스를 육지에서 격파하려 했다. 그 판단은 옳았다.
육군으로만 보면 그의 육군이 옥타비아누스의 육군보다 더 강했기 때문

이다. 하지만 안토니우스는 해전을 벌이라는 클레오파트라의 권유에 따르기로 했다.

기원전 31년 9월 2일, 그리스의 서북 지방인 악티움에서 양쪽의 함대 총 500여 척이 만나 결전을 벌였다.

처음에는 막상막하였으나 클레오파트라가 갑자기 도망치자 안토니우스도 뒤따라 도망갔다. 하지만 부하들은 그 사실도 모르고 근처의 육지와 바다에서 며칠을 더 싸우다 전멸했다. 비록 악티움 해전에서 패했지만 그래도 역전의 장수였던 안토니우스는 추격해 오는 옥타비아누스의 군대를 상대로 승리했다.

클레오파트라는 자신 때문에 무너져가는 안토니우스를 보며 자책감을 느꼈다. 그녀는 지하 묘실에 들어가 문을 닫고는 안토니우스에게 자신이 죽었다는 말을 전하라고 했다. 더 이상 안토니우스가 불행해지는 것을 막기 위함이었다. 클레오파트라가 죽었다는 소식을 들은 안토니우스는 충격에 빠져 "클레오파트라여, 외로워 말고 나를 기다리시오.

악티움 해전

이제 나도 당신 곁에 가리라"라고 말하며 칼을 자신의 배에 꽂았다. 놀란 클레오파트라는 한걸음에 달려와 안토니우스의 상처를 감싸고 울었다. 안토니우스는 사랑하는 여인의 품 안에서 죽었다.

최후의 승자

안토니우스가 죽자 옥타비아누스는 손쉽게 이집트를 정복했다. 그는 안토니우스를 타락시킨 죄로 클레오파트라를 생포해 로마에 데려가 멋진 개선식을 치르려 했다. 이에 클레오파트라는 호화스러운 마지막 식사를 하고 안토니우스의 부인인 옥타비아에게 죽은 연인의 장례를 부탁하는 편지를 썼다. "저는 로마의 위대한 영웅을 파멸시킨 불행한 여인입니다. 비록 저의 잘못이 클지라도 그대의 부친 카이사르를 생각해서 저의 시체를 욕되게 하지 마시고 무사히 장례를 치러 주시기를 부탁드립니다." 그리고 여왕의 옷을 갖춰 입고 스스로 독사에 물려 목숨을 끊었다. 이때 클레오파트라의 나이 39세였다. 22년간 여왕의 자리에 있었던 그녀는 그중 15년을 안토니우스와 사랑했다.

　클레오파트라가 사망하자 옥타비아누스는 그녀와 카이사르 사이에서 태어난 카이사리온을 죽여 화근을 없앴다. 이로써 프톨레마이오스의 후계자가 사라지며 300년 왕조가 끝났다. 이와 함께 100년 동안의 로마 내전도 끝났다. 이집트를 소유하게 된 옥타비아누스는 면적 900만 제곱킬로미터의 풍부한 곡창 지대와 총 인구 7,000만 명에 상비군 30만 명을 장악한 로마의 일인자가 되었다.

로마의 정치 구조
로마의 공화정은 귀족적
공화정과 민주적
공화정으로 구분된다.
제정의 경우, 처음에는
원수정으로 시작했으나
이후 디오클레티아누스가
흡수한 오리엔트식
전제군주제로 전환된다.
이로 인해 로마의 제정은
원수정과 오리엔트식
전제군주제로 구분된다.

제정

로마 원로원의 귀족들과 빈민층인 프롤레타리아 모두 로마를 배신한 안토
니우스와 클레오파트라가 제거되었다는 소식에 기뻐하며 옥타비아누스
를 환영했다. 그동안 분열되었던 로마가 정신적으로 하나로 통합된 것이다.
로마에 도착한 옥타비아누스는 원로원으로부터 존엄한 자라는 뜻인 '아
우구스투스'라는 호칭을 부여받았고, 스스로는 제1의 시민을 뜻하는 '프린
켑스'를 칭했다. 그는 또한 카이사르와 마찬가지로 개선장군을 뜻하는 임
페라토르라고도 불렸다. 이때부터 로마는 사실상의 제정이 시작되었다. 카
이사르가 닦은 터에 그 후계자 옥타비아누스가 마침내 반석을 올린 것이
다. 옥타비아누스는 아시아의 전제군주제와 다르게 형식적으로는 원로원
을 존중했기에 이때의 시스템을 원수정이라고 한다.

제정 로마의 행보

존엄한 자의 통치

옥타비아누스는 전국을 두 지역으로 나누어 한 지역은 자신이 직접 통치하고, 나머지 반은 원로원이 통치하도록 했다. 그는 원로원이 통치하는 지역에서 들어오는 세금에는 손도 대지 않았으나 자신이 통치하는 지역에서 들어오는 세금은 모두 개인 소유로 가져갔다. 특히 이집트는 로마의 것이 아닌 옥타비아누스 개인의 것이었다.

제국의 반을 주어 원로원을 달랜 옥타비아누스는 빈민들에게 이집트에서 나오는 개인 돈으로 빵과 오락거리를 제공했다. 그는 로마의 모든 시민들을 콜로세움으로 불러 무료로 검투사 경기를 보여주었는데 이것이 서커스이다. 옥타비아누스가 개인 돈으로 민심을 무마시키자 그동안 로마를 병들게 했던 귀족과 평민의 경제적 갈등이 조금 완화되었다. 페리클레스의 민주주의가 델로스 동맹의 기금과 노예제로 유지되었듯, 로마의 제정도 제국주의와 노예제로 유지된 셈이다.

지중해 세계의 가장 존엄한 자가 된 옥타비아누스였지만 죽을 때까지 행복하기만 했던 것은 아니다. 그는 게르만족 정복을 위해 군대를 보

	그리스	헬레니즘	로마
성격	폴리스 중심(공동체적)	그리스와 오리엔트 문화 융합	그리스, 오리엔트, 헬레니즘 문화 융합
철학	소피스트, 소크라테스	스토아·에피쿠로스 철학	스토아 철학
문화	문학 발달(서사시, 연극)	자연과학 발달	법률, 토목, 건축 발달
미술	조화와 균형의 미	관능적, 사실적 미술	건축(아치식), 도로

고대 그리스, 헬레니즘, 로마 문명의 비교

냈으나, 게르만족의 우두머리 아르미니우스(독일어로는 헤르만)에게 전멸당하고 만다. 로마 시민권을 가진 데다 로마의 시스템에 대해서도 잘 알고 있던 아르미니우스는 서기 9년, 옥타비아누스가 파견한 2만 명의 부대를 토이토부르크에서 궤멸시키고 게르만족의 영웅이 되었다.

토이토부르크의 패배 소식을 들은 옥타비아누스는 큰 충격을 받았다. 그는 착란 증세도 보였는데, 문에 머리를 받으며 "내 군대를 돌려다오"라고 소리쳤다고 한다. 상비군 30만 명 중에 겨우 2만을 잃었는데도 큰 충격에 빠진 것은 아직 제정이 확립되지 않았다는 판단 때문이었던 것으로 보인다. 이 전투로 로마는 게르만 정복을 포기했다.

율리우스-클라우디우스 왕조

옥타비아누스는 가족 문제로도 속을 썩여야 했다. 그는 당시 수많은 남자와의 불륜으로 악명을 떨치던 친딸 율리아로 인해 마음고생을 겪었다. 율리아의 친모는 이미 옥타비아누스의 곁을 떠난 상태였기에 그는 리비아라는 여성과 재혼했다. 리비아 역시 이 결혼이 두 번째였는데, 그녀에게는 이미 티베리우스를 포함한 두 명의 아들이 있었다. 딸이 딸린 남자와 아들 둘이 딸린 여자가 재혼한 셈이었다.

옥타비아누스와 리비아 사이에는 자식이 없었다. 옥타비아누스에게는 친아들이 없었기 때문에 리비아와 그 전 남편 사이에 태어난 티베리우스를 율리아와 혼인시키고 그를 후계자로 정했다. 사실 율리아도 이전에 옥타비아누스의 오른팔 아그리파와 결혼해 아들 둘을 낳았지만 아그리파가 죽으면서 티베리우스와 재혼한 것이다. 이내 율리아와 티베리우스 사이에서 아들이 태어났지만 얼마 지나지 않아 죽었다. 설상가

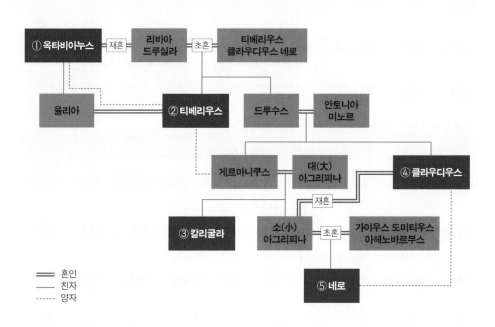

율라우스-클라우디우스 가계도

상으로 율리아와 그 전 남편 아그리파 사이에서 낳은 아들 둘도 젊은 나
이에 사망했다.

결국 서기 14년 옥타비아누스는 77세의 나이로 사망하고 티베리우
스가 황제가 되었다. 옥타비아누스는 한평생 리비아를 사랑했다. 그래서
유언장에 티베리우스와 리비아를 상속인으로 정하고 사람들로 하여금 남
겨진 아내를 '아우구스타'라고 부르게 했다. 이 때문에 티베리우스는 황제
가 되어서도 리비아의 간섭에 시달려야 했다. 게다가 옥타비아누스의 친
자식이 아니었던 그는 정통성이 약해 제위 내내 신경쇠약과 우울증에 시
달리다가 서기 37년, 79세의 나이로 사망했다. 정신적인 문제로 원로원과
사이가 좋지 않았던 탓에 원로원은 그가 죽고 나서도 카이사르와 옥타비
아누스와 달리 죽은 황제를 신격화하는 것에 반대했다.

티베리우스 사후 칼리굴라가 제3대 황제가 되었다. 칼리굴라는 어
처구니없게도 41년, 그에게 모욕당한 근위대 장교에게 살해되었다. 이

때 황제뿐 아니라 황비와 어린 황녀들도 살해되었다.

　원로원은 이 기회에 공화정을 부활시키려 했지만 칼리굴라의 숙부 클라우디우스가 근위대에게 포상을 약속하고 제4대 황제로 즉위한다. 클라우디우스는 자신의 조카딸이자 칼리굴라의 누이인 아그리피나를 후비로 두고 있었는데, 그녀는 대단한 야심가였다. 클라우디우스와 결혼할 당시 아그리피나에게는 네로라는 아들이 있었다. 그녀는 아들을 황제로 만들기 위해 영향력을 발휘했고, 결국 클라우디우스는 친아들도 아닌 네로를 후계자가 정하면서 그가 로마의 제5대 황제가 되었다.

　폭군으로 널리 알려진 네로는 어머니의 피를 물려받아 감정적이고 자제심이 없었다. 그는 황제가 되어서도 오로지 스포츠, 음악, 문예에만 빠져 지냈다. 그 와중에 아그리피나는 실질적으로 자신이 로마를 통치하려 했다. 아들 네로가 자신을 멀리하자 그가 취해 있는 틈을 타 요란하게 화장을 하고 키스를 하는 등 아들을 유혹해 모자간의 불륜을 일으키려 했을 정도였다.

　그런데 64년, 로마에 대화재가 일어나 도시의 반을 태우는 사건이 벌어졌다. 도시 근처에서 휴가를 보내던 네로는 즉시 로마로 돌아와 이재민 구호와 도시 재건에 힘썼다. 하지만 시민들 사이에서는 흉흉한 소문이 돌았다. 로마 시가 불탈 때 네로가 시를 읊으며 불을 구경했고, 심지어 자기 이름을 붙인 새 도시를 세우려고 로마에 불을 놓았다는 소문이었다. 분노한 시민들은 폭동을 일으켰다.

　다급해진 네로는 크리스트교도들을 희생양으로 삼았다. 그들이 방화의 주범이라고 주장해 민중의 분노를 돌리려 한 것이다. 네로는 크리스트교를 믿는 이들은 십자가에 못 박거나 불에 태워 죽였고, 심지어 짐승의 껍질을 뒤집어 씌워서 개한테 물려 죽게 만들기도 했다.

　이 같은 과정을 거치며 정치에 싫증이 난 네로는 그리스 문화에 심취해 스포츠와 예술 콩쿠르를 개최했다. 그는 극장 무대에 직접 올라가 노래를 부르기도 했다. 하지만 민심을 잃은 네로는 결국 실각하고 에스파냐의 총독 갈바가 제6대 황제에 올랐다. 이때 근위대는 네로를 보호하지 않았으며 원로원도 네로를 로마의 공적으로 선언했다. 네로는 로마 시를 탈출했으나 결국 68년, 칼로 자신의 목을 찌르고 죽었다. 일설에 따르면 스스로 죽지도 못해 하인이 찔렀다고도 한다. 이로써 율리우스-클라우디우스 왕조는 끝이 났다.

5현제 시대와 군인 황제 시대

네로가 죽고 로마는 혼란기에 빠졌다. 짧은 기간 동안 여러 명의 황제가 옥좌에 올랐다 사라졌고, 이후 팔레스타인에서 유대인의 반란을 진압하던 베스파시아누스와 그의 후손들이 황제가 되었다. 하지만 이들의 지배도 오래가지 못했다. 96년, 원로원은 66세의 네르바를 황제로 추대했다. 이때부터 로마에는 5현제의 시대가 열린다. 『로마 제국의 쇠망사』의 저자 에드워드 기본은 이 5현제 시대를 '인류 역사상 가장 행복한 시대'라고 평가했다.

　네르바 황제는 자식이 없었고 군대 지휘에도 자신이 없어서 능력 있는 트라야누스를 양자로 맞이하니 이후 그가 황제가 되었다. 트라야누스는 다키아를 정복해 로마의 빈민들에게 토지를 나누어 주었다. 다키아에는 이때부터 로마인들이 정착해 이후 '로마인의 나라'라는 뜻인 루마니아라고 불렸다. 트라야누스는 북아프리카의 사하라 사막 경계까지 진출하고 이어 동방으로는 시리아 남부를 정복했다. 그리고 크라수스와 안토니우스가 실패한 파르티아 수도 점령에도 성공해 로마의 영토가 페르시아만까지 넓어졌다. 이때가 로마 영토가 가장 넓었던 시기이다. 하지만 곧 파르티아의 반격이 시작되었고 로마는 메소포타미아 지역을 포기해야 했다. 트라야누스도 로마로 돌아오던 중에 사망하고 만다.

트라야누스 역시 죽기 전에 능력 있는 하드리아누스를 양자로 삼으니 그가 뒤를 이어 황제가 되었다. 하드리아누스는 트라야누스와 반대로 방어에 힘썼다. 영국, 즉 브리타니아는 카이사르가 처음 침략했으나 곧바로 철수해 클라우디우스 황제 때 정복한 지역이다. 하드리아누스는 브리타니아 북쪽에 사는 스코틀랜드의 침입을 막고자 장벽을 쌓았다. 또 게르마니아에 쌓아둔 방벽도 강화하는 한편, 외교적으로는 파르티아와 화친을 맺었다. 하드리아누스 이후 안토니누스 피우스를 거쳐 그 유

로마 제국의 **최대 영역**

명한『명상록』의 저자이자 대표적인 스토아학파의 철학자 마르쿠스 아우렐리우스가 황제가 되었다.

하지만 지혜로운 황제는 그가 마지막이었다. 아우렐리우스는 능력 있는 양자에게 양위하는 관습을 깨고 제2의 네로라고 불리는 어리석은 친아들에게 제위를 물려준 것이다. 결국 그의 친아들은 근위대에 의해 살해되었다.

235년, 농민 출신 막시미누스가 황제가 됨으로써 군인 황제의 시대를 열었다. 막시미누스는 농사를 짓다가 일개 병졸로 군에 입대했는데 큰 체력에 거대한 식욕으로 군대에서 인기를 누렸다. 그는 황제가 되자마자 부하들의 손에 암살되었다. 이때부터 로마 제국 각지의 군단이 자기네 사령관을 황제로 추대하는 일이 벌어지며 50년 동안에 26명의 황제가 등장했다. 그러나 단 한 명을 제외하고는 모두 막시미누스처럼 황제 행세도 해보지 못하고 죽었다.

내부의 정치가 엉망이니 로마는 외부의 침략에도 시달려야 했다. 260년, 로마는 사산 왕조 페르시아와 전투를 벌였는데 이 싸움에서 황제 발레리아누스가 포로가 되는 사건이 발생했다. 엎친 데 덮친 격으로 북쪽에서는 게르만이 침략해 왔다. 로마는 한니발의 공격을 물리친 이후 외적의 침입을 받은 적이 거의 없었다. 하지만 이제 로마는 거대한 성벽으로 둘러싸여야만 살 수 있는 도시가 되었다.

로마의 중흥

군인 황제 시대에 종지부를 찍은 이는 디오클레티아누스이다. 그는 디오클레아 출신으로 말단 병졸부터 시작해 황제의 호위대장을 거쳐 황제가 된 인물이다. 이미 카라칼라 황제 때 로마는 제국의 모든 주민들에게 시민권을 부여한 상태였고, 로마와 속주 간의 차별도 사라져 원로원의 3분의 2 정도가 속주 출신일 정도였다. 황제 가운데에서도 속주 출신이 많았다. 황제가 된 디오클레티아누스는 293년에 병든 로마를 중흥시키기 위해 로마를 4등분해 제국을 분할 통치했다.

디오클레티아누스는 우선 자신이 제1의 정제(正帝, 아우구스투스)가 되었고 나머지 세 명을 각각 제2의 정제, 제1의 부제(副帝, 카이사르), 제2의 부제로 임명했다. 또한 네 황제를 단결시키고자 결혼을 통한 인척 관계를 맺었다. 오리엔트식 전제군주제도 이때 도입되었다. 로마의

로마 제국의 분할

황제는 이제 제1시민 프린켑스가 아닌 오리엔트식 전제군주였다. 로마의 시민들도 더 이상 시민이 아닌 신민이 되었다. 신민이 황제 앞에 나갈 때는 페르시아처럼 몸을 굽히고 나아가 절을 해야 했다. 이러한 부작용이 있었지만 로마는 나름대로 재건에 성공했다.

콘스탄티누스 대제

이후 디오클레티아누스 자신과 또 한 명의 정제가 퇴위하면서 부제였던 갈레리우스와 콘스탄티우스 1세가 정제로 승격되었다. 그런데 부제 두 명을 새로 임명하는 과정에서 제위를 두고 쟁탈전이 벌어졌다. 이 와중에 콘스탄티우스 1세가 사망하자 아들인 콘스탄티누스도 쟁탈전에 가담해 로마로 진군했다. 당시 콘스탄티누스는 태양신을 숭상하는 일신교를 신봉했는데, 로마로 진군하던 중 어느 날 하늘에서 십자가가 나타났다. 그 옆에는 '너는 이것으로 이겨라'라는 뜻의 문자가 있었다. 콘스탄티누스는 자신이 본 것이 무엇인지 궁금했다. 그날 밤 그의 꿈에 예수가 나타나 십자가를 군기에 걸고 싸우라고 명했다. 이 명을 받든 콘스탄티누스는 연전연승해 로마에 이르렀다. 로마에 입성한 콘스탄티누스는 원로원의 승인을 받고 313년, 밀라노 칙령을 통해 크리스트교를 공인했다.

    323년, 이제 로마 제국에는 단 두 명의 황제만 남아 있었다. 콘스탄티누스는 유일한 황제가 되고자 전쟁을 일으켰다. 이것은 권력 투쟁인 동시에 크리스트교의 공인 여부가 걸린 종교 전쟁이기도 했다. 이때 콘스탄티누스의 군대는 보병 12만 명, 기병 1만 명, 군함 200척이었고 상대의 군대는 보병 15만 명, 기병 1만 5,000명, 군함 200척으로 콘스탄티누스의 군대보다 더 많았다. 이 전쟁에서도 콘스탄티누스의 군대는

크리스토스(ΧΡΙΣΤΟΣ)의 앞 두 글자를 따서 만든 십자가

군기에 그리스도의 두 문자에서 딴 십자가를 걸고 싸워 승리했다.

콘스탄티누스가 십자가의 환영을 봤다는 이야기는 신뢰하기 어렵지만 크리스트교를 공인한 이유는 어느 정도 짐작할 수 있다. 고구려의 소수림왕, 백제의 침류왕, 신라의 법흥왕이 불교를 통해 왕권을 강화하고 백성들의 단결시키려 했던 것과 같이 그도 크리스트교를 통해 자신의 정통성을 주장하는 한편 신민들을 뭉치게 해 제국의 안정화를 추구했던 것이다.

마지막 적수를 물리치고 유일한 로마 황제가 된 콘스탄티누스는 325년, 니케아 공의회를 통해 삼위일체(성부, 성자, 성령은 하나라는 뜻)를 주장한 아타나시우파의 이론을 채택했다. 이와 동시에 그리스도의 인간성을 강조한 아리우스파를 이단이라 선언하고 추방했다. 이후 아리우스파는 게르만족을 대상으로 포교 활동을 펼치게 된다.

콘스탄티누스는 330년에 천도를 결심했다. 이유는 역시 크리스트교 때문이었다. 1,000년의 역사를 지닌 로마에는 400개의 이교 신전이 있어 크리스트교의 국교화를 추진하기 힘들었다. 이에 콘스탄티누스는 수도를 비잔티움으로 옮기고 콘스탄티노폴리스라는 새 이름을 붙였다. 수도를 이곳으로 옮긴 이유가 하나 더 있다. 당시 남부 유럽이 서부 유럽보다 경제적으로 더 풍요로웠기 때문이다.

로마 제국의 재분열

콘스탄티누스 사후 게르만족의 침입이 시작되었다. 378년, 발렌스 황제는 게르만족과의 전투 중 전사했다. 게르만족의 침입이 지속되는 동안 즉위한 테오도시우스 1세는 종교에만 몰두해 392년에 크리스트교를 국교로 제정했다. 크리스트교 이외의 종교는 모두 이교로 취급해 다른 종교를 믿는 자를 모든 도시에서 추방했고 이교의 신전도 파괴했다. 이때 그리스의 올림피아 제전도 이교도의 종교 행사라는 이유로 금지됐다. 분할 통치되고 있던 제국을 재통일한 테오도시우스 1세는 395년 죽으면서 제국을 다시 동서로 분할해 두 아들에게 물려주었다. 동서로 나누어진 로마 제국은 라틴 문화인 서로마를 옥시덴트(해가 지는 곳)라 불렀으며, 그리스 문화인 동로마를 오리엔트(해가 뜨는 곳)라고 불렀다.

세계 제국의 멸망

게르만족의 이동

게르만족은 그리스인과 로마인처럼 인도유럽어족(인구어족)에 속한다.
이들의 원주지는 발트해 주변으로 로마 제국 말기부터 제국 안으로 들
어와 살고 있었다. 이들은 로마의 정규군에 편입되어 시민권을 갖기도
했으며 심지어 장군이나 재상의 자리에까지 오른 이도 있었다. 훗날 서
로마 제국을 멸망시킨 게르만족 출신의 용병 대장 오도아케르가 대표적
이다.

　게르만은 양치기라는 뜻이지만 이들은 목축뿐 아니라 농경 생활도
했다. 하지만 비료를 만들지는 못해서 농사를 짓다가 토지가 척박해지
면 다른 토지를 찾아 이동하는 형태로 생활했다. 이들 사회에는 종사 제
도라는 것이 있었다. 지위가 높은 사람에게 충성을 맹세하고 그에게 의
탁해 살아가다가 전쟁 시에는 사병처럼 주인을 위해 싸우는 독특한 풍
습이었다.

　게르만족이 로마 제국으로 본격적으로 이동하게 된 계기는 중앙아
시아에서 온 훈족이 게르만족을 압박하면서부터이다. 이 훈족의 정체가
한나라에 의해 밀려난 흉노라는 설도 있지만 이견이 많다.

　훈족은 375년에 남부 러시아의 볼가강을 건너 서쪽으로 진출했다.
게르만족의 일파인 고트족은 압박을 받고 대규모로 로마 제국의 영토를
침범했다. 사실 고트족은 등자를 사용할 줄 알아 승마 기술이 출중했지
만 동로마 제국 황제 발렌스는 그들을 얕잡아봤다. 378년, 지원병이 한
창 오는 중인데도 발렌스는 단독으로 3만의 군대를 이끌고 고트족 1만
8,000명과 싸웠다가 궤멸당하고 만다. 이 전투 후 게르만족은 밀물처럼
로마 영토 안으로 쏟아져 들어왔다.

　410년 서고트족은 이탈리아반도에 침입해 3일간 로마 시를 약탈

했는데, 노예들이 서고트족의 편을 들면서 주인이었던 로마인들을 죽였다. 서고트족은 약탈이 끝난 후 로마 황제의 누이를 납치해 에스파냐로 진출했다. 이때 세워진 나라가 서고트 왕국이었다. 그들이 오기 전 에스파냐로 이주해 살고 있던 반달족은 서고트족에 밀려 로마의 곡창 지대인 북아프리카의 튀니지로 건너가 439년에 반달 왕국을 세웠다.

훈족과 헝가리

게르만족의 대이동을 촉발한 훈족은 원래 여러 부족으로 나뉘었으나 434년, 아틸라가 등장하면서 하나의 제국으로 발전하기 시작했다. 지금의 헝가리 땅에 자리 잡은 훈족은 451년, 아틸라의 지휘 아래 대대적으로 서로마 제국을 침공했다. 그 계기는 다음과 같다.

당시 서로마 제국의 황제는 발렌티니아누스 3세였다. 그에게는 호로니아라는 딸이 있었는데 황제의 신하와 부정한 행동을 하다 감금되었다. 호로니아는 아틸라에게 약혼반지를 몰래 보내며 자신을 구해 달라고 요청했다. 이에 아틸라는 황녀를 구하고 그녀와 결혼한다면 자신이 서로마 제국을 지배할 명분을 얻을 수 있다고 판단했다. 이에 훈족이 침공해오니 로마인들은 이를 '신의 징벌'이라고 불렀다.

서로마 제국은 아틸라의 침공을 간신히 물리쳤지만 이후 훈족에게 조공을 바치며 평화를 구걸하는 처지가 되었다. 마치 초창기의 한나라가 흉노족에게 막대한 조공을 바치며 화평을 얻은 것과 비슷한 모양새였다.

이후 아틸라는 아직 굴복하지 않는 동로마 제국을 공격하려던 중 전리품인 여자와 잠자리를 갖던 날 갑자기 죽었다. 일설에 따르면 그 여자에게 독살되었다고도 한다. 훈족은 아틸라가 죽자 곧바로 와해되었다.

여담으로 훗날 헝가리(Hungary)라는 국명에 들어가는 'Hun'이 훈족의 '훈'이라는 주장도 있었지만, 사실 이 이름은 9세기경 우랄산맥 부근에서 용맹을 떨치던 마자르족에게서 유래한 것이다. 전설에 따르면 헝가리 평원에 도착한 이들은 10개의 화살(10개의 부족을 의미)을 쏘았고, 그 화살이 닿는 땅을 자신들의 영토로 삼았다고 한다. 그들의 언어로 10을 '온', 화살을 '오구르'라고 부르니 이것이 바로 헝가리의 기원이다. 지금의 헝가리 국민도 대다수가 마자르족이다.

서로마 제국의 멸망

서로마 제국이 쇠락하는 와중에도 북쪽 땅에서는 게르만족의 일파인 프랑크족과 부르군트족이, 영국에는 앵글로색슨족이 각각 나라를 세웠다. 이 국가들은 모두 로마의 동맹국으로 외교를 맺었다. 하지만 동맹국들은 별 도움이 되지 못했다. 게르만족의 용병을 모아 대장이 된 오도아케르가 476년에 로마의 마지막 황제이자 공교롭게도 로마의 건국자와 같은 이름을 가진 로물루스 황제를 몰아내어 서로마 제국을 멸망시켰기 때문이다.

이후 동고트족이 오도아케르가 세운 이탈리아 왕국을 정복하고 493년, 로마에 동고트 왕국을 수립했다. 동고트족이 로마를 지배할 당시 동고트족의 수는 10만 명이었으나 로마계 주민의 수는 600만 명이었다. 이는 다른 나라들도 마찬가지였다. 서고트 왕국이 에스파냐를 지배할 때 서고트족의 인구는 10만 명이었으나 로마계 주민은 600만 명에서 1,000만 명 사이였고 반달족이 북아프리카를 지배할 때도 반달족

인구는 8만 명이었으나 로마계 주민은 600만 명이었다. 따라서 게르만 국가들의 지배자들은 게르만족에 대해서는 스스로를 왕이라 칭했으나 로마계 주민들 앞에서는 집정관이라는 명칭을 사용했다. 또한 그들은 서로마 제국이 멸망하기 전까지 서로마 제국의 황제와 형식적으로나마 황제와 신하 관계를 맺었다.

　　게르만족의 지배자들은 자신이 지배하는 영토에서 토지 일부를 떼어 동족들에게 나눠주기도 했지만 대부분은 기존의 소유권을 인정했다. 로마 시민들은 대체적으로 새로운 게르만족 지배자들을 좋아했다. 과거 게르만족과 싸우던 시절에는 막대한 전쟁 비용을 세금으로 냈던 반면, 게르만족 지배자들은 자신들이 전쟁을 책임졌기에 시민들로부터 많은 세금을 거두는 경우가 적었다. 이에 시민들은 그들의 지배에 순응했고 오히려 로마 제국의 지배를 받는 것보다 더 좋아하는 사람도 많았다.

4

종교와
계급의
시대

중
세

유럽을 떠받친 두 기둥, 프랑크 왕국과 비잔티움 제국

프랑크 왕국

이탈리아의 북쪽 지방, 지금의 프랑스와 독일에는 프랑크족이 자리 잡고 있었다. 프랑크는 게르만족의 언어로 '사나운', '대담한'이라는 뜻이라고 한다. '프랑스'라는 이름은 이들에게서 유래된 것이며 독일의 도시 프랑크푸르트도 '프랑크족이 강을 건넌 곳'이라는 뜻이다. 각기 분열되어 있던 프랑크족은 5세기 말에 클로비스(재위 481~511)라는 인물에 의해 통일되었다.

　프랑크족에게는 다른 게르만족과 구분되는 특징이 있었다. 그들은 원래 독일 지방에 살고 있다가 현재의 프랑스 지역으로 영토를 확장했는데, 이동할 때 원주지를 미련 없이 버리는 다른 게르만족과 달리 독일 지역도 관리하면서 세력을 확장시켰다. 또한 크리스트교 중에서도 아리우스파(예수의 신성을 부정하는 종파)를 믿는 다수의 게르만족과 달리 프

세례 받는 클로비스

랑크족은 로마에서 공인된 아타나시우스파(예수는 인간인 동시에 완전한 신이라고 믿는 종파)를 믿어 현지 로마인들로부터 지지를 얻었다. 이 같은 두 가지 특징으로 인해 프랑크족은 거대한 영토를 확보할 수 있었다. 프랑크 왕국이 확대됨에 따라 게르만족의 영역에 자리 잡고 있던 기존의 아리우스파 크리스트교도 아타나시우스파 크리스트교로 대체되었다.

유스티니아누스 1세

서로마 제국은 망했지만 동로마 제국은 건재했다. 콘스탄티노폴리스의 옛 명칭인 비잔티움의 이름을 따서 동로마 제국을 비잔티움 제국이라고도 한다.

비잔티움 제국의 유스티니아누스 1세(재위 527~565)는 사산 왕조 페르시아와 협정을 맺어 배후의 위협을 제거하고 반달족의 내분을 구실로 보병 1만 명, 중장기병 6,000명을 파견해 북아프리카의 반달 왕국을 정복했다. 이어 시칠리아를 정복한 그는 이탈리아반도에 상륙해 나폴

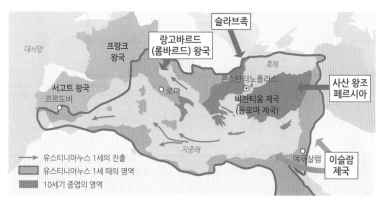

유스티니아누스 1세 당시
비잔티움 제국의 영역

리를 정복했고, 이후 로마인들로부터 해방자라는 환호를 받으며 로마에 입성해 이탈리아반도를 비잔티움 제국의 영토로 통합하는 데 성공했다. 이로써 지중해는 다시 로마의 호수가 되었다.

유스티니아누스 1세는 『로마법 대전』을 편찬하고 성 소피아 성당을 건설했다. 이 두 가지는 각각 강력한 법제와 사상의 통일을 의미했다. 그것들이야말로 지배자에게 가장 효율적인 통치 수단이기 때문이다.

하지만 유스티니아누스 1세가 죽은 후 비잔티움 제국은 동쪽의 사산 왕조 페르시아와 북쪽의 슬라브족이 침입하면서 약화되기 시작했고, 설상가상으로 568년 랑고바르드족(롬바르드족)이 이탈리아 북부로 쳐들어와 이탈리아반도를 다시 상실했다.

성 소피아 성당

랑고바르드족

게르만족 중 마지막으로 이동한 민족은 랑고바르드족이다. 이들은 568년 이탈리아 북부를 점령했는데, 지금도 이 지역은 '롬바르디아'라고 불린다. 물론 랑고바르드라는 이름에서 딴 것이다.

　　랑고바르드족의 왕 알보인은 이탈리아 북부를 정복할 때 저항한 다른 게르만족을 격파했다. 그는 격파한 부족의 왕을 죽여 그 두개골로 술잔을 만들고 그의 딸을 아내로 삼았는데, 잔혹하게도 그녀에게 새로 만든 술잔을 건네 술을 마시게 했다. 이에 딸은 알보인을 죽여 아버지의 원수를 갚았다. 이후 이탈리아 북부는 랑고바르드족이, 중부는 교황이, 남부는 비잔티움 제국이 지배해 이탈리아반도에서는 삼파전이 전개되었다.

투르 – 푸아티에 전투

8세기 초 이슬람 세력(특강 ① 참고)이 유럽에 진출하기 시작했다. 이슬람 제국은 아라비아반도를 통일하고 비잔티움 제국을 압박했다. 이에 비잔티움 제국은 군관구제를 시행해 이슬람의 침입에 대응했다. 군관구제란 외적의 공격에 대비하기 위해 전국을 여러 지역으로 나누고, 해당 지역에 파견된 군대의 사령관에게 민정을 겸하도록 하는 제도였다. 이를 통해 비잔티움 제국의 각 관구별로 농업 생산과 국방력 확보가 이루어졌다. 또한 비잔티움 제국은 '그리스의 불'이라는 병기로 동지중해를 이슬람의 공격으로부터 지켰다. '그리스의 불'의 구조와 제조법은 아직 밝혀지지 않았으나 기록으로 보건대 유황 같은 발화성 물질을 이용해 적군의 배에 불덩어리를 날리는 무기였던 것으로 보인다.

　　비잔티움 제국 공략이 여의치 않자 이슬람 왕조는 공격 방향을 서쪽으로 돌려 에스파냐의 서고트 왕국을 정복했다. 그 뒤 710년에는 프랑크 왕국에 침입했다.

프랑크 왕국은 이때 클로비스의 후손인 메로베우스 왕조가 지배하고 있었으나 실권은 궁재(宮宰) 카롤루스 마르텔이 행사하고 있었다. 이 무렵 카롤루스 마르텔은 처음으로 중무장 기병대를 조직해 중세 기사 시대를 열었다. 무거운 철제 갑옷을 입은 병사가 말을 탈 수 있었던 것은 유럽에도 아시아의 등자가 전래되었기에 가능한 일이었다.

732년, 카롤루스 마르텔의 중무장 기사는 투르와 푸아티에서 벌어진 전투에서 이슬람 군대를 격파했다. 하지만 이 같은 승리에도 불구하고 지중해를 이슬람 왕조가 장악하게 되면서 서유럽은 과거 로마가 누렸던 지중해 무역의 풍요로움을 맛볼 수 없게 되었다. '크리스트교도는 이제 지중해에 나뭇조각 하나 띄울 수 없게 되었다'라는 기록이 나올 정도였다.

이슬람 제국의 확장

동서 교회의 분열

공교롭게도 세계적인 종교들은 대개 신의 형상을 직접적으로 묘사하는 것을 꺼리는 경향이 있다. 가령 불교는 간다라 미술이 생기기 전까지 연꽃과 수레바퀴로 부처를 표현했고, 이슬람교도 알라의 우상을 만드는 것을 금기시해 아라베스크('아라비아풍'이라는 뜻) 무늬로 사원을 장식했다.

이는 크리스트교도 마찬가지였다. 십계명에는 '우상을 섬기지 말라'라고 명확하게 적혀 있다. 하지만 당시 서유럽에 살고 있던 게르만족들은 전반적으로 교양이 부족한 탓에 이들을 상대로 포교 활동을 펼치려면 시각적인 자료가 필요했다. 이때 사용된 것이 신과 성경 속 주인공들의 모습을 새긴 성스러운 상, 즉 성상이었다. 하지만 문제가 터졌다. 당시 비잔티움 제국의 황제는 레오 3세였는데, 우상숭배를 철저히 배격하며 성장한 이슬람 세력과 싸우는 과정에서 크리스트교 국가 역시 성경 속 계율을 엄격히 지켜야 강성해질 수 있으리라 판단한 것이다.

	서유럽	비잔티움 제국
정치	세속 권력과 교황권의 이원구조 봉건제도에 의한 지방분권제	동방적 전제군주 중앙집권적 관료제와 군관구제
경제	장원 중심의 자급자족 경제 농노제	국가 통제에 의한 상공업 발달 자영 농민, 둔전병제
종교	로마 가톨릭 • 정교 분리 • 성상 인정 • 게르만족 교화	그리스 정교 • 황제 교황 주의 • 성상 부정 • 슬라브족 개종
문화	라틴어 공용 고딕 양식 스콜라 철학	그리스어 공용 성 소피아 성당 그리스·로마 + 동방 문화
의의	크리스트교 + 게르만 → 서유럽 문화권 형성	고전 문화 보존·계승 → 서유럽에 전파 → 동유럽 문화권 형성

서유럽과 비잔티움 제국 비교

726년, 레오 3세는 기존의 모든 성상을 파괴하라는 칙령을 내렸다. 정치적 우두머리가 이 같은 종교적 결정을 내릴 수 있었던 것은 비잔티움 제국의 황제가 교회의 우두머리를 겸했기 때문이다. 이를 황제 교황주의라 부른다. 하지만 포교 활동을 위해 성상을 사용해야 했던 서유럽 지역의 교회들은 반발했고, 결국 성상 파괴령은 서유럽과 비잔티움 제국의 교회가 분열되는 결과를 낳았다.

카롤루스 왕조

카롤루스 마르텔의 아들 피핀은 키가 작아 별명이 난쟁이 피핀이었다. 투르·푸아티에 전투 이후 프랑크 왕국의 실권은 카롤루스 마르텔의 아들 피핀에게 집중되었다. 야심만만한 피핀은 메로베우스 왕조의 허수아비 왕을 몰아내고 자신이 왕좌에 오르고 싶었다. 하지만 그러기 위해선 자신이 왕위를 차지했을 때 이를 지지해줄 상징적인 힘이 필요했다.

어느 날 로마 교황은 피핀으로부터 편지를 받았다. 거기에는 다음과 같은 질문이 적혀 있었다. "왕이란 칭호만 가진 자와 왕의 모든 권리를 현실적으로 행사하고 있는 자 중에서 누가 왕관을 쓰는 것이 옳습니까?" 당시 로마 교황은 북쪽에 자리 잡은 랑고바르드족의 침입에 시달리고 있었다. 처음에는 비잔티움 제국의 보호를 받았지만, 성상 파괴령으로 동서 교회가 분열된 이후 자신들을 보호해줄 새로운 세력이 필요한 상황이었다.

피핀은 답장을 받았다. "아무 실력이 없는 자가 왕이라기보다는, 참으로 왕다운 능력을 갖춘 자가 왕이어야 한다." 프랑크 왕국과 교황의 제휴가 이루어진 것이다. 교황의 지지를 등에 업은 피핀은 망설임 없이 허

카롤루스 대제

수아비 왕을 몰아내고 새로운 왕조를 개창하니 이것이 카롤루스 왕조이다. 이쪽에서 선물을 받았으니 이제 저쪽으로 선물을 보낼 차례였다. 이후 피핀은 로마 교황의 부탁을 받아 알프스산맥을 넘어 랑고바르드 왕국을 공격했다. 그리고 이렇게 빼앗은 이탈리아 중북부 지역을 교황에게 선물했다. 이것이 로마 교황령의 시초이다.

피핀 다음으로 등장한 인물이 바로 카롤루스 대제이다. 카롤루스는 프랑스어로 샤를마뉴, 독일어로 카를, 영어로 찰스라고 불린다. 그는 당시까지 잔존하던 랑고바르드족을 멸망시켰으며 동쪽으로는 엘베강까지 진출하고 서쪽으로는 이베리아반도까지 진출해 이슬람 세력을 물리쳤다. 이렇게 만들어진 프랑크 왕국의 영토는 광대했다.

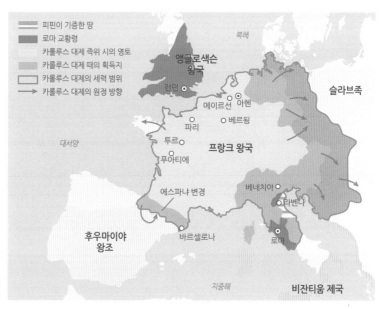

**카롤루스 대제 시절
프랑크 왕국의 영역**

카롤루스 대제가 이베리아반도에서 회군할 당시 롤랑이라는 기사가 후방을 지키는 임무를 맡았는데, 이슬람의 대군이 추격해오자 끝까지 자리를 지켜 싸우다 전사했다. 그를 위해 만든 노래가 그 유명한 「롤랑의 노래」이다. 「롤랑의 노래」는 죽을 때까지 충성을 다하고 신의를 버리지 않는 중세 기사의 이상적인 모습을 그린 것으로, 롤랑은 후대 중세 기사의 모범이 되었다.

800년, 로마의 교황이 카롤루스 대제에게 서로마 제국 황제의 관을 선물하니 이로써 그는 프랑크의 왕에 더해 서로마 제국의 황제를 겸하게 된다. 카롤루스 대제가 죽은 후 그의 아들 루트비히 1세(루이 1세)가 왕위에 오르는데, 경건왕이라는 별칭처럼 신앙심만 깊을 뿐 정치적

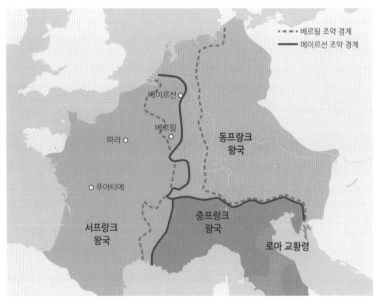

프랑크 왕국의 분열

인 수완은 별로 없었다. 그가 죽은 뒤 843년에 체결된 베르됭 조약에 의해 장남 로테르는 이탈리아를 포함한 중부 프랑크와 황제의 칭호를, 차남은 동부 프랑크를, 막내는 서부 프랑크를 물려받게 된다. 이후 870년의 메이르선(메르센) 조약으로 서프랑크와 동프랑크가 중프랑크의 일부를 빼앗아 지금의 프랑스, 독일, 이탈리아의 기초가 만들어졌다. 프랑크왕국이 이처럼 내부 분열로 혼란해졌을 때 외부에서는 노르만인과 마자르족이 침입해 왔다.

노르만족의 침공,
중세를 완성시키다

노르만의 이동

스칸디나비아반도 부근에 살던 노르만족도 게르만족의 일파이다. 민족별로 스웨덴인, 덴마크인, 노르웨이인으로 구분되는데, 노르만은 'North'에서 나온 말이다. '북쪽으로 가는 길'이란 뜻인 노르웨이, '스베르족의 나라'라는 뜻인 스웨덴, '데인족의 땅'이란 뜻인 덴마크에서 살던 이들 중 권력 다툼에서 밀려난 자들이 새로운 땅을 찾아 남하했다.

노르만족은 배를 이용해 남하했다. 이들이 사용한 배는 길이가 약 20미터이고, 노와 돛으로 속력을 내며, 40~60명을 태울 수 있었다. 무엇보다도 물에 띄우면 1미터 정도만 잠겼으므로 바다뿐 아니라 하천 항해도 가능했다. 그래서 유럽 대륙 깊숙한 곳이라도 하천이 있다면 노르

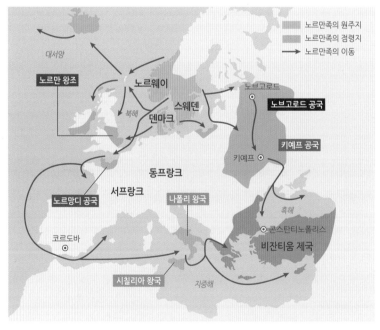

노르만족의 이동

바이킹의 이동

만의 공격을 받아야 했다. 그들은 심지어 하천이 없는 곳에서는 배를 들고 옮겨 이동했으니 유럽 모든 지역이 공격 대상이었다.

유럽인들은 노르만족을 바이킹이라고 불렀는데, 이들이 스칸디나비아반도와 덴마크에 많이 있는 협강(vik)에 거주했기 때문이다. 노르만족, 즉 바이킹은 러시아에도 진출해 슬라브족을 물리치고 '새로운 도시'라는 뜻의 노브고로드 공국과 키예프 공국을 세웠다. 이때 바이킹은 현지에 살던 많은 슬라브족을 노예로 만들었는데, 노예를 의미하는 'slave'가 슬라브족에서 유래한 말이다. 또 다른 바이킹족은 프랑스의 노르망디반도에 상륙해 노르망디 공국을 세웠다. 노르망디란 '노르만족의 땅'이란 뜻이다. 어떤 노르만족은 지중해까지 진출해 이탈리아반도 남부와 시칠리아섬을 차지하고 각각 나폴리 왕국과 시칠리아 왕국을 세웠다.

바이킹은 여기에서 멈추지 않았다. 그들은 9세기 중엽에 아이슬란드로 진출했고, 9세기 후반에는 그린란드의 땅을 밟았다. 심지어 9~10세기에는 아메리카까지 진출했다는 주장도 있다. 아이슬란드는 말 그대로 얼음만 있는 땅이라는 뜻이며, 그린란드는 역시 얼음만 있는 땅이지만 주민들을 모집하기 위해 녹색의 땅이라고 거짓말한 데서 비롯된 이름이다. 아메리카에 진출한 노르만족은 전멸한 것으로 추측된다.

카페 왕조와 노르만 왕조

911년 로마 가톨릭교로 개종한 노르망디 공국은 서프랑크 왕국의 신하
가 되기로 약속한다. 이때 서프랑크 왕국의 왕이 "영토의 일부를 할양받
게 되면, 누구나 왕의 발에 키스해야 한다"라고 말했지만 노르망디 공국
의 지배자 롤로는 이를 거절했다. 이에 서프랑크 왕국의 신하가 롤로에
게 제발 키스해 달라고 애원하는 처지가 되었다. 결국 롤로는 자기 대신
부하를 보내 키스를 하게 했다. 이 부하는 왕의 발 하나를 척 들어 올려
입을 맞췄다. 이처럼 서프랑크 왕국과 노르망디 공국은 왕과 신하의 관
계였지만 사실상 권력은 동등했다. 이후에도 서프랑크 왕국은 이어지는
노르만족의 침공을 제대로 방어하지 못했다. 이에 노르만족의 침입을
물리치고 파리 방어에 성공한 위그 카페가 카롤루스 왕조 출신의 마지

카페 왕조와 신성 로마 제국

막 왕 루이 5세의 뒤를 이어 서프랑크의 왕이 되면서 987년 카페 왕조
를 세웠다.

노르만 왕조의 성립

잉글랜드에는 원래 켈트족(갈리아인)이 살고 있었는데 게르만족의 대이
동 때 게르만족 일파인 앵글로색슨족의 침입을 받았다. 이로 인해 브리
타니아(지금의 브리튼섬)에 거주하던 켈트족은 스코틀랜드, 아일랜드, 웨
일스 등지로 이동했다. 일부 켈트족은 프랑스의 브르타뉴반도로 이주했
는데 브르타뉴는 '작은 브리튼'이라는 뜻이다.

9세기경 노르만족의 일파인 덴마크의 데인인이 잉글랜드를 침공
하는데 이때 앨프레드 대왕(재위 871~899)이 앵글로색슨의 7개 국가를
통일해 데인인의 침입을 물리칠 수 있었다. 하지만 1016년 이루어진 데
인인의 재침공 때는 이를 막아내지 못해 이듬해 덴마크 왕의 지배를 받
게 된다. 셰익스피어의 『햄릿』의 무대가 덴마크인 것도 이 시대의 영향
을 받았기 때문이다. 덴마크 왕 크누드 4세가 죽은 후 데인인의 왕국은
분열했고 잉글랜드에는 다시 앵글로색슨족의 왕국이 등장했다.

이후 노르망디 공 윌리엄 1세가 잉글랜드 정복에 나섰다. 윌리엄
1세는 잉글랜드에 발을 내딛는 순간 땅에 넘어졌는데, 이를 본 부하들
이 불길하다고 하자 "보아라! 나는 지금 잉글랜드의 땅에 두 손을 짚었
다! 잉글랜드가 내 손안에 들어온 것이다!"라고 소리쳤다고 한다. 윌리
엄 1세는 1066년 헤이스팅스에서 앵글로색슨족의 부대를 하루 만에 전
멸시키고 이후 10년간 앵글로색슨 귀족들의 반란을 제압하면서 잉글랜
드를 통일한다. 이로써 그는 노르만 왕조의 기초를 확립하게 되는데, 이

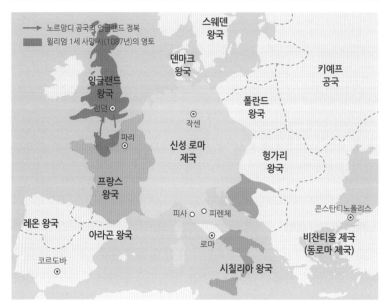

노르망디 공 윌리엄 1세의
잉글랜드 정복

때까지도 노르망디 공국은 프랑스 카페 왕조의 신하였으므로 노르만 왕
조 역시 잉글랜드의 왕이자 프랑스의 카페 왕조의 신하였다.

신성 로마 제국

서프랑크 왕국은 노르만의 공격을 받았고 동프랑크 왕국은 마자르의 공
격을 받았다. 마자르족은 오늘날 헝가리의 조상이며 우랄알타이어족인
아시아 계통의 유목민족으로 기마전에 능했다. 9세기 초 이들은 아조프
해(흑해 북쪽에 있는 내 해)근처에서 이동하기 시작해 불가리아인을 격파
하고 훈족의 중심지였던 헝가리 평원에 정착했다. 그러고는 동프랑크를
공격하기 시작했는데 동프랑크의 오토 1세가 이들을 격파하고 황제에
즉위하니 이 나라가 신성 로마 제국이다. 서프랑크는 카페 왕조에 의해,
동프랑크는 오토 1세에 의해 카롤루스 왕조의 혈통이 단절되었고 이를
계기로 지금의 프랑스와 독일의 역사가 시작되었다.

봉건제의 형성

랭스의 대주교는 교회당 건축에 필요한 돌을 얻기 위해 로마 제국 시절
의 성벽을 헐었다가 노르만족이 침공하자 다시 성벽을 쌓기 시작했다.
이처럼 높고 폐쇄적인 성벽으로 상징되는 봉건제는 9세기에서 10세기
노르만족, 마자르족, 이슬람의 침입으로 시작된다.

　　프랑스와 독일 같은 서유럽 국가는 중앙정부의 힘만으로 침략해오
는 노르만족과 마자르족을 막기 어려웠다. 따라서 국토의 방위는 각 지
역의 제후들을 중심으로 이루어졌다. 이 시절의 국가는 수많은 제후의
연합체에 불과했으며, 왕도 제후 중 하나에 지나지 않았다.

　　이로 인해 중세의 왕과 제후들은 일종의 계약을 맺었다. 왕이 제후
들의 봉토를 인정하고 그들을 보호해주면, 제후들은 왕에게 충성을 다
하는 것이다. 만약 제후들이 왕에게 충성하지 않으면 왕은 봉토를 회수
할 수 있었고, 반대로 왕이 제후들을 보호해주지 못하면 제후들은 더 이
상 충성할 필요가 없었다. 서로가 서로에게 의무를 갖는 이러한 관계를
쌍무적 계약관계라 한다.

　　계약에 의해 맺어진 군신의 관계를 주종제라고 한다. 주종제는 게르
만족의 풍습인 종사제에서 그 유래를 찾을 수 있다. 종사제란 약자가 강자
에게 의탁해 주인과 종자의 관계를 맺는 것이다. 이때 주인은 종자를 보호
하고 부양하며, 그 대가로 종자는 주인에게 복종하고 충성한다. 이후 카롤
루스 마르텔이 이슬람의 침입에 대응하고자 부하들에게 봉토를 주는 대신
그들을 중무장시켜 싸운 것이 주종제의 기원으로 간주된다.

　　'봉건제'라는 이름은 중국 주나라의 봉건제를 연상케 하지만 그 내
용은 다르다. 왕과 제후들이 혈연적 관계로 이어진 주나라 봉건제와 대
조적으로 중세의 봉건제는 무미건조한 계약에 따라 성립되었다. 아무리

왕이라도 제후의 영토 안에서 벌어지는 일에는 간섭할 수 없었는데, 이처럼 외부로부터 온전히 자유로운 제후의 권리를 불입권이라 부른다.

봉건제의 상부가 주종제로 성립되었다면 하부는 장원제로 이루어졌다. 이민족의 약탈에 노출된 농민들은 먼 곳의 왕보다 가까운 곳의 제후에게 의탁하면서 농노가 된다. 농노는 자영농과 노예의 줄임말로 두 계급의 성격을 모두 가지고 있었다. 자신의 가옥과 토지를 소유할 수 있다는 점에서 자영농과 유사했지만, 영주에 대한 예속이 강해 이동의 자유가 없었고 심할 경우 결혼할 때 부인을 영주에게 바쳐 첫날밤을 보내게 하는 등의 모습은 노예와도 닮았다.

장원제는 로마의 풍습인 은대지제의 영향을 받은 것이다. 은대지란 3세기 이후 로마 황제가 국경을 경비하는 게르만족들에게 내준 토지를 가리킨다.

중세의 농노
농노는 중세 장원 경제의 핵심이었다. 영주에게 강하게 예속된 그들은 결혼할 때 세금을 내야 했으며 결혼 첫날 신부를 영주에게 바치는 경우도 있었다. 또한 영주의 시설물을 쓸 때마다 사용료도 내야 했다.

온 유럽을 움직인 교황의 목소리

카노사의 굴욕

콘스탄티누스 대제가 종교에 개입한 이래 세속의 정치적 지도자들은 교회 일에 막강한 영향력을 행사했다. 가령 프랑크 왕국의 카롤루스 대제와 신성 로마 제국의 오토 1세는 거리낌 없이 교황을 갈아치우곤 했다. 이후로도 신성 로마 제국의 황제는 로마 교황의 임명권을, 각국의 국왕은 국내 교회 사제의 임명권을 장악했다.

로마 교황청은 황제의 이 같은 횡포에 아무 목소리도 내지 못했다. 카롤루스 대제는 나중에 교황으로부터 서로마 황제의 관을 받은 것을 크게 후회했는데, 굳이 미력한 교황의 도움을 받을 것도 없이 스스로 황제가 될 수 있었기 때문이다. 그리고 당시 성직자들도 부패해 있었다. 그들은 돈을 받고 성직을 매매했으며 결혼을 하면서도 죄의식을 갖지 않았다.

부패한 교회의 상황은 클뤼니 수도원의 개혁 운동으로 점차 개선되기 시작했다. 910년에 세워진 이 수도원은 모든 세속 권력으로부터 자유로웠으며, 원장은 교회법에 따라 선거로 선출되었다. 이곳의 수도사들은 성인(聖人) 베네딕토가 남긴 계율을 실천하고자 힘썼는데, 이들의 경건하고 절제된 생활은 전 유럽에서 명성을 떨쳤다. 이후 클뤼니계 부속 수도원이 건설되었고 이곳 출신의 성직자들 다수가 로마 교황청에 중용되어 성직의 매매를 금하는 교황 레오 9세의 개혁에 힘을 실었다.

교회의 성직자들이 몸가짐을 바로 하자 민중의 믿음은 깊어졌고, 이것은 교황의 권위를 높이는 결과를 가져왔다. 클뤼니 수도원 출신의 그레고리우스 7세가 교황이 되자 그 힘은 정점에 달했다. 1075년, 그레고리우스 7세는 황제가 가졌던 성직자 임명권을 부정하고 교황만이 성직자를 임명할 수 있다고 선언한다. 이에 신성 로마 제국 황제 하인리히

카노사의 굴욕

4세는 1076년 보름스에서 제국 국회를 소집해 교황을 폐위하는데, 여기에 맞서 교황도 황제를 파문했다. 그러자 보름스 제국 국회에서 황제를 따르던 제후들과 성직자들이 황제를 견제하기 위해 교황 편에 서는 일이 벌어졌다.

한순간에 정치적으로 고립된 하인리히 4세는 용서를 빌기 위해 왕비와 왕자를 데리고 교황이 있는 카노사를 찾았으나 교황은 그를 만나주지 않았다. 당시는 한겨울이라 주변을 흐르던 포강이 얼어붙을 정도로 추위가 매서웠다. 절박했던 하인리히 4세는 1077년 1월 25일부터 3일 동안 맨발로 눈밭 위에 선 채 눈물을 흘리며 용서를 빌었다.

그 모습을 지켜본 교황은 결국 하인리히 4세의 파문을 철회했다. 간신히 왕권을 지킨 하인리히 4세는 절치부심한 끝에 훗날 그레고리우스 7세를 폐위시키며 설욕한다. 그로부터 얼마 뒤 교황은 사망하지만, 그가 시작한 교회 개혁은 중단되지 않았고 황제의 권위는 지속적으로 약화됐다. 죽은 교황이 살아 있는 황제를 괴롭히는 모양새였다.

하인리히 4세는 비록 신성 로마 제국의 황제였지만 전 유럽의 정신적 중심은 교황이었고 황제를 위협하는 교황청의 움직임은 계속되었다. 이 같은 분위기를 쇄신하고자 황제는 십자군에 참가하려 했지만 새로운 교황이 이조차 허락하지 않았다. 결국 하인리히 4세는 1106년 실의에 빠진 채 세상을 떴다.

　　결국 1122년 보름스 협약을 통해 성직자 임명권은 교황이 갖는 대신 성직자에게 내리는 토지는 국왕이 결정하는 것으로 결론지어졌다. 카롤루스 대제나 오토 1세 이래 계속되어 온 신정정치, 즉 정치적 지배자가 종교적 권력까지 아우르던 시대가 끝나고 정교의 우두머리가 분리된 것이다. 이후 1096년 교황 우르바누스 2세가 십자군 원정을 시작하면서 유럽 정치의 주도권을 장악하자 교황의 시대가 전개되었다. 교황권이 이렇게 커진 것은 수도원 개혁 운동 때문이지만 다른 이유도 있었다. 바로 중세의 권력 구조 때문이다.

　　황제나 왕의 아래에서 세속 정치를 해나가는 제후들의 경우, 권력을 나눠 가져야 하는 군주가 강해지는 것이 그리 달갑지 않았다. 군주의 힘이 커진다는 것은 상대적으로 자신의 힘이 약화된다는 뜻이기 때문이다. 그래서 제후들은 군주와 경쟁 관계에 있는 교황과 연합해 군주를 견제하려 했다. 앞서 언급한 보름스의 제국 국회에서 제후들이 교황을 지지하며 하인리히 4세를 배반한 것도 이 때문이었다.

십자군 운동

셀주크 튀르크가 예루살렘을 정복해 이곳을 순례하는 크리스트교도를 박해하고 비잔티움 제국을 위협하자 비잔티움 제국의 황제는 교황에게 구원을 요청했다. 이에 서유럽의 크리스트교 세계가 성지를 탈환하기 위해 대대적인 원정대를 보내니 이것이 십자군 운동이다.

　　하지만 십자군 운동은 단지 예루살렘을 탈환하기 위한 운동만이 아니었다. 오랜 안정기를 거치며 인구가 늘어나고 산업이 성장하게 된 서

유럽은 이제 지중해 무역을 부활시켜 외부 세계와 교류할 필요가 생겼다. 즉, 십자군 운동은 유럽의 팽창 운동으로서의 성격을 갖고 있었던 것이다.

결과적으로 십자군 운동은 성지를 탈환한다는 1차 목표를 달성하지 못했다. 하지만 서유럽의 기사들이 예루살렘을 오가는 과정에서 크리스트교 세계와 이슬람교 세계 사이의 교류가 이루어졌고, 이는 결국 고대 로마 이후 자취를 감추었던 지중해 무역을 부활시키는 결과를 가져왔다. 따라서 십자군 운동은 역사적 관점에서 보면 성공한 운동인 셈이다.

이후 서유럽의 경제는 더욱 팽창해 도시들이 발달하기 시작했다. 특히 북부 이탈리아 도시국가들이 성장하며 훗날 르네상스가 시작되는 토양을 마련했다. 또한 십자군 운동의 실패를 계기로 교황과 제후들이 몰락하고 왕과 상인들이 성장하면서 근대 중앙집권국가가 형성되었기 때문에 십자군 운동은 서유럽을 중세에서 근대로 이행시킨 결정적 전환점이었다고 할 수 있다. 교황 우르바누스 2세의 연설문은 십자군 운동이 단순히 예루살렘을 탈환하기 위한 운동이 아니라 서유럽의 팽창 운동이었음을 적나라하게 보여 주는 자료이다.

동방의 크리스트교 국가가 구원을 요청했다. 성지의 형제를 구하라, 서유럽의 크리스트교도들이여! 지위가 높든 낮든, 재산이 많든 적든, 동방의 크리스트교의 구원에 힘쓰라. 신의 정의를 위해 싸우다 쓰러지는 자는 그 죄가 사함을 받을 것이다. 그대들이 살고 있는 이 땅은 사람들이 너무 몰려 있기 때문에 빈궁해졌다. 예수님의 성묘가 있는 곳으로 가지 않겠는가? '젖과 꿀이 흐르는 땅'은 신이 그대들에게 내린 토지이다. 그곳을 이교도 무리로부터 해방시켜 우리의 것으로 만들지 않겠는가?

1096년 시작된 제1차 십자군 운동에서는 기병 5,000명, 보병 1만 5,000명이 소아시아로 건너갔다. 이들은 십자군 운동 중 유일하게 성지 탈환에 성공했지만 예루살렘에 입성한 뒤 이교도를 없앤다는 명목으로 그곳의 주민 5만 명 중 4만 명을 살해했다. 성경에는 "만일 누가 너의 오른쪽 뺨을 때리거든 다른 뺨도 내밀어라, 칼을 잡는 자는 누구나 칼로 망한다"라고 나오지만 이와는 정반대되는 행동을 한 것이다. 제2차 십자군 운동에서는 프랑스 루이 7세와 독일 콘라트 3세가 원정에 참가했는데, 이때부터는 이슬람 국가도 예루살렘 탈환을 성전으로 인식하기 시작했다.

제2차 십자군 운동 이후 이슬람 세계에서는 한 인물이 등장한다. 살라흐 앗 딘, 주로 살라딘이라 불리는 명장이다. 그는 260년 동안 이집트를 다스려 온 파티마 왕조를 무너뜨리고 아이유브 왕조를 개창했으며 이후 이슬람 세계를 대표해 크리스트교 세계와 대결했다. 이때 살라딘은 오히려 십자군의 기사들보다도 성경의 가르침을 충실히 이행한 것으로 유명하다.

당시 성지 예루살렘은 제1차 십자군 운동 때 세워진 예루살렘 왕국이 지배하고 있었다. 1187년 7월, 살라딘은 예루살렘 왕국과 전투를 벌여 적국의 왕 뤼지냥을 사로잡았다. 포로가 된 뤼지냥은 살해당할 거라는 생각에 몸을 떨었지만 살라딘은 그에게 시원한 물을 주며 말했다. "왕이 왕을 죽이는 것은 그다지 훌륭한 일이 못 됩니다." 같은 해 10월, 살라

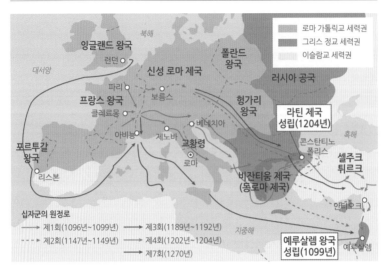

잉글랜드 왕국
런던
폴란드 왕국
북해
대서양
신성 로마 제국
파리
프랑스 왕국
보름스
클레르몽
러시아 공국
헝가리 왕국
라틴 제국 성립(1204년)
아비뇽
제노바
베네치아
교황령
로마
흑해
콘스탄티노폴리스
포르투갈 왕국
리스본
비잔티움 제국 (동로마 제국)
셀주크 튀르크
안티오크
지중해
십자군의 원정로
→ 제1회(1096년~1099년) → 제3회(1189년~1192년)
---→ 제2회(1147년~1149년) → 제4회(1202년~1204년)
→ 제7회(1270년)
예루살렘 왕국 성립(1099년)
예루살렘

십자군 운동

딘은 마침내 예루살렘을 탈환했다. 이때 그는 주민을 학살하는 대신 해방시켜 주었고 심지어 몸값을 못 낸 자들까지도 풀어주었다. 제1차 십자군 운동 때 서유럽의 기사들이 벌인 행동과는 지극히 대조되었다.

예루살렘을 다시 빼앗겼다는 소식이 전해지자 제3차 십자군이 결성되었다. 프랑스의 왕 필리프 2세, 신성 로마 제국의 프리드리히 1세, 그리고 사자의 심장을 가진 왕이라 일컬어지던 잉글랜드의 리처드 1세가 원정에 참여했다. 이들 중 신성 로마 제국의 황제는 소아시아에서 강을 건너다 익사했고, 프랑스 왕 필리프 2세도 배 50척이라는 비교적 적은 병력만 데리고 왔다. 이 때문에 양국의 군대는 아크레만(지금의 이스라엘 북부)을 점령하고 귀국했다. 결국 십자군은 리처드 1세를 중심으로 싸웠다.

1191년에 배 100척에 4,000명의 기병과 4,000명의 보병을 싣고 출전한 리처드 1세는 예루살렘을 두고 살라딘과 격전을 벌였다. 이들은 서로를 두려워하면서도 존경했다. 연이어 전투가 벌어지던 와중에 리처드 1세가 열병에 걸리자 살라딘은 이런 편지를 보냈다. "당신은 세계 제일의 용사요. 당신이 이슬람교도가 아니라는 것이 정말로 유감이오. 하루 빨리 쾌차하시길 바라오." 리처드 1세도 답장을 보냈다. "당신이야말로 천하의 명장이오. 당신이 만일 크리스트교도였다면 난 당신에게서

용병술을 배울 수 있었을 것이오." 다행인지 불행인지 이 두 용사의 싸움
은 결판을 짓지 못했다. 리처드 1세의 동생 존이 프랑스의 필리프 2세와
손잡고 잉글랜드의 왕위를 노린다는 소식이 전해졌기 때문이다. 황급히
귀국해야 했던 리처드 1세는 살라딘과 협정을 맺고 성지를 뒤로 했다.
둘 사이의 협정은 옛 이스라엘 땅 가운데 해안 지방 일부를 십자군 세력
이 차지하고 예루살렘을 포함한 나머지 지역을 살라딘이 차지하되, 크
리스트교 순례자들이 예루살렘을 자유롭게 출입할 수 있도록 보장한다
는 내용이었다.

　　2년 만에 잉글랜드로 귀국한 리처드 1세는 동생 존을 추방하고, 프
랑스의 필리프 2세를 공격했다. 하지만 프랑스와의 전투 중 화살에 맞
아 생긴 상처가 악화되어 1199년 4월 사망했다.

대헌장에 서명하는 존 왕
존 왕(재위 1199~1216)은
친형인 리처드 1세의
뒤를 이어 왕위에
올랐지만 노르만 왕조
때부터 잉글랜드 왕가가
소유해오던 프랑스 지역의
땅을 상실해 '실지왕'으로
불린다. 그는 또한 교황에
맞서다 파문당하기까지
했다. 이렇게 힘이 약해진
존 왕은 귀족들의 강요로
대헌장(마그나 카르타)에
서명했다. 귀족의 권익을
위해 작성된 대헌장은
대다수 민중의 권리 보장을
다루지는 않았지만, 법률에
의한 왕권의 제약을 골자로
한다는 점에서 근대
민주주의의 시발점으로
인정된다.

십자군의 타락과 실패

제4차 십자군 운동은 역사상 가장 추악한 원정이었다. 살라딘에게 뺏긴 성지를 탈환하자는 교황의 호소에도 호응하는 왕은 아무도 없었다. 그나마 북부 프랑스의 기사와 영주들이 나서서 교황의 체면을 살려주었는데, 이들은 현실적으로 예루살렘을 점령하기 어렵다고 판단하고 목표를 수정해 이집트를 점령하기로 한다. 하지만 그조차도 베네치아에 지불해야 할 뱃삯을 마련하지 못해 출발도 하지 못했다. 이때 베네치아 상인들이 헝가리가 차지하고 있던 아드리아 해안의 도시 자라(현재 크로아티아의 자다르)를 정복해 주면 그곳에서 얻은 전리품으로 부족한 뱃삯을 충당하겠다고 제안했다. 자라는 크리스트교도들이 사는 도시였다. 하지만 초조했던 기사들은 이 제안을 받아들여 1202년에 자라를 점령하고 약탈했다. 이에 격분한 교황은 십자군을 파문해 버렸다.

　제4차 십자군의 변질은 여기에서 그치지 않는다. 당시 비잔티움 제국 내의 제위 다툼으로 추방당한 황태자 알렉시오스가 십자군에 접근했다. 그는 자신을 비잔티움 제국의 황제로 만들어주면 베네치아에 지불

**콘스탄티노폴리스를
점령하는 제4차 십자군**

할 비용을 대납하고 당초 목표였던 이집트 원정에 필요한 재정적·군사적 지원을 제공하며, 그리스 정교와 로마 가톨릭을 통합시켜 준다고 약속했다. 이 달콤한 유혹에 넘어간 제4차 십자군은 비잔티움 제국으로 가 알렉시오스를 황제로 만들어주었다. 하지만 곧 콘스탄티노폴리스에서 반란이 일어나 알렉시오스가 살해당했다. 약속한 대가를 받지 못하게 된 십자군은 1204년 콘스탄티노폴리스를 정복하고 약탈한 뒤 라틴 제국을 건설했다. 십자군은 이때 약탈한 재물의 일부를 교황에게 보냈는데, 이것을 받은 교황도 기뻐했다고 하니 클뤼니 수도원의 노력이 무색하게도 교회 역시 변질되었던 것이다.

한편 나이 어린 소년들도 십자군 운동을 벌였다. 프랑스의 10대 소년들이 예루살렘을 탈환하겠다며 배를 타고 떠났는데, 이들을 태운 배 7척 중 2척이 난파되고 말았다. 나머지 5척에 탄 소년들 역시 선주가 이집트로 데려가 노예로 팔았다. 다행히 알렉산드리아의 이슬람 지도자가 온정을 베풀어 700명의 소년 십자군을 해방시켜 주었다. 독일에서도 소년 십자군이 조직되었는데, 그들은 성직자들의 강력한 반대에 굴복하고 다시 고향으로 돌아갔다. 집으로 온 그들에게 부모가 십자군에 참여한 이유를 묻자 소년들은 자기도 모르겠다고 대답했다고 한다.

제5차 십자군은 이집트를 공격했지만 실패했고, 제6차 십자군은 이슬람과 협상을 통해 1229년 잠시 예루살렘을 회복했지만 다시 빼앗겼다. 제7, 8차 십자군은 프랑스의 루이 왕에 의해 시도되었지만 그 자신이 포로가 되어 막대한 보상금을 지불하고 풀려났다. 결국 1291년 크리스트교도들의 마지막 보루인 아크레가 함락되면서 십자군 운동은 끝이 났다.

프랑스와 잉글랜드의 영토(15세기)
1429년 오를레앙 전투 당시 잉글랜드의 영토
1453년 백년전쟁 후 프랑스의 영토
플랑드르
가스코뉴

잉글랜드
런던
칼레
노르망디
파리
오를레앙
프랑스
신성 로마
제국
보르도
나바라
포르투갈
카스티야
리스보아(리스본)
아라곤
톨레도
바르셀로나
그라나다
그라나다
지중해

백년전쟁
백년전쟁의 주 전장은
프랑스였다. 1339년에
시작된 이 전쟁은 1453년에
끝났지만 중간중간 휴전
기간이 많아 실제 전투는
간헐적으로 이루어졌다.

약 200년 동안 여덟 번에 걸친 십자군 운동으로도 예루살렘을 탈환하지 못하자 교황의 권위는 땅에 떨어졌고 전쟁 비용으로 가산을 탕진한 제후와 기사들 역시 몰락했다. 반대로 십자군 운동으로 지중해 무역이 부활하면서 상인 세력이 성장했다. 상인 세력의 지원을 받은 왕은 몰락하는 제후와 기사를 누르고 근대 중앙집권국가를 만들게 된다.

왕과 교황의 권력이 역전되었음을 알리는 상징적인 사건이 바로 아비뇽 유수(1309~1377)이다. 성직자에 대한 과세 문제로 교황과 대립하던 프랑스 왕 필리프 4세가 프랑스 의회인 삼부회의 지지를 얻어 교황을 굴복시키고 교황청을 프랑스 아비뇽으로 옮긴 사건이다. 이후 약 70년 동안 교황청은 프랑스 왕의 통제를 받게 된다. 아비뇽 유수 이후 교황은 로마로 복귀했지만 프랑스는 아비뇽에서 또 다른 교황을 선출했다. 두 교황은 각자 자신들이 정통 교황이라고 주장하면서 교회의 대분열 시대(1378~1417)가 전개됐다.

전쟁과 질병 속에서 보이는 근대의 조짐

백년전쟁

카페 왕조의 마지막 왕인 샤를 4세가 아들 없이 죽자 그의 사촌 형제인 발루아 백작이 필리프 6세로 추대되어 즉위했다. 이로써 프랑스는 카페 왕조에서 발루아 왕조로 교체되었다. 이때 잉글랜드의 왕 에드워드 3세는 자신의 어머니 이사벨라가 샤를 4세의 누이이므로 자신이 필리프 6세보다 우선적인 계승권을 갖는다고 주장하며 프랑스 왕위를 요구했다. 이렇게 벌어진 양국 간의 전쟁이 백년전쟁이다.

물론 에드워드 3세가 요구한 왕위는 명분이었고 전쟁의 진짜 원인은 플랑드르(프랑스 북부, 네덜란드, 벨기에에 걸친 지역) 때문이었다. 이 지방은 영어로 플랜더스라고 하는데 '바람이 심하게 부는 땅'이란 뜻이다. 플랑드르는 모직물 산업이 발달해 잉글랜드의 양모를 많이 수입했기 때문에 잉글랜드 정부 입장에서는 중요한 수입원이었다. 에드워드 3세는 지리적으로 플랑드르와 가까운 프랑스를 제압하고 이 지역에 대한 지배권을 확고히 하고 싶었던 것이다.

두 왕가 간의 자존심 싸움 역시 전쟁의 불씨였다. 앞서 말했듯 잉글랜드 노르만 왕조의 기원은 노르망디 공국이다. 노르망디 공국은 프랑스 왕의 신하였기 때문에 형식적으로 잉글랜드의 왕 역시 프랑스 왕의 신하일 수밖에 없었다. 이에 새로 즉위한 프랑스의 필리프 6세는 에드워드 3세에게 충성서약을 요구했고, 에드워드 3세가 이를 거부하자 당시 프랑스 내에 있던 영국의 영토 가스코뉴 지방을 몰수하겠다고 통보했다. 이에 에드워드 3세는 프랑스 왕위를 요구하며 선전포고를 했고 이로써 백년전쟁이 시작되었다.

당시 잉글랜드의 인구는 350만 명, 프랑스의 인구는 1,600만 명이었지만 병력은 비슷했다. 1339년 잉글랜드는 플랑드르 지방에 정박해 있던 프랑스 함대를 공격했는데, 프랑스군은 2만 5,000명이 사망한 반면 잉글랜드의 전사자는 네 명에 불과했다. 육지에서의 대표적인 전투는 1346년의 크레시 전투였다. 당시 잉글랜드군은 에드워드 3세와 그 아들 에드워드(1330~1376)가 지휘하고 있었다. 왕자 에드워드는 전쟁터에서 항상 검은 갑옷을 입고 다녀 흑태자라 불렸다. 한편 프랑스군을 지휘한 필리프 6세는 중무장한 다수의 기사들을 준비해 머릿수에서 잉글랜드군을 압도했다. 하지만 전력이 불리한 것을 진즉에 간파한 영국 왕실의 부자(父子)는 강력한 활인 장궁을 쓰는 궁수들을 좌우에 배치해 돌격해오는 프랑스 기사들을 제압하고 대승을 거두었다. 필리프 6세는 이때 중상을 입고 도주했다.

흑태자는 1356년의 푸아티에 전투에서 프랑스군을 격파하고 필리프 6세의 뒤를 이어 즉위한 장 2세를 포로로 잡았다. 장 2세는 에드워드 3세와의 협상을 통해 막대한 몸값과 프랑스의 서부 영토를 넘겨주기로 약속한 다음, 아들 루이를 영국에 볼모로 남겨두고 풀려났다. 하지만 막상 돌아와 보니 오랜 전투로 피폐해진 프랑스의 국력으로는 약속한 몸값을 지불할 수 없었다. 게다가 볼모로 잡혀 있던 루이가 탈출하는 일까지 벌어졌다. 약속을 지키지 못한 것을 불명예스럽게 여긴 장 2세는 제 발로 영국으로 가 다시 포로가 되었고, 영국 왕실의 극진한 대접을 받다가 그곳에서 사망했다. 이 참혹한 전쟁의 시대에도 기사도 정신이 살아 있었음을 보여주는 대목이다.

백년전쟁과 장미전쟁, 귀족을 몰락시키다

이렇듯 백년전쟁 초반에는 잉글랜드가 주요 전투에서 프랑스를 압도하

크레시 전투의 흑태자

며 유리한 형세를 이어갔다. 하지만 돌연 등장한 잔 다르크가 프랑스군
을 이끌고 오를레앙을 탈환하면서 상황이 역전되었다. 이후 프랑스가
1453년 보르도에서 결정적 승리를 거두면서 잉글랜드의 기세는 완전
히 꺾였고, 기나긴 전쟁은 결국 프랑스의 승리로 끝났다.

백년전쟁을 겪으면서 잉글랜드와 프랑스의 귀족 다수가 전사했다.
수가 줄어든 귀족들이 전반적으로 위축된 것과 대조적으로 오랜 시간
군을 통솔해온 왕의 힘은 커지면서 서유럽은 근대 중앙집권국가로 이행
하게 된다. 십자군 운동에 이어 백년전쟁 역시 귀족을 약화시키고 왕을
강화시킨 것이다.

영국의 왕가는 에드워드 3세 이후 14세기 말부터 랭커스터가와 요
크가로 분열되어 대립하게 된다. 랭커스터가의 헨리 4, 5, 6세가 정권을
잡자 이에 요크가가 반발하면서 1455년에서 1485년까지 30년 동안
장미전쟁이 전개되었다. 이 같은 이름이 붙은 것은 랭커스터가 붉은 장
미를, 요크가는 흰 장미를 상징으로 썼기 때문이다. 장미전쟁에서 무수
한 봉건 영주들이 사망했는데, 대가 끊긴 비율은 백년전쟁보다 훨씬 높
았다. 백년전쟁 때는 몸값을 지불하면 풀려났지만 장미전쟁 때는 적이
라고 판명되면 즉시 사형시켰기 때문이다. 심지어 왕인 헨리 6세나 에
드워드 5세조차 그렇게 사망했다. 이후 랭커스터가의 헨리 7세가 요크

가의 엘리자베스와 결혼하면서 장미전쟁이 끝나고 튜더 왕조가 개창되었다. 이렇듯 잉글랜드의 귀족은 십자군 운동, 백년전쟁, 장미전쟁을 거치며 계속 몰락해갔다.

흑사병

십자군 운동(1096~1291) 시기, 전 세계를 유린한 몽골이 유럽을 침공했다. 이들은 1223년 러시아 지역의 연합군을 격파했고, 1241년에는 신성 로마 제국과 폴란드 연합군을 레그니차 전투에서 분쇄했다. 1258년에는 아바스 왕조의 수도인 바그다드를 점령했고 이후 셀주크 튀르크의 영토 대부분을 지배했다. 몽골은 이집트의 맘루크 왕조도 공격했으나 패배했다.

몽골의 유럽 침공 과정에서 흑사병이 유럽을 강타하며 전체 인구의 3분의 1이 감소했다. 피부가 검게 변하여 흑사병이라는 이름이 붙은 이 병은 중국에서 처음 발생했는데 몽골군과 함께 유럽으로 전파된 것이다.

흑사병은 1347년 크림반도 남부 연안에서 유행하다가 지중해 항로를 따라 1348년경 이탈리아 전역으로 퍼졌다. 병이 이렇게 빠르게 퍼진 이유는 십자군 운동 이후 무역이 활발해져 도시 간 왕래가 잦았는데 도시의 환경이 비위생적이었기 때문이다. 상인들의 옷이나 물건 등에 묻은 병균이나 배에 탄 쥐, 혹은 이미 감염된 환자가 뱉은 가래침에 의해 병은 빠르게 전파되었다. 게다가 의료와 과학이 발달하지 않던 당시에는 시체를 불태우는 일 외에는 할 수 있는 일이 없었다. 이때 샘이나 우물에 유대인들이 독을 탔다는 소문이 돌아 많은 유대인이 학살당하기도 했다. 흑사병은 1349년을 고비로 서서히 줄어들기 시작했지만

1350년대 초까지도 무수한 사람들의 목숨을 앗아갔고 희생자 중에는 유럽 왕족도 있었다.

백년전쟁과 흑사병이 겹치며 유럽의 인구가 크게 줄자 당연히 농노의 수도 줄어들었다. 원래 중세의 농노는 의무적으로 노동력을 제공해야 했으나, 이후 상업이 발전하면서 돈을 내고 부역을 대체하는 형태로 바뀌는 중이었다. 하지만 흑사병으로 노동력이 격감하고 농산물 가격이 상승하자 그 반작용으로 화폐의 가치가 떨어졌다. 화폐를 고정적으로 받던 귀족들의 입장에서는 큰 손해였다. 이에 귀족들은 지대를 올리고 농노들의 신분적 속박을 강화하러 했다. 이 같은 역행적 억압에 반발해 프랑스에서는 1358년에 자크리의 난이, 영국에서는 1381년 와트 타일러의 난이 일어났다.

중세 상업의 발달과 길드

서유럽은 원래 빙하 지대였기 때문에 토지가 척박했다. 여기에 이슬람의 침입으로 지중해 무역이 차단되자 서유럽의 경제는 그야말로 '암흑

흑사병의 공포를 묘사한 그림

의 시대'에 빠졌다. 하지만 이후 삼포제와 심경법이 확산되면서 서유럽의 농업 생산물이 점차 늘어났다. 삼포제란 농경지를 3개로 나눠 1년에 농경지 3분의 2만 경작하고 3분의 1은 휴경해 지력을 회복하는 농법이며, 심경법이란 나이 들어 전투용으로 쓸 수 없는 말을 이용해 농사를 짓는 것이다. 늘어난 농산물을 유통하는 과정에서 상업과 함께 도시가 발달했다. 이 도시 안에 사는 자들을 '성 안에 사는 사람들'이란 뜻으로 부르주아지라고 했다.

제후들은 자신의 영지 내에서 영향력을 키워가는 부르주아지, 즉 상인들을 견제했다. 상인 역시 제후를 견제하고 자신들을 보호해줄 힘이 필요했다. 그 답은 왕이었다. 이로 인해 시간이 지날수록 교황과 제후가 연합하고, 왕과 상인이 연합하는 구도가 만들어졌다. 십자군 운동 이전에는 교황과 제후의 힘이 강했으나 결국 십자군 운동이 실패로 끝나면서 교황의 권위가 실추되었다. 게다가 수차례의 예루살렘 원정으로 지중해 무역이 부활하며 상인의 세력이 커지는 결과가 만들어졌다. 즉, 십자군 운동은 교황의 시대를 끝내고 상인의 시대를 또한 그들과 손잡은 왕의 시대를 여는 계기가 되었다. 이로써 등장한 것이 근대 중앙집권 국가였다. 이처럼 십자군 운동은 유럽을 중세에서 근대로 전환시키는 엄청난 사건이었다.

사실 상인 계층은 왕과만 연합한 것이 아니다. 상인들이 거주하는 부유한 도시끼리도 단결했는데, 북부 이탈리아의 랑고바르드(롬바르드) 동맹, 북부 독일의 한자 동맹, 이 둘을 연결하는 프랑스의 상파뉴 정기시가 이에 해당했다. 또한 도시 내부의 상인과 수공업자는 일종의 동업조합인 길드(독일어로 한자)를 만들어 단결했다. 초창기의 길드는 조합원 사

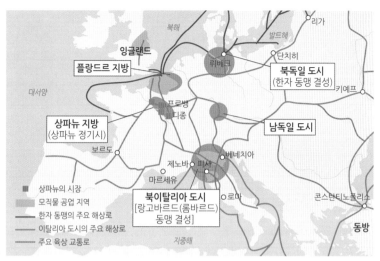

중세 유럽의 주요 길드

이의 경쟁을 방지하고 단결을 촉진시켜 도시 발전에 기여했지만, 이후 길드에 가입하지 않은 외부인들에게 배타적인 태도를 보여 자본주의 발전에 한계를 가져왔다. 이후 시민혁명으로 길드가 폐지되면서 산업혁명의 토대가 만들어졌다.

알렉산드로스 제국 이후의 서아시아

이슬람교의 탄생과 발전

오랜 시간 로마 제국과 대립했던 파르티아가 쇠퇴하며 서아시아는 3세기 초 사산 왕조 페르시아에 의해 재통일됐다. 사산 왕조 페르시아는 동로마 제국, 즉 비잔티움 제국과 잦은 전쟁을 벌였다. 비단길에 자리 잡은 두 제국의 갈등이 심화되면서 6세기경 종래의 비단길을 대신해 메카와 메디나를 경유하는 새로운 교역로가 개척됐다.

당시 메카와 메디나는 여러 부족이 지배하고 있었다. 그러던 중 7세기 초 무함마드가 메카에서 이슬람교를 창시하고 기존 세력의 탄압을 피해 메디나로 이주했다(622). 이슬람교에서는 이 사건을 헤지라('이주', '도망'이라는 뜻)라고 부르며 이슬람교의 기원 원년으로 간주한다.

무함마드는 이후 거대한 세력으로 성장한 이슬람교도들을 이끌고 아라비아 반도 대부분을 점령했다. 무함마드가 죽은 뒤 그 후계자로 칼리프(무함마드의 후계자라는 뜻)가 선출됐는데, 이 시기를 정통 칼리프 시대(632~661)라고 한다. 정통 칼리프 시대에 이슬람 세력은 이집트를 정복하고 사산 왕조 페르시아를 멸망시켰으며, 중앙아시아까지 진출했다.

4대 칼리프 알리가 살해된 후 시리아 총독인 무아위야가 661년에 우마이야 왕조를 건국했다. 이 사건으로 이슬람교는 알리를 지지하는 시아파와 우마이야 왕조를 지지하는 수니파로 분열된다. 그중 수니파는 현재 이슬람권의 다수를 이루고 있다.

우마이야 왕조는 유럽에도 진출했으나 투르-푸아티에 전투에서 프랑크 왕국의 카롤루스 마르텔에게 패배했다. 우마이야 왕조는 아랍인을 중심으로 한 정책을 폈는데 이 정책에 불만을 가진 세력들이 750년 우마이야 왕조를 무너뜨리고 아바스 왕조를 세웠다. 아바스 왕조는 고구려 출신인 고선지 장군이 이끄는 당나라 군대와 탈라스 전투를 벌여 승리했다.

아바스 왕조의 영역

셀주크 튀르크

튀르크(돌궐)족은 원래 6세기경 중국 북쪽에서 세력을 떨치던 유목민족이다. 이후 이들은 서돌궐과 동돌궐로 나누어지는데, 동돌궐은 630년 당나라 태종에게 정복되었고 서돌궐 역시 당나라 고종에게 658년 정복되었다. 서돌궐 멸망을 전후해 튀르크족은 아바스 왕조로 이주해 이슬람교로 개종한 노예 부대인 맘루크(아랍어로 '소유된 자'라는 뜻으로 노예 출신의 군인을 의미함)로 활동하다가 여러 나라를 세웠다.

튀르크족이 건국한 나라들 중 튀르크족의 인구 비중이 높았던 나라가 셀주크 튀르크이다. 강성해진 셀주크 튀르크의 군주는 힘이 약해진 아바스 왕조로부터 '술탄(통치자)'이라는 칭호를 받았다. 이후 셀주크 튀르크는 중앙아시아에서 유입되는 돌궐족을 서부 변경으로 보내 비잔티움 제국을 견제하도록 했다.

오스만 제국

오스만 제국을 건국한 이들은 셀주크 튀르크를 세운 이들과 같은 오구즈족이다. 오스만 제국은 티무르 제국의 침입으로 잠시 약화되었으나 티무르 제국이 쇠약해지자 반대로 강성해지기 시작했다. 1453년 비잔티움 제국의 수도 콘스탄티노폴리스를 점령함으로써 비잔티움 제국을 멸망시켰다. 당시 메흐메트 2세는 배를 끌고 산을 넘어 콘스탄티노폴리스를 점령했다. 참고로 1453년은 영국과 프랑스 간의 백년 전쟁이 종결된 해이기도 하다.

1538년에는 그리스의 북서부에 있는 프레베자 근해에서 교황이 조직한 로마 가톨릭 동맹군을 격파했다. 오스만 제국이 이렇게 강해진 이유 중의 하나는 크리스트교를 믿는 소년들을 개종시켜 만든 특수 부대 예니체리 때문이었다.

오스만 제국은 1571년 베네치아, 교황령(나폴리, 시칠리아, 사르데냐 포함) 에스파냐 왕국과 제노바 공화국, 사보이 공국, 몰타 기사단 등이 연합한 신성동맹의 갤리선 함대와 전투를 벌여 패했다(레판토 해전). 이 레판토 해전에는 『돈키호테』의 저자 세르반테스도 참전했다. 이때 화약 무기의 우수성을 본 그는 기사의 몰락을 알게 되어 『돈키호테』를 썼다.

이 같은 패전에도 불구하고 오스만 제국은 110년 뒤인 1683년에 오스트리아의 빈을 포위할 정도로 막강한 힘을 유지했다.

오스만 제국의 영역

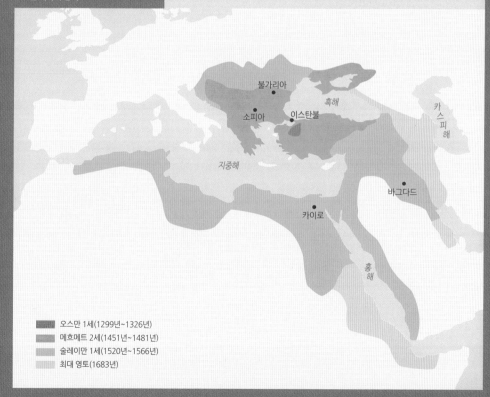

- █ 오스만 1세(1299년~1326년)
- █ 메흐메트 2세(1451년~1481년)
- █ 술레이만 1세(1520년~1566년)
- █ 최대 영토(1683년)

5

유럽 지성의 재발견, 유혈의 시대

근대

그리스와 로마가 부활하다

르네상스

르네상스는 '부활', '재생'이라는 뜻으로, 14~16세기에 전개된 고대 그리스와 로마의 고전 문화 부흥 운동을 가리킨다. 이 운동은 14세기 북부 이탈리아에서 시작되었다. 십자군 운동 시기에 베네치아, 피렌체, 제노바 등 북부 이탈리아가 지중해 무역을 독점하면서 축적한 부가 르네상스의 밑거름이 된 것이다. 과거 로마 제국의 중심지가 이곳이었다는 사실 또한 르네상스가 시작될 수 있었던 원인이다.

르네상스 시대에는 페트라르카와 보카치오 등의 시인과 소설가가 인문주의를 이끌었다. 보카치오는 『데카메론』을 통해 세속 정신을 보여주었는데, 이 작품을 당시 지식 계층에서 향유하던 라틴어가 아닌 이탈리아어로 써서 민족 문학의 발달을 이끌었다. 『데카메론』은 흑사병이 퍼지자 이를 피해 모인 부유한 피렌체 남녀들이 14일 동안 나눈 이야기를 설화 형식으로 담은 작품으로, 강도나 창녀 등의 이야기를 매우 풍자적이고 세속적으로 다루었다.

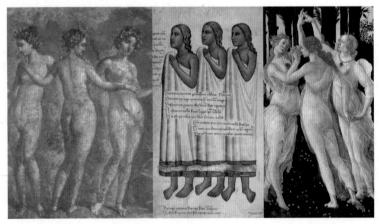

왼쪽부터 차례로
고대, 중세, 근대에 그려진
미의 여신들

니콜로 마키아벨리는 피렌체 사람으로 『군주론』의 저자이다. 그는 가난한 법학자의 아들로 태어나 제대로 된 교육을 받지 못하고 성장했는데 29세에 피렌체 공화정부의 서기로 일하면서 14년간 군사와 외교 문제를 다루었다. 당시 이탈리아 지역은 근대 중앙집권국가를 이루지 못하고 프랑스와 에스파냐의 영향 아래 있었는데, 이에 마키아벨리는 『군주론』에서 이상적인 군주란 무엇인가를 설명하며 현실적인 정치사상을 강조했다.

『군주론』에서 그는 군주가 강력한 권력을 차지해야 한다고 역설했다. 마키아벨리에 따르면 군주는 온화하면서도 여우처럼 교활하고, 사자처럼 무서워야 했다. 선량한 군주는 외적에게 정복당하기 쉬워 국민을 불행하게 하므로 군주는 차라리 악독한 자가 되는 편이 나았다. 아니, 악독한 자가 되어야 했다. 군주는 평판을 위해 도덕적인 행동을 할 필요가 없고, 종교조차 도구로 이용할 줄 알아야 하며, 새 땅을 정복하면 후환을 없애기 위해 그 땅의 옛 주인들의 씨를 말려야 한다는 등, 마키아벨리는 당시의 도덕관념에서 볼 때 받아들이기 어려운 충격적인 발언들을 『군주론』에 남겼다.

레오나르도 다빈치는 음악, 건축, 해부, 화학, 기계공학에 두루 뛰어난 인재였다. 당시 화가들은 밀라노, 피렌체 등을 돌아다니며 부유한 자들의 주문을 받아 그들이 요구하는 그림을 그렸는데, 피렌체에서 살던 다빈치 역시 그곳 관리로부터 부인의 초상화를 그려달라는 의뢰를 받았다. 당시 24세였던 부인의 이름은 리자였다. 그녀는 다빈치의 혼을 쏙 빼놓을 정도로 아름다웠다. 특히 입가를 살며시 스치는 리자의 미소에 다빈치는 넋이 나갔다. 이후 이 천재 화가는 결의를 다지며 초상화를 그

「모나리자」

리기 시작했다. 하지만 그로부터 3년째 되던 날, 여행을 떠났던 리자가 갑자기 사망하며 이 초상화는 끝내 완성되지 못했다. 이 작품의 이름이 바로「모나리자」이다. 모나는 마돈나, 즉 성모 마리아의 의미로 여자를 높여 부를 때 썼던 말이다.

알프스 이북의 르네상스

이탈리아에서 시작된 르네상스는 16세기에 알프스 이북으로 전파되었다. 기존의 르네상스와 비교할 때 알프스 이북의 르네상스는 사회비판적인 성격이 강했다. 예를 들어 네덜란드의 에라스뮈스는『우신예찬』에서 로마 가톨릭 성직자의 타락을 비판했는데, 비록 종교 그 자체가 아니라 성직자를 비판하는 내용이었지만 그의 발언은 이후 종교개혁에 적지 않은 영향을 미쳤다. 영국의 토머스 모어는『유토피아』를 집필해 사회의 모든 구성원이 재산을 공유하는 이상사회를 제시했다. 토머스 모어는 이후 헨리 8세가 종교개혁에 힘을 실을 때 여기에 반대하다가 처형당했다. 에스파냐에서도 세르반테스가『돈키호테』를 통해 중세의 기사를 풍자했다.

　　이 시기에 저술된 작품들 역시 보카치오의『데카메론』과 마찬가지

로 그 나라의 언어로 쓰였다. 영어, 프랑스어, 독일어, 에스파냐어로 쓰
인 이러한 작품들은 민족 문학의 발달에 크게 기여했다. 특히 영국에서
는 초서에 의해 발달하게 된 영문학이 셰익스피어에 이르러 절정에 다
다랐다.

아메리카, 유럽에 발각되다

신항로 개척

에스파냐는 이베리아반도에 있는 나라로 '토끼가 많은 땅'이란 뜻이다. 로마 제국은 이곳을 히스파니아라고 불렀으며, 영어식 명칭은 스페인이다. 원래 이슬람의 지배를 받던 이 지역에서 718년부터 1492년까지 크리스트교도들에 의한 국토 회복 운동, 레콩키스타가 전개되었다. 이 운동의 중심에 선 나라가 바로 아라곤과 카스티야 왕국이었다. 1469년에는 아라곤의 페르난도 2세와 카스티야의 이사벨 여왕이 결혼해 에스파냐 왕국이 등장했으며, 이들은 1492년에 이슬람 세력 최후의 거점인 그라나다를 점령했다.

십자군 운동으로 지중해 무역이 되살아나면서 부유해진 서유럽에서는 밖으로 팽창하려는 움직임이 생겨났다. 십자군 운동 때 동방에 대한 지식이 늘어난 데다 마르코 폴로가 쓴 『동방견문록』이 유럽인들의 호기심을 크게 자극했고, 무엇보다 고기를 주식으로 삼는 서유럽 사람

에스파냐 왕국의 성립

들에게 후추, 즉 향신료가 간절했기 때문이다.

　하지만 이 같은 유럽인들의 욕구에도 불구하고 1453년에 비잔티움 제국을 멸망시킨 오스만 제국이 동방으로 가는 길을 가로막고 있었다. 오스만 제국은 유럽과 동방을 잇는 길목을 틀어쥔 채 중계무역을 통해 막대한 이익을 얻고 있었다.

　이에 유럽인들은 육로가 아닌 해로를 통해 동방과 교류할 수 있는 새로운 길, 즉 신항로를 모색했다. 여기에는 단순한 상업적 목적만 있었던 것이 아니다. 당시 유럽인 사이에서는 동방 혹은 아프리카에 프레스터 존이라는 독실한 크리스트교도가 세운 강력한 왕국이 있다고 믿었다. 일부 학자들은 이것이 네스토리우스파 크리스트교를 믿었던 몽골의 한 부족을 의미한다고 보기도 한다. 유럽의 크리스트교도들은 이 프레스터 존과 연합해 오스만 제국을 물리치고자 했다. 인도 항로의 발견자인 바스쿠 다 가마가 인도인들에게 향료와 더불어 크리스트교도의 행방을 물은 것도 이교도인 오스만 제국의 격파라는 종교적 목적 때문이었다.

　신항로 개척에는 큰 배와 많은 선원, 그리고 나침반과 대포가 필요했기에 엄청난 돈이 들어갔다. 이러한 신항로 개척에 무척이나 열정적이었던 국가가 바로 에스파냐와 포르투갈이다. 이들은 대서양을 향해 돌출된 이베리아반도에 자리 잡고 있었고 레콩키스타를 경험하면서 종교적 열정도 매우 강했다. 무엇보다 이미 근대 중앙집권을 이룩한 상태였기에 신항로 개척에 필요한 재정을 갖추고 있었다. 물론 당시 잉글랜드와 프랑스도 근대 중앙집권국가를 이루고 있었지만 잉글랜드는 북해 무역으로, 프랑스는 지중해 무역으로 재미를 보고 있었기 때문에 신항로 개척에 큰 관심이 없는 상태였다.

신항로 개척의 첫 포문은 포르투갈의 왕자 엔히크가 열었다. 에스파냐어로 '집안의 통치자'라는 뜻인 엔히크는 독일어로는 하인리히, 프랑스어로는 앙리, 영어로는 헨리라고 읽는다. 엔히크는 몸이 약해 직접 배를 타지는 못했지만 유럽에서 능력 있는 항해사와 조선기술자를 모집하고 항해에 관한 저서들을 수집했다.

엔히크가 죽고 18년 뒤 바르톨로메우 디아스가 아프리카 남쪽 끝에 도달했는데, 포르투갈 왕은 인도에 갈 수 있다는 희망에 가득 차 그곳의 이름을 '희망봉'이라고 지었다. 이후 바스쿠 다 가마가 1598년 인도에 도착해 그곳에서 구입한 호박으로 항해 비용보다 60배나 더 많은 부를 안겨주었다. 물론 그 과정은 결코 쉽지 않았다. 당시 유럽에서 사용하던 배는 노예나 죄수가 노를 젓는 갤리선과 돛으로 바람을 받아 전진하는 범선뿐이었다. 갤리선은 많은 노잡이가 필요했고 범선은 바람이 불지 않으면 바다 한가운데서 멈추기 십상이었다. 게다가 식량도 열악했다. 오랜 시간을 보급 없이 항해해야 했으니 선원들은 소금에 절인 육류와 마른 콩 등을 먹으며 버텼다. 게다가 물도 부족해 포도주를 마셔야 했다. 바스쿠 다 가마가 인도에서 귀환했을 때 선원의 3분의 2가 괴질로 사망했다.

위험한 착각이 발견한 곳

이탈리아 제노바 출신의 크리스토퍼 콜럼버스는 일찍이 마르코 폴로가 『동방견문록』에서 언급한 황금의 나라 지팡구를 찾는 것이 꿈이었다. 『동방견문록』에 따르면 지팡구에는 황금이 모래같이 흔해 건물 벽까지도 황금으로 만들었다고 한다. 참고로 여기에서 지팡구란 일본을 가리키는 말로, 지팡구에서 지금의 재팬(Japan)이 유래되었다.

마르코 폴로는 말과 낙타를 타고 동방에 가는 데 2년이 걸렸지만, 콜럼버스는 대서양의 서쪽으로 배를 타고 가면 더 빨리 동방에 이를 수 있다고 생각했다. 게다가 이 편이 아프리카의 희망봉을 돌아가는 것보다 빠를 것이라 판단했다. 이것은 혁신적인 발상이었다. 과거의 유럽 사람들은 바다 끝에 지구의 절벽 또는 지옥 같은 불바다가 있다고 생각했기 때문이다. 바르톨로메우 디아스가 대서양 서쪽이 아닌 남쪽의 희망봉으로 향했던 것도 이러한 믿음 때문이었다. 하지만 콜럼버스의 생각은 전통적인 유럽인들과 달랐다.

무엇보다도 콜럼버스로 하여금 이 대담한 발상을 하게 만든 것은 그의 위험한 착각이었다. 과거 헬레니즘 시대의 학자 에라토스테네스는 지구의 크기를 거의 정확하게 계산해낸 바 있는데, 콜럼버스는 이 계산이 틀렸다고 생각했다. 그는 지구의 실제 넓이가 에라토스테네스가 계산한 값의 6분의 1 내지 4분의 1 정도일 거라고 확신했다. 이 같은 확신에 따라 콜럼버스는 마르코 폴로가 3년에 걸쳐 간 동방을 1개월이면 갈 수 있다고 믿었다. 목숨이 걸린 위험한 착각이었다.

확신에 찬 콜럼버스는 자신의 계획을 실행하기로 했다. 하지만 당시 그가 살고 있던 이탈리아의 도시국가들은 지중해 무역으로 재미를 보고 있었기 때문에 신항로 개척에 별 관심이 없었다. 이에 콜럼버스는 먼저 포르투갈에 지원을 요청했지만, 이미 희망봉을 돌아서 동방으로 가는 항로를 개척한 포르투갈은 그의 대담한 제안에 미온적이었다. 콜럼버스는 별수 없이 에스파냐로 향했다. 다행히 포르투갈보다 뒤늦게 신항로 개척에 관심을 가진 에스파냐의 이사벨 여왕이 그를 지원하기로 했다. 이사벨 여왕은 콜럼버스에게 산타마리아호 등 세 척의 배를 내주고, 그가 발견한 영토와 바다에서 나오는 소득의 10분의 1을 그의 몫으로 넘기겠다고 약속했다. 물론 이 권리는 콜럼버스의 자식에게까지 계승된다는 조건이었다.

출항 당시 선원으로 지원하려는 자가 없어 감옥의 죄수들로 머릿수를 채운 콜럼버스는 1492년 8월 3일, 마침내 꿈에 그리던 모험을 떠났다. 2개월간의 항해 끝에 중앙아메리카의 부근의 한 섬을 발견한 콜럼버스는 그곳의 이름을 산살바도르('성스러운 구원자'라는 뜻)라고 지었다. 그 지역에는 산살바도르를 포함해 한 무리의 섬이 자리 잡고 있었는데, 자신이 도착한 땅이 인도라 믿어 의심치 않았던 콜럼버스를 이곳을 서인도 제도라 명명했다. 이 땅에 아메리카라는 이름이 붙는 것은 훗날 이곳이 신대륙임을 깨달은 아메리고 베스푸치 시절의 일이다.

이후 에스파냐와 아메리카 대륙을 오가며 모험을 이어가던 콜럼버스는 남아메리카의 한 지역에 자신의 이름을 따 콜롬비아라는 이름을 붙였고, 나중에는 베네수엘라 지역까지 탐험했다. 참고로 베네수엘라는 '작은 베네치아'라는 뜻이다. 호수 위에서 생활하는 원주민을 발견한 에스파냐인들이 베네치아를 연상한 것이다.

콜럼버스가 처음 서인도 제도를 발견하고 귀국했을 때, 몇몇 사람들이 그의 성과를 폄하했다. 배를 타고 그저 서쪽으로 가다가 땅을 발견한 게 뭐 그리 대단하냐는 비아냥거림이었다. 이에 콜럼버스는 그들에게 달걀을 세워 보라고 제의했다. 당연히 아무도 세우지 못했다. 콜럼버스는 달걀의 뾰족한 부분을 약간 깨뜨린 다음 달걀을 세웠다. 그리고 말했다. "이렇게 달걀을 처음 세우면 이후에는 누구든지 따라 할 수 있습니다. 신대륙도 마찬가지입니다. 처음 하는 것이 힘든 것입니다."

콜럼버스는 4회에 걸쳐 아메리카(물론 그는 죽을 때까지 그곳이 인도라고 믿었다)를 탐험했지만 향료는커녕 황금덩어리 하나 찾지 못한 탓에 에스파냐 왕실로부터 약속받은 관직을 받지 못했다. 결국 그는 가난하게 살다가 죽었다.

콜럼버스의 신대륙 발견은 에스파냐라는 근대 중앙집권국가가 있었기에 가능했다. 삼포제, 심경법, 십자군 운동으로 성장한 상인들은 왕에게 막대한 세금을 바치면서 여러 장원을 하나의 커다란 시장으로 통합해줄 것을 요청했다. 그들로부터 받은 세금으로 근대 중앙집권국가를 구축한 왕은 한 걸음 나아가 더 큰 시장을 만들기 위해 신항로 개척에 나선 것이다. 이후 에스파냐의 바스코 발보아는 1513년 파나마 지협을 횡단해 처음 태평양을 발견했다. 물론 태평양이란 이름은 이후 마젤란이 지은 것이다.

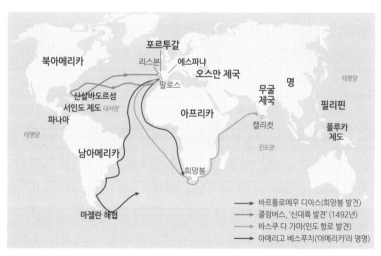

신항로 개척

마젤란

처음으로 세계 일주에 성공해 코페르니쿠스와 갈릴레오의 지구 구형설을 입증한 마젤란은 포르투갈의 하급 귀족 출신이다. 그는 당시까지 수집된 신대륙에 관한 정보를 취합해 아메리카 대륙 남쪽을 지나 태평양을 횡단해 동방으로 가는 항로를 구상한다. 그리고 이를 포르투갈 왕에게 제안하지만 이미 희망봉을 경유해 인도 등지와 교류하는 항로를 정착시킨 포르투갈의 반응은 시큰둥했다. 이에 마젤란은 에스파냐 왕에게 접근한다. 콜럼버스와 비슷한 행보였다.

다행히도 에스파냐 왕의 태도는 적극적이었다. 당초 에스파냐는 '대서양 서쪽으로 가면 인도와 직접 교류할 수 있다'라고 주장한 콜럼버스를 적극적으로 지원했으나 그 계획은 결국 실패로 돌아갔기 때문이다. 그 와중에 포르투갈은 희망봉 항로를 통해 부를 쌓아가고 있었고, 토르데시야스 조약으로 인해 그 항로를 이용할 수도 없는 에스파냐로서는 새로운 항로 개척이 간절한 상태였다. 에스파냐 왕은 마젤란에게 '새로운 섬들을 발견할 경우 그대를 그곳의 총독으로 삼고, 그곳에서 나오는 이익의 20분의 1을 주겠소'라고 약속했다.

1591년 마젤란은 다섯 척의 배와 237명의 선원으로 편성된 함대를 이끌고 출발했다. 험난한 여정 도중에 에스파냐 출신의 선원들이 반란을 일으켜 이를 진압해야 했고, 배 한 척은 침몰했으며, 또 한 척의 배는 도주했다. 남은 세 척의 배로 험난한 마젤란 해협을 겨우 벗어나자 물결이 잔잔하고 고요한 바다가 나타났다. 마젤란은 이 바다에 태평양이라는 이름을 붙였다. 아시아에서는 17세기 초 마테오 리치가 베이징에서「곤여만국전도」를 작성할 때 태평양이라는 이름을 처음 사용했다.

바람조차 불지 않는 태평양에서는 좀처럼 배가 나아가지 않아 오랜 시간을 바다 위에서 보내야 했다. 나중에는 식량이 떨어져 배 안에 숨어 살던 쥐를 잡아먹고 소의 가죽까지 씹어 먹었다고 한다. 이후 마젤란 함대는 간신히 괌에 도착해 보급을 받은 후, 태평양에 진입한 지 110일 만에 필리핀에 당도한다. 하지만 마젤란은 원래 목적지였던 몰루카 제도를 보기도 전에 필리핀 세부의 막탄섬에서 원주민과 전투를 벌이다 사망하고 만다. 생존한 마젤란 함대는 겨우 두 척만 끌고 몰루카에 갔다가 여기서 배 한 척을 또 버린 뒤 희망봉을 돌아 1522년에 귀국했다. 생존자는 총 18명뿐이었다. 하지만 그 배 한 척에 향료가 가득 실려 있어서 에스파냐 왕은 항해 자금으로 댔던 투자금의 몇 배를 벌었다.

이후 필리핀은 1565년 펠리페 2세의 아들인 펠리페 3세의 이름을 따 필리핀이 되었다. 괌은 마젤란이 상륙하자마자 도난을 당해 '도둑섬'이라 불렸다. 이후 유럽인들이 계속 이 명칭을 사용하자 원주민들은 '우

마젤란의 세계 일주와 식민지 분할선

토르데시야스 조약은 에스파냐와 포르투갈 간의 식민지 분쟁을 해결하기 위해 1494년 로마 교황의 중재로 맺어진 조약이다. 기준선 서쪽은 에스파냐가, 동쪽은 포르투갈이 차지한다는 내용이다. 하지만 이후 지구가 둥글다는 것이 입증되면서 또 다른 경계선을 세울 필요가 생겼고, 이에 사라고사 조약이 맺어졌다. 이 조약에 따르면 한국을 포함한 아시아는 포르투갈의 영역이 된다.

북아메리카

포르투갈
리스본 · 에스파냐
오스만 제국
명
태평양

산살바도르섬
서인도 제도 대서양
무굴
제국
필리핀

파나마
아프리카
캘리컷
몰루카
제도

태평양
남아메리카
인도양

희망봉

마젤란 해협

토르데시야스 조약(1494년)으로 결정된 식민지 분할선
사라고사 조약(1529년)으로 결정된 식민지 분할선
마젤란의 세계 일주

포르투갈 본국과 그 식민지
에스파냐 본국과 그 식민지

리는 (도둑질을 하지 않을 만큼 충분히) 갖고 있다(Guåhån)'라고 항의했고, 여기에서 괌이란 호칭이 생겼다. 파푸아뉴기니는 '곱슬머리의 새로운 기니'라는 뜻으로 원주민들이 곱슬머리였기 때문에 생긴 명칭이다. 필리핀, 괌, 쿠바는 이때부터 에스파냐의 땅이었지만 이후 1898년 미국과의 전쟁에서 패배하면서 미국의 땅이 되었다.

아스테카 문명과 잉카 문명의 정복

유럽인이 신대륙을 발견했을 때 그 땅에는 몽골 계통 인종인 인디언이 살고 있었다. 인디언은 '인도 사람'이라는 뜻으로, 당시 에스파냐인들이 아메리카를 인도로 착각해 이렇게 부른 것이다. 원래 아시아에 살던 인디언은 1만 5,000년 전에 베링 해협이나 남태평양의 섬을 거쳐 아메리카로 건너간 것으로 추정된다. 이 가설이 맞다면 인류가 아직 말을 타고 다니기도 전에 도보로 그 먼 거리를 이동한 것이다. 유럽인이 당도할 당시 인디언의 수는 대략 1,500만 명 정도로, 북아메리카에 100만 명, 서인도 방면에 100만 명, 나머지는 남아메리카에 살고 있었던 것으로 보인다.

중앙아메리카의 유카탄반도 일대에는 마야 문명이 있었다. 이 문명은 뛰어난 수준의 역법을 만들고 숫자 0을 사용할 정도로 발달했으나, 1000년경 원인 불명의 이유로 멸망했다. 이에 대해서는 역병, 외적의 침입 등 다양한 가설이 제기되고 있다. 이후 마야 문명은 아스테카인이 계승하게 된다.

아스테카의 수도는 '선인장의 마을'이란 뜻인 테노치티틀란이다. 현재 멕시코의 수도인 멕시코시티가 있는 곳이다. 멕시코는 아스테카 문명의 군신 '멕시틀리'에서 유래했다. 테노치티틀란은 16세기 초반에

아메리카 문명

인구가 약 30만 명이 넘는 대도시였다. 아스테카인은 철기를 쓰지 못했다. 일부 지역에서 금으로 만든 장식품을 제작하기는 했지만, 일상적인 생활에서는 대부분 석기를 썼다. 그들은 흰 수염에 흰 옷을 입은 '케찰코아틀'이란 신을 섬겼다. 이 신은 아스테카의 사람들에게 농경, 야금, 천문학, 수학, 정치를 알려준 자비로운 신으로, 먼 옛날 동방으로 떠나면서 "다시 꼭 돌아오겠다"라며 재림을 약속했다고 한다.

　　그 유명한 카를 5세(재위 1516~1556)가 에스파냐를 다스리던 때인 1519년, 코르테스는 배 11척, 부하 508명, 선원 100명, 말 16필을 이끌고 아스테카 왕국 공격에 나섰다. 이들은 유카탄반도에 상륙해 원주민에게 "여기가 어디냐?"라고 물었는데, "유카탄?(네? 뭐라고요?)"이라는 대답이 돌아와 그 땅에 유카탄반도라는 이름을 붙였다. 아스테카 문명의 수도 테노치티틀란으로 이동한 침략자들은 호수 위에 그림처럼 떠 있는 도시를 보고 환상의 세계라고 느꼈다고 한다.

아스테카에는 앞서 언급한 케찰코아틀에 대한 신앙이 있었다. 일설에는 이 때문에 신기한 동물(말)을 타고 온 흰 살결의 코르테스를 본 아스테카 사람들이 그를 재림한 케찰코아틀이라고 믿었고, 그 덕에 코르테스가 큰 어려움 없이 아스테카의 수도를 점령하고 왕을 체포할 수 있었다고 한다. 이후 저항이 있었지만 우수한 무기로 진압했다.

남아메리카에는 잉카 문명이 자리 잡고 있었는데 이들은 '태양의 아들'로 추앙받는 국왕을 중심으로 중앙집권국가를 이루었고 14세기경에는 에콰도르에서 칠레에 이르는 태평양 연안을 통일해 대제국을 만들었다. 이들 역시 철기를 다루지는 못했지만 구리를 얻는 방법은 알고 있었다. 잉카는 원래 씨족의 명칭이었으나 이후 제국 전체의 이름으로 쓰였다. 잉카는 배 세 척, 병사 180명, 말 27필을 끌고 온 에스파냐의 피사로에게 정복당했다. 잉카 문명에도 아스테카 문명과 유사하게 백색의

아스테카의 피라미드
이집트의 피라미드가 왕의 무덤이라면 아스테카의 피라미드는 신에게 제물을 바치는 제단이었다. 이들이 바친 제물은 바로 인간으로, 많을 때는 한 번에 2만여 명의 사람을 죽였다고 한다. 아스테카는 주변의 부족을 정복해 잡은 포로들로 이 제물을 충당했다.

신 비라코차가 도래한다는 전설을 믿고 있어 쉽게 정복당했다는 설이
있다.

잉카 제국에는 수만의 군사가 있었으나 황제가 소규모의 에스파냐
병력을 우습게 본 나머지 호위병 없이 접근했다가 허무하게 에스파냐의
포로가 되고 말았다. 그 과정에서 원주민이 저항했으나 에스파냐군의
강철 무기에 2,000명 이상 학살당했다. 피사로는 포로로 잡은 황제를
협박해 잉카 제국의 황금을 긁어모은 뒤 그 5분의 1은 에스파냐의 왕에
게 주고 나머지는 자신과 부하들이 나눠가졌다. 피사로는 결국 내분으
로 살해당했다.

아메리카를 약탈해 유럽을 살찌우다

에스파냐의 식민지가 된 아스테카와 잉카의 원주민들은 이후 노예로 살

아스테카와 에스파냐의 전투

다가 죽었다. 아이티의 경우, 발견 당시에는 인구가 40만 명이었으나 10년 뒤에는 1만 4,000명에 불과했다. 잉카 제국은 인구가 4분의 1로 줄어들었다. 당시 에스파냐의 정복자들 사이에서는 엘도라도에 대한 소문이 무성했다. 엘도라도는 '금가루를 칠한 사람'이라는 뜻으로, 남아메리카 어딘가에 황금으로 가득한 이상향이 존재한다는 소문이었다. 이 소문 때문에 에스파냐는 자국보다 35배나 넓은 남아메리카 지역을 정복했지만 결국 엘도라도는 발견하지 못했다. 이때 에스파냐는 멕시코, 아르헨티나(에스파냐어로 '은'), 칠레(에스파냐어로 '땅의 끝')까지 영토를 확장했고, 브라질은 포르투갈이 점령했다. 브라질이라는 이름은 '푸아브라질'이라는 붉은 염료가 나오는 나무 이름에서 유래되었다. 아울러 브라질의 최대 도시 '상파울루'는 성 바울이란 뜻이다.

이후 아메리카의 다양한 재화들이 유럽으로 흘러들어갔다. 이 수입품 목록 중에는 매독도 있었지만, 대개는 유럽인들의 삶을 윤택하게 하는 것들이었다. 감자, 고구마, 담배, 설탕, 커피, 코코아 등이 들어와 사람들의 생활을 변화시켰고, 특히 감자는 구황작물로서 여러 가난한 사람들의 배고픔을 달래주었다.

유럽인 중 담배를 처음 본 사람은 콜럼버스였다. 입과 코로 연기를 내뿜는 원주민을 본 그는 매우 놀랐다고 한다. 다만 인디언들의 경우 담배를 단순한 기호식품으로 즐긴 것이 아니었다. 불을 신성시했던 그들은 불의 열기를 마시고 내뿜게 하는 담배를 특별한 물건으로 여겨 악마를 쫓거나 환자를 치료하는 데 썼다. 이후 담배는 유럽으로 퍼졌다. 이때 잉글랜드의 어느 귀족이 담배를 피우자 그 모습을 본 하인이 주인이 불에 타는 줄 알고 물을 퍼다 끼얹었다고 한다.

가격 혁명

1545년 멕시코의 포토시(지금 볼리비아에 있는 도시)에서 은 광산이 개발되면서 엄청난 은이 생산되었다. 포토는 원래 천둥이라는 의미로, 이후 엄청난 부를 의미하게 되었다. 아메리카의 은 산출량은 전 세계 산출량의 약 80퍼센트였다. 막대한 은이 유럽으로 유입되면서 16세기 초부터 100년 동안 물가가 두세 배 상승하는 인플레이션이 발생했다. 이를 가격혁명이라고 한다.

가격혁명은 누구에게 이득을 주었을까? 당시에는 이미 토지를 이용하는 대가를 현물이 아닌 현금으로 지불하고 있었다. 이로 인해 현물을 갖고 있던 농민은 많은 이득을 얻었다. 반면 고정된 현금 시대를 받던 봉건 귀족은 더욱 몰락의 길을 걸었다. 하지만 가격혁명으로 가장 큰 힘을 얻게 된 이들은 상인, 즉 부르주아지 세력이었다. 이들은 현물을 사고파는 사람들이었기에 현물가치가 오르자 한층 성장했고, 이들이 납부하는 막대한 세금을 받는 왕의 힘 역시 날로 더 커졌다.

신대륙의 은은 가격혁명뿐 아니라 상업이 크게 발전하는 계기도 되었다. 이를 상업혁명이라 한다. 인도 항로와 신대륙의 발견은 거대한 시장의 출현을 의미하는 것이었다. 이에 상인과 수공업자의 경제활동은 더욱 활발해졌고, 주식회사 등이 등장해 18세기 산업혁명의 밑거름이 되었다. 이 대서양 무역을 통한 가격혁명과 상업혁명으로 에스파냐는 유럽 최대의 부국이 되었다. 반대로 지중해 무역의 중심국이었던 이탈리아 북부 도시국가와 발트해에 위치한 독일의 한자 동맹은 쇠퇴하기 시작했다.

누가 신을 해석할 것인가: 종교개혁

종교개혁의 배경

14세기의 아비뇽 유수와 대분열 시대를 거치며 교회는 다시 타락했다. 성직자는 클뤼니 수도원의 개혁 운동 이전과 마찬가지로 공공연하게 결혼했을 뿐 아니라 여러 명의 첩까지 두었다. 성직은 매매 상품이었고 성직자 중에는 술집과 도박장을 운영하는 이도 있었다. 종교개혁은 이 같은 성직자의 타락에서 시작되었지만 또 다른 배경도 있다.

중세는 수많은 장원으로 이루어진 지방분권의 시대였다. 왕은 수많은 장원 연합체의 상징적인 존재일 뿐이었고, 그 역시 하나의 장원을 가진 영주에 불과했다. 따라서 수많은 장원을 하나로 묶어줄 정신적 통일체가 필요했는데 그것이 바로 로마 교황이었다. 클뤼니 수도원의 개혁 운동으로 점차 강해지던 교황의 힘은 십자군 운동 때 절정에 달했다. 하지만 십자군 운동이 실패로 끝나고 근대 중앙집권국가가 등장하자 교황의 힘은 상대적으로 약화되었다.

십자군 운동으로 부활한 지중해 무역이 활발해지면서 상인 세력의 힘이 커졌고, 점차 봉건 귀족과 대립하게 된 이들은 상대가 믿는 로마 가톨릭교에 대항할 새로운 종교가 필요해졌다. 이처럼 교황권의 쇠퇴와 근대 중앙집권국가의 등장, 상인 세력의 성장에 따른 새로운 종교의 필요성으로 종교개혁이 시작된다. 이처럼 종교개혁은 단순히 로마 가톨릭교의 부패로 인해 시작된 것이 아니었다.

성경만이 최고의 권위라고 주장한 영국의 위클리프와 보헤미아(현재의 체코)의 후스 역시 종교개혁에 큰 영향을 끼쳤다. 그들은 로마 가톨릭 조직을 부정하고 오직 성경과 신앙만이 참된 크리스트교라고 주장했다. 두 사람은 또한 성경에 나타나지 않은 교리와 의식을 부정했고, 신과 신도 사이의 중개 역할을 하는 성직자의 역할 역시 부정했다. 이후 위클

황금문서

리프는 죽은 후 유해가 불태워졌고, 후스는 아예 화형을 당했다.

유럽 최고의 금수저가 제2의 카롤루스 대제를 꿈꾸다

십자군 운동 이후 프랑스, 영국, 에스파냐는 근대 중앙집권국가를 이루었지만 독일, 즉 신성 로마 제국은 그렇지 못했다. 1254년부터 1273년까지는 교황이 황제를 추대하지 않아 왕이 없던 대공위 시대였다가 1356년에야 비로소 룩셈부르크와 보헤미아에 영지를 갖고 있던 룩셈부르크 가문의 카를 4세가 황제가 되었다. 이때 '황금문서'라는 제국법이 작성되면서 제후들이 황제를 선출하는 시대가 되었다. 이 법률은 황금으로 만든 도장을 사용했기 때문에 이러한 명칭이 붙었다.

황제를 세습이 아닌 제후의 선출로 정하니 황제의 힘이 강할 수 없었다. 이 때문에 독일은 하나의 통일 국가로 발전하지 못하고 300여 개의 제후국과 도시들로 나누어졌다. 이후 독일, 즉 신성 로마 제국의 황제는 합스부르크 가문에서 나오게 되었는데 그중 유명한 황제가 카를 5세이다. 당시 그는 유럽에 광대한 영토를 소유하고 있었는데 이것은 정복한 영토라기보다는 거의 상속받은 영토였다. 에스파냐의 왕이자 신성로마 제국의 황제인 카를 5세는 이후 신대륙을 개척해 남아메리카의 넓은 땅까지 차지하게 되었다.

에스파냐는 가톨릭 신앙으로써 이슬람 세력을 몰아내는 운동인 레콩키스타로 탄생한 나라이기에 열렬한 가톨릭 국가였다. 당연히 신성로마 제국의 황제이자 에스파냐의 왕이었던 카를 5세도 열렬한 가톨릭 신자였다. 게다가 에스파냐, 오스트리아, 보헤미아, 네덜란드, 남부 이탈리아 등에 광대한 땅을 보유하고 있던 카를 5세는 제2의 카롤루스 대제

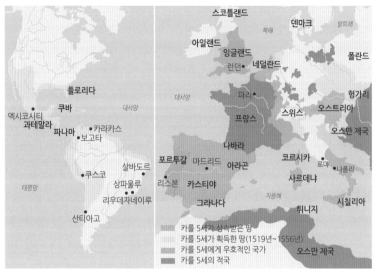

스코틀랜드
덴마크
발트해
아일랜드
잉글랜드
북해
폴란드
런던
네덜란드
플로리다
대서양
헝가리
쿠바
파리
오스트리아
멕시코시티
프랑스
스위스
과테말라
파나마
카라카스
오스만 제국
보고타
나바라
살바도르
포르투갈
마드리드
코르시카
로마
나폴리
쿠스코
아라곤
리스본
카스티야
상파울루
사르데냐
리우데자네이루
그라나다
지중해
튀니지
시칠리아
산티아고
태평양

카를 5세가 상속받은 땅
카를 5세가 획득한 땅(1519년~1556년)
카를 5세에게 우호적인 국가
오스만 제국
카를 5세의 적국

카를 5세의 영토

를 꿈꿨다. 전 유럽을 통치하려면 교황의 도움이 필요했다. 이는 둘의 관계가 매우 밀착되는 결과를 가져왔다. 교황이 황제를 옹호하는 상황은 그때까지 상당한 자유를 누리던 신성 로마 제국의 제후들에게 그리 유쾌하지 못한 일이었다. 그들로서는 황제를 견제할 필요가 있었다. 이로 인해 이후 루터가 종교개혁을 일으키자 카를 5세는 교황과 연합하고, 제후들은 루터와 연합하게 된다.

루터의 종교개혁

종교개혁은 어느 성대한 건축물에서 시작된다. 당시 교황은 가톨릭의 권위를 높이고자 '성 베드로 성당'을 건축하는데, 이로 인해 막대한 돈이 필요해지자 교황청은 신성 로마 제국에서 면벌부를 판매했다. 과거에는 이것을 '면죄부'라고 불렀다. 하지만 죄를 용서받는 유일한 방법은 고해성사뿐이기에 면죄부는 잘못된 번역이다. 교황청에서 특별히 발행한 문서로써 (고해성사를 통해 이미 용서받은) 죄에 따르는 벌을 사면받기에 면벌부라는 명칭이 맞다. 이것은 교황이 예수와 성인들의 막대한 공덕 중 일부를 떼어내어 일반 신도가 받을 벌의 일부를 면제시키는 데 쓸 수 있다는 이론에서 나왔다.

처음 면벌부는 십자군 운동에 참가하는 군인이나 자선가들에게 발급되어 별 논란이 없었지만, 교황청의 사치를 채우는 데 이용되기 시작하면서 문제가 되었다. 특히 당시 신성 로마 제국에서는 남부 독일의 광산주이자 금융업자인 푸거 가문이 교황으로부터 면벌부 사업을 위탁받아 판매액의 3분의 1을 차지했다. 푸거 가문은 금고에 돈을 넣을 때 나는 짤랑거리는 소리가 면벌부를 구입한 자와 그의 가족까지 구원한다고 홍보하며 면벌부를 팔았다. 이 같은 행태는 한 사내를 분노케 했다.

마르틴 루터는 독일의 작센 지방 출신으로 원래 법학을 전공했다. 하지만 22세가 되던 해 번개 치는 폭풍우 속에서 죽음의 공포를 체험한 그는 이후 법학을 중단하고 수도사가 되었다. 1517년 10월, 루터는 면벌부 판매를 비판한 그 유명한 95개조 반박문을 비텐베르크성 교회 정문에 게시했다. 독일 종교개혁의 서막이었다. 95개조 반박문은 구텐베르크의 활판 인쇄술의 도움을 받아 전 독일에 퍼졌다. 이때 루터는 성경을 독일어로 번역해 현대 독일어의 기초를 닦았다.

루터는 1520년에는 「독일 민족의 크리스트교 제후들에게 고함」이라는 글에서 독일 제후들이 로마 교황으로부터 독일 지역을 해방시키고 교회의 토지와 재산을 압류할 것을 권고했다. 이에 응한 독일 제후들은 루터 편에 서서 카를 5세와 교황에게 저항하니 이를 '프로테스탄트('저항하는 사람들'이라는 뜻)'라고 한다.

독일 제후뿐 아니라 독일 지역의 도시민과 농민도 루터를 지지했다. 하지만 독일의 지배층과 피지배층 간에는 이해관계가 상충됐기 때문에 루터는 힘이 더 강한 제후의 입장에서 종교개혁을 전개했다. 도시민과 농민들을 배신한 것이다. 특히 농민들의 배신감이 컸다. 농민들은 모든 신자가 평등하다는 루터의 주장에 영향을 받아 루터를 지지하며 농민 전쟁을 일으켰지만, 루터는 오직 신 앞에서만 평등할 뿐 현세에서는 평등하지 않다고 했다. 또한 루터는 왕, 귀족, 상인, 농민 등의 신분과 직업은 모두 신이 정해준 것이라 믿어 모두 각자 맡은 역할에 최선을 다해야 한다고 주장했다.

당시 카를 5세는 이 같은 운동에 제대로 대처하지 못했다. 이탈리아에서는 프랑스와 싸워야 했고, 발칸반도에서는 오스만 제국과 싸워야했기 때문이다. 결국 1555년, 아우크스부르크 회의에서 루터파 교회를 인정했다. 다만 종교 선택의 자유는 각 개인이 아닌 제후들과 도시 당국이 정했고, 주민들은 이에 따라야 했다. 이른바 "지배자의 종교가 그 땅에서 행해진다"라는 원칙이었다.

칼뱅의 예정설

루터의 종교개혁은 스위스에도 영향을 미쳤다. 비슷한 시기에 츠빙글리가 등장해 로마 가톨릭을 부정했으나 실패했다. 이후 스위스에 등장한 자가 칼뱅이다. 칼뱅은 1535년 예정설을 주장했는데, 그 내용은 인간의 구원은 오직 신에게 달려 있고, 인간의 어떠한 덕행으로도 신의 뜻을 바꿀 수 없다는 것이었다. 그러므로 신의 예정상 버림받은 자는 영원히 구원받을 가능성이 없고, 구원이 예정된 자는 현세의 덕행과는 무관하게 구원을 받을 수 있다는 논리였다.

칼뱅교도는 자신들은 구원받을 자들이며 신에게 선택받은 자들로서 세상의 악을 없애라는 과업을 받았다고 생각했다. 이들은 지극히 검

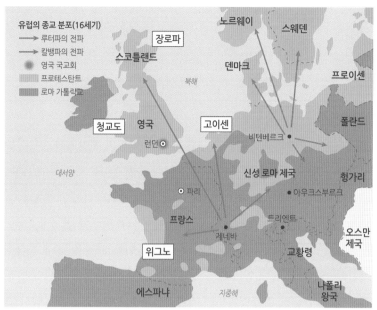

유럽의 종교 분포(16세기)
→ 루터파의 전파
→ 칼뱅파의 전파
● 영국 국교회
　프로테스탄트
　로마 가톨릭교

종교개혁

소하면서도 절제된 생활을 해 매우 금욕적이었으며, 그 결과 생기는 부
는 하나님의 축복이라고 생각했다. 훗날 막스 베버는 저서 『프로테스탄
티즘의 윤리와 자본주의 정신』를 통해 칼뱅의 예정설이 근대적 직업관
에 큰 공헌을 했다고 평가하며, 여기에서 자본주의 정신이 탄생했다고
주장한다. 칼뱅파는 상인 계층에 큰 영향을 끼쳐 이후 프랑스의 위그노
파, 스코틀랜드의 장로파, 잉글랜드의 청교도, 네덜란드의 고이센파로
확산되었다.

잉글랜드의 종교개혁

루터가 독일에서 종교개혁을 일으킬 때 튜더 왕조의 헨리 8세는 루터를
비판해 교황으로부터 로마 가톨릭 신앙의 수호자라는 칭호를 받았다.
그런데 아이러니하게도 헨리 8세는 나중에 잉글랜드의 종교개혁을 일
으켜 로마 가톨릭에서 이탈한다. 본인의 이혼 문제 때문에 말이다.

헨리 8세는 부인 캐서린이 튜더 왕조를 이을 아들을 낳지 못하자
그녀와 이혼하고 궁녀 앤 불린과 재혼하려 했다. 이를 위해 교황에게 허
락을 구했다. 원래 가톨릭에서는 원칙적으로 이혼을 금했지만, 당시 힘
있는 자들의 이혼은 허락해주고 있었다. 그런데 이번만큼은 문제가 있

헨리 8세

었다. 헨리 8세의 왕비 캐서린이 에스파냐의 왕이자 신성 로마 제국의
황제이며 로마 교황의 든든한 후원자인 카를 5세의 이모라는 점이었다.
카를 5세의 체면을 생각한 교황은 헨리 8세의 이혼을 허락하지 않았다.

분개한 헨리 8세는 1534년 수장법을 선포했다. 로마의 교황이 아
닌 왕 자신이 영국 교회의 수장임을 선포한 것이다. 이후 가톨릭을 버리

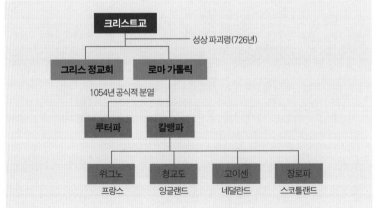

크리스트교의 분열

고 영국 국교회를 세운 헨리 8세는 수도원을 해산하고 수도원의 재산을
몰수해 신하들에게 분배해 주었다. 이때 교회와 수도원은 잉글랜드 전
국토의 3분의 1을 차지하고 있었는데, 이 넓은 땅이 모두 헨리 8세의 차
지가 되었다. 이처럼 영국 국교회는 잉글랜드 왕과 교황의 패권 싸움, 그
리고 교회가 소유한 방대한 토지로 인해 시작되었다. 이 때문에 영국 국
교회는 교리나 의식 등에서 가톨릭과 가장 닮은 신교이다.

예수회

에스파냐가 열렬한 가톨릭의 나라라는 사실은 앞서 누차 언급했다. 독
일, 스위스, 영국 등에서 종교개혁이 일어나 가톨릭이 위기에 처하자
1534년 에스파냐의 군인 출신 이그나티우스 데 로욜라가 예수회를 창
설했다. 예수회 회원들은 중세 수도원처럼 계율을 엄격하게 지켰고, 사
제가 되기 위해서는 반드시 10여 년간의 수행 기간을 거쳐야 했으며, 오
직 교황에게만 충성했다.

　　시간이 흐르면서 강력한 조직으로 성장한 예수회는 이를 바탕으로
남부 독일, 폴란드에서 선교 활동을 벌이고 나아가 남아메리카에서도
포교했다. 이들의 노력으로 독일의 북부는 신교인 반면 남부는 가톨릭
이며, 폴란드 역시 그리스 정교를 믿는 다른 슬라브족 국가와 달리 가톨
릭을 믿는다. 아메리카의 경우, 북아메리카는 메이플라워를 타고 이주
한 칼뱅파의 영향으로 프로테스탄트교를 믿는 반면 남아메리카는 예수
회의 영향으로 지금껏 가톨릭을 믿고 있다. 예수회는 중국에도 진출했
는데, 마테오 리치와 아담 샬 등이 활발한 포교 운동을 벌였다.

피로 얼룩진 크리스트교의 분열

30년전쟁

17세기 초, 독일의 북부 지역은 신교(프로테스탄트)를 믿었고, 독일의 남부 지역은 예수회의 활약으로 구교(로마 가톨릭 교회)를 믿었다. 이로 인해 북부 지역은 프로테스탄트 연합을 결성했고, 남부 지역은 바이에른을 중심으로 구교 동맹을 결성했다.

이런 상황 속에서 1617년 6월 페르디난트 2세가 보헤미아의 왕으로 즉위했다. 보헤미아 지역은 후스의 영향으로 신교가 강한 지역이었다. 하지만 페르디난트 2세는 가톨릭 신자였기에 즉위하자마자 신교도들에게 허용되었던 신앙의 자유를 박탈하고 신교 교회를 폐쇄했다. 이 같은 폭거에 항의하고자 신교도 대표자들이 프라하의 성으로 갔다. 이 때 구교도 귀족들과 마찰이 생겨 신교도 대표자들이 구교도 귀족들을 창밖으로 내던지는 사건이 발생했다. 귀족들은 20미터 아래 도랑으로 떨어졌는데 다행히 살아남았다. 이때 밖에서 대기하던 신교도들이 이들에게 사격을 가했지만 모두 빗나가 귀족들은 줄행랑을 쳤다. 페르디난트는 이 사건을 구교에 대한 신교의 저항으로 받아들여 에스파냐 왕에게 신교 탄압에 협조해 줄 것을 요청했다. 이렇게 시작된 것이 바로 30년전쟁(1618~1648)이다.

중세에는 전쟁이 일어나면 제후들이 왕을 도우러 왔다. 하지만 봉건 귀족들이 몰락하면서 용병이 군대의 주력이 되었다. 당연히 구교 세력이든 신교 세력이든 상관없이 군대의 핵심은 용병이었다. 이때 용병들은 왕이나 제후들에게 영업을 하는 전쟁 기업이었고, 지배자들과의 협상에서 이들이 가장 중시한 것은 월급과 전리품이었다. 이들은 월급이 제대로 지급되지 않으면 전선에서 멋대로 이탈하거나 반대파에 가담하기도 했다. 따라서 구교냐 신교냐 하는 문제는 윗사람들에게나 중요했을 뿐, 실제로 싸우는 용병들에게는 월급과 전리품이야말로 목숨을 거는 이유였다.

　　루터파 신교 국가인 덴마크의 크리스티안 4세가 30년전쟁에 가장 먼저 개입했다. 이는 덴마크가 신성 로마 제국 내에 영지를 갖고 있었기 때문이다. 이제 30년전쟁은 국제전의 양상을 띠기 시작했다. 하지만 덴마크는 패배했고, 이에 루터파 신교 국가인 스웨덴이 다시 30년전쟁에 참여했다. 스웨덴 왕은 '북방의 사자왕'이라고 불리던 구스타브 아돌프, 즉 구스타브 2세였다.

북유럽
북유럽의 국가들은 1397년 덴마크의 여왕이 노르웨이의 왕이자 스웨덴의 왕위 계승자와 결혼하면서 칼마르 동맹으로 통합되었다.
이후 스웨덴의 구스타브 바사가 덴마크에 저항하며 독립운동을 전개한 끝에 1523년 스웨덴을 독립시켜 왕위에 오른다. 그가 바로 구스타브 1세로 구스타브 2세의 조부이다.
스웨덴과 달리 노르웨이는 계속 덴마크의 지배를 받았다.
이후 다시 스웨덴의 지배를 받던 노르웨이는 1905년 국민투표를 통해 독립했다.
아이슬란드는 1262년부터 노르웨이의 영토가 되었는데 덴마크가 노르웨이를 지배하면서 덴마크에 귀속되었다가 1944년에야 독립했다.

그린란드
(현재까지 덴마크의 속령)

아이슬란드
(1944년 독립)

대서양

노르웨이
(1905년 독립)

핀란드

스웨덴
(1523년 독립)

덴마크

영국

신성 로마 제국

포효하는 북방의 사자

구스타브 아돌프는 총인구 150만 명에 항상 매서운 추위에 시달리는 스웨덴을 강국으로 만든 왕이다. 당시 스웨덴이 강성해지려면 발트해 장악은 필수 불가결이었다. 그로서는 구교 편을 든 오스트리아의 합스부르크가가 북상하는 것을 내버려 둘 수 없었다. 병사들을 이끌고 독일에 진입한 구스타브 아돌프는 먼저 무릎을 꿇고 앉아서 신에게 기도를 올렸다. 이 전쟁은 아돌프에게 발트해 장악을 위한 전쟁인 동시에 신교 보호를 위한 종교 전쟁이었기 때문이다.

스웨덴의 군대는 용병들과 달랐다. 그들은 항상 성서와 찬송가를 가지고 다녔으며, 매일 2회 예배를 드렸고, 용병들이 으레 저지르던 약탈도 하지 않았다. 게다가 아돌프 본인도 용맹한 무장이었다. 이 때문에 스웨덴 군대는 막강했다. 여기에 구교를 믿는 강대국 프랑스와 동맹까

구스타브 2세의 전사

지 맺었으니 기세가 더욱더 등등했다. 당시 프랑스는 구교 국가임에도 오스트리아와 에스파냐를 견제하기 위해 신교 국가의 편을 들었던 것이다.

아돌프의 군대에 맞서는 구교 군대는 용병이었는데, 스웨덴 군대와 결전을 벌이기 전까지는 약탈만 일삼던 부대였다. 이들은 심지어 구교 신부들의 묵인 아래 마그데부르크의 시민 3만 명을 학살하기도 했다. 1631년, 스웨덴군과 구교 군대는 라이프치히 근처에서 격돌했다. 스웨덴의 기병대가 적군을 압도적으로 격파했다. 이때 전열을 가다듬은 구교 군대에서 발렌슈타인이라는 인물이 등장했다. 이자는 열렬한 구교도로 구교 수호를 위해 사비로 군대를 모집해서 전쟁에 참여했다.

1632년, 다시 양군은 라이프치히 남서쪽에서 격돌했다. 양쪽의 군대는 각각 2만 명이었다. 이 전투에서 구스타브 아돌프는 부상을 입고도 말 위에서 내려오지 않았다. 오히려 선두에 서서 지휘했다. 그런데 갑자기 짙은 안개가 퍼져 상황을 제대로 살필 수 없게 되었다. 양쪽 군대의 질서가 무너졌다. 안개가 가신 뒤 주변을 보니 구스타브 아돌프에게는 겨우 몇 명의 부하만이 남아 있었다. 본대를 놓친 것이다. 아돌프는 급히 본진에 합류하려 했으나 적이 쏜 총에 왼쪽 팔과 등을 맞고 결국 전사했다.

전쟁에서 총지휘관의 죽음은 곧 패배를 의미한다. 하지만 왕이 전사했다는 소식을 들은 스웨덴군은 오히려 사기가 올랐다. 그들은 왕의 복수를 하겠다는 일념으로 미친 듯이 돌격했다. 사투가 벌어졌다. 결국 어느 쪽이 이겼다고 할 수 없을 만큼 양쪽 다 큰 피해를 입었다. 전투가 끝나고 들판에 남은 시체를 보니 구교 군대의 것이 6,000구, 스웨덴군의 것이 4,000구였다고 한다. 용감한 왕의 시체는 말발굽과 군인들의 발에 짓밟혀 형체를 알아볼 수 없었다고 한다. 정말 사자왕다운 최후였다.

전쟁의 불길이 독일을 태우다

스웨덴이 분전하는 와중에 구교 세력에 에스파냐 군대가 합류했다. 1634년, 오스트리아와 에스파냐의 연합군이 스웨덴 군대를 격파하며 구교가 우세해지자 프랑스 군대가 신교 세력에 참여했다. 30년전쟁은 곧 에스파냐와 프랑스라는 두 강대국의 전쟁으로 양상이 바뀌었다. 어느 때는 에스파냐 군대가 프랑스 파리를 위협했고, 또 어느 때는 프랑스 군대가 오스트리아의 수도 빈을 위협했다. 정말 예측불허의 전쟁이었다. 이쯤 되자 사람들 모두 평화를 간절히 원하게 되었다.

30년전쟁을 겪으며 독일 인구의 약 3분의 1이 죽었고 독일 영토의 6분의 5가 폐허가 되었다. 물론 기본적인 원인은 전쟁이었지만 용병대의 약탈이 피폐해진 독일을 더 황폐하게 만들었다. 이미 과거 흑사병으로 총인구의 3분의 1이 죽었던 독일은 30년전쟁을 통해 유럽에서 가장 후진적인 국가가 되었다.

1648년, 여러 나라가 30년전쟁을 끝내기 위해 베스트팔렌 조약을 맺었다. 신성 로마 제국의 황제와 신성 로마 제국의 연방국가 66개의 대표, 그리고 스웨덴, 에스파냐, 프랑스, 네덜란드 등이 참여했다. 이것은 유럽 역사상 최초의 국제회의였다. 이때 프랑스는 라인강 왼쪽 땅을 얻었고, 스웨덴은 독일 북부를 얻었다. 또한 신교 국가 네덜란드가 에스파냐로부터 독립을 인정받았으며, '빌헬름 텔'로 유명한 신교 국가 스위스가 오스트리아로부터 독립을 인정받았다. 이어서 칼뱅파도 루터파와 마찬가지로 신앙의 자유를 획득했다. 마지막으로 독일을 구성하던 300여 개의 제후와 도시국가가 모두 자주권을 획득해 독일은 300여 개의 소국가 연합체가 되었다. 프랑스, 영국, 에스파냐가 근대 중앙집권국가를 이루는 동안 독일은 여전히 분열의 시대를 살아가게 된 것이다.

네덜란드와 스위스

네덜란드는 '낮은 땅'이란 뜻으로 지금의 네덜란드, 벨기에, 룩셈부르크를 모두 포함한 지역이었다. 이들은 에스파냐를 상대로 독립운동을 벌였는데, 1579년 구교가 많던 남부 10개 주가 에스파냐와 화평을 맺어 독립운동에서 이탈하니 이들이 현재의 벨기에이다. 남은 북부의 일곱 개 주는 홀란드를 중심으로 독립운동을 이어나가 1648년 베스트팔렌 조약으로 온전히 독립했다. 이렇게 출범한 것이 '네덜란드 연방공화국'이다.

　네덜란드는 상업이 매우 발달한 국가였기 때문에 17세기 당시 네덜란드 동인도회사의 자본금은 영국 동인도회사의 10배에 달했다. 이들은 아메리카에 진출해 '뉴암스테르담'이라는 도시를 건설했는데 나중에 영국이 이 지역을 장악하면서 이름을 '뉴욕'으로 바꾼다.

　네덜란드는 아메리카뿐 아니라 인도네시아와 일본에도 진출했다. 네덜란드는 17세기 초반 일본에서 은을 수입했는데, 당시 유럽이 신대륙에서 수입한 은의 총량에 필적하는 양이었다. 일본 에도 막부는 이들과 교류하기 위해 나가사키의 인공섬인 데지마에 네덜란드 상관을 설치하기도 했다. 네덜란드인인 벨테브레이가 인조 때, 하멜이 효종 때 우리나라에 온 것도 일본으로 가다가 표류해 온 것이다. 유럽에서 우리나라를 코레, 제주도를 켈파르트라고 부르는 것은 『하멜 표류기』 때문이다.

네덜란드에는 영국과 프랑스 같은 강력한 절대왕정이 수립되지 않아 해외 진출 시 식민지 기지 건설이 아닌 상관 설치해 무역에 치중했다. 『로빈슨 크루소』로 유명한 영국의 작가 대니얼 디포는 네덜란드가 다른 나라의 물건을 사다가 다른 나라에 파는 중계무역을 했다고 기록했다.

신성 로마 제국의 황제를 배출하는 합스부르크 가문의 원래 근거지가 스위스였기에 이 땅은 오스트리아 합스부르크가의 영토였다. 알프스산맥에 자리 잡고 있는 스위스는 땅이 척박해 가난했다. 그러던 중 30년전쟁 때 스위스인들이 오스트리아와의 전투에서 용맹을 떨치자 유럽 여러 나라에서 그들을 용병으로 채용하기 시작했다. 같은 스위스인이 다른 국가의 용병으로 채용되어 서로 전투를 벌이는 경우도 있었다. 1792년 프랑스 혁명 당시 시민군이 왕궁을 공격하자 프랑스 군인들은 모두 도망쳤으나 스위스 용병들은 도망가지 않았다고 한다. 이에 시민군이 "당신들은 프랑스인도 아닌데 왜 도망가지 않는 거요?"라고 물었다. 그러자 그들은 이렇게 대답했다. "우리가 도망치면 우리 자식들이 용병으로 쓰이지 못할 것 아니오? 그게 두렵소." 스위스 용병은 이때 전원 사망했다.

왕들의 시대

절대왕정

십자군 운동 이후 교황과 봉건 귀족은 몰락하고 상대적으로 왕과 상인 계층(부르주아지)은 성장했다. 16세기경부터 일부 국가들이 국왕을 중심으로 한 중앙집권적 지배를 강화하기 시작했고, 영토 확장을 추진해 왕이 아무런 제약 없이 전권을 행사하며 국가를 통치하는 정치 형태가 등장했는데, 이를 절대왕정이라고 한다. 17세기에 정착된 절대왕정은 봉건 귀족과 부르주아지 세력의 균형 위에 등장한 근대 중앙집권으로, 아시아의 전제군주제와는 구분된다.

이때 근대 중앙집권국가를 이룬 나라로는 에스파냐, 프랑스, 영국, 프로이센, 러시아가 있으며, 이탈리아는 통일을 이루지 못하고 있었다. 또한 모나코 공국, 리히텐슈타인 공국, 룩셈부르크 공국, 안도라 공국 등 4개국은 어느 나라에도 편입되지 않고 오늘날까지 독립국가를 이루고 있다. 참고로 공국이란 국왕의 신하인 공작의 영지가 독립국 형태로 남아 있는 나라를 가리킨다.

절대왕정을 뒷받침하는 것은 오로지 왕의 명령에만 복종하는 강력한 관료제와 용병으로 이루어진 상비군이었다. 중세는 제후들이 왕의 신하였으나, 그들은 수도에 거주하지 않고 지방에서 독립적인 세력을 유지했다. 하지만 근대 중앙집권국가, 즉 절대왕정 시기에는 오로지 왕의 명령에만 복종하는 관료제가 있었다. 중세에는 전쟁이 나면 제후들이 쌍무적 계약관계에 따라 왕을 도우러 왔다. 한 예로 어떤 제후는 두 왕에게 쌍무적 계약관계를 맺었는데 두 왕이 전쟁을 벌이자 가지고 있는 군대의 반은 장남에게 주어 한쪽 왕을 지원하게 하고, 나머지 군대는 차남에게 주어 다른 쪽 왕을 지원하게 한 적도 있다. 하지만 절대왕정 시기에는 오직 왕의 명령을 받들기 위해서만 존재하는 상비군이 있었다.

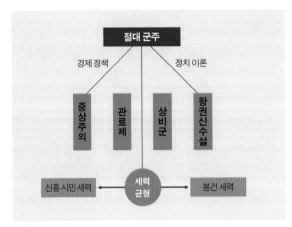

왕권신수설

관료제와 상비군을 유지하려면 돈이 많이 들었는데, 이는 십자군 운동과 신항로 개척 등으로 많은 돈을 번 상인들이 낸 세금으로 충당했다. 사상적으로 절대왕정을 뒷받침한 것은 보댕의 왕권신수설(divine right of kings)이었다. 왕권신수설은 '국왕의 권력은 신으로부터 주어진 것이므로 의회나 국민이 이에 간섭할 수 없다'라는 주장으로, 절대왕정을 옹호하고 뒷받침하는 정치 이론이다.

절대왕정의 중요한 재정은 십자군 운동과 신항로 개척으로 성장한 상인 세력이었기 때문에 왕은 이들을 보호해야 했다. 이때 도입된 국가 정책이 중상주의 혹은 상업자본주의라는 것이다. 이는 외국에서 들어오는 값싼 상품에는 높은 관세를 붙여 수입을 억제하고, 반대로 국내에서 생산된 제품은 국외로 수출해 상인들의 이익을 보장하는 정책이다. 절대왕정 시기에는 상인들에게 보다 넓은 시장을 제공하기 위해 활발하게 식민지를 개척했고, 이것은 이후 제국주의로 발전했다. 팽창된 제국주의는 20세기에 접어들면서 거대한 유혈 사태로 이어지게 된다.

펠리페 2세

플랑드르에서 태어난 카를 5세는 네덜란드를 에스파냐와 신성 로마 제국의 오스트리아를 잇는 거점으로 활용했다. 그래서 16세기 전반 유럽

경제의 중심국은 아시아 무역을 독점했던 포르투갈도, 남아메리카에서 엄청난 보물을 싣고 왔던 에스파냐도 아닌 네덜란드였다. 이후 카를 5세는 자신의 제국을 양분했다. 네덜란드, 에스파냐, 신대륙은 아들 펠리페 2세에게 물려주고, 신성 로마 제국의 제위와 오스트리아는 동생 페르난도(페르디난트) 1세에게 물려준 카를 5세는 이후 수도원에 은거하며 지냈다.

1556년 에스파냐, 네덜란드 등의 왕으로 즉위한 펠리페 2세(재위 1556~1598)는 아버지 카를 5세와 대조적으로 네덜란드가 아닌 에스파냐를 경제의 중심지로 삼았다. 이에 모직물 산업이 발달했던 네덜란드가 경제적 탄압을 받자 1560년부터 네덜란드의 독립운동이 전개되었다. 이들은 결국 1648년 베스트팔렌 조약이 체결되면서 독립했다. 다만 네덜란드를 구성하는 주들 중 구교를 믿던 주들이 에스파냐의 영토로 남아 벨기에가 되었고, 이들은 에스파냐로부터 상당한 자치권을 얻었다.

합스부르크가의 분할

셀주크 튀르크와 같은 튀르크족이 세운 오스만 제국은 1389년 '개 똥지빠귀의 들'이란 뜻인 코소보(세르비아 정교 발상의 땅)에서 슬라브족 연합군을 무찔러 발칸반도의 대부분을 차지했다. 하지만 1402년 티무르 제국과 벌인 앙카라 전투에서 패배했다. 절치부심한 오스만 제국은 1453년에 20만 명의 육군과 400척의 군함을 이끌고 콘스탄티노플을 함락했다. 펠리페 2세가 에스파냐를 다스릴 무렵 오스만 제국에 영웅이 등장하는데, 바로 오스만 제국의 제10대 술탄인 술레이만 1세(재위 1520~1566, 덧붙여 '술레이만'은 '솔로몬'이라는 뜻)였다. 그는 1529년 오스트리아의 수도 빈을 포위했으며, 1538년에는 프레베자 해전에서 베네치아와 에스파냐의 연합 함대를 격파했다. 술레이만 1세는 알제리까지 정복해 반세기 동안 3개 대륙, 20여 개 민족, 6,000만 명을 지배했다. 오스만 제국이 이렇게 강성해진 이유는 예니체리 부대 때문이다.

예니체리는 오스만 제국 술탄의 친위 부대로, 튀르크어로 '새로운 군대'라는 뜻이다. 오스만 제국은 영토 내의 크리스트교도 가운데 신체 건강한 청소년을 선발해 이슬람교로 개종시킨 후 엄격한 훈련을 실시해 예니체리로 양성했다. 이들은 결혼이 금지되었고 군의 깃발 대신 거대한 금속제 야전 요리용 냄비를 휴대했으며 모자에는 숟가락을 꽂고 다녔다. 이는 같은 밥솥의 밥을 먹는 사람이라는 의미로, 병사들 간의 결속력이 매우 강했다. 하지만 이런 술레이만 1세조차 1571년 레판토 해전에서 펠리페 2세에게 대패했다. 레판토 해전에 참전한 세르반테스는 이 전투에서 중세 기사의 몰락을 느껴 『돈키호테』를 저술했다.

이렇게 펠리페 2세가 오스만 제국을 격파할 수 있었던 것은 신대륙에서 온 은으로 만들어진 무적함대 덕분이었다. 하지만 얼마 지나지 않

레판토 해전

아 이 무적함대가 영국의 엘리자베스 1세에게 격파당하며 에스파냐의 패권은 사라지게 된다.

천하를 호령했던 에스파냐가 이렇게 몰락한 이유는 신대륙에서 오는 은을 산업에 투자하지 않고 사치나 전쟁, 네덜란드와 영국의 모직물 구입에만 사용했기 때문이다. 신대륙의 엄청난 은이 에스파냐로 유입되었음에도 정작 에스파냐의 산업은 취약해 신대륙에서 팔린 유럽산 상품 중 에스파냐제는 20분의 1정도에 불과했다. 펠리페 2세는 가난한 나라에서 엄청난 재산을 모은 개인에 불과했던 것이다. 에스파냐가 몰락한 또 다른 이유는 가톨릭에 너무 집착한 나머지 이슬람과 유대인 상인들을 탄압해 그들이 해외로 빠져나가도록 만들었다는 점이다. 상인이 빠져나가는 상업은 타격을 입을 수밖에 없었다.

부르봉 왕가

카페 왕조 다음에 등장한 발루아 왕조에 남자 후계자가 없자 부르봉 가문이 왕위를 계승했다. 이것이 부르봉 왕조이다. 부르봉 가문은 프로테스탄트교였지만 가톨릭을 믿는 사람만이 왕이 될 수 있었기 때문에 로마 가톨릭으로 개종했다. 프랑스가 다른 나라에 비해 절대왕정을 일찍 발달시킬 수 있었던 이유로 상인 세력의 성장 외에도 1337년부터 1453년까지의 백년전쟁을 들 수 있다. 100여 년 동안 전개된 전쟁으로 봉건 귀족들이 몰락해 상대적으로 왕권이 강해졌기 때문이다. 프랑스의 왕권은 루이 13세 때부터 강해지기 시작했다.

1642년 프랑스의 뛰어난 재상 리슐리외가 죽고 1643년 루이 13세가 사망하자 다섯 살의 루이 14세(재위 1643~1715)가 즉위했다. 권력은 리슐리외의 뒤를 이어 재상이 된 마자랭에게 집중되었다. 마자랭은 본래 이탈리아 출신이었지만 프랑스에 귀화한 인물로 리슐리외와 마찬가지로 성직자 출신이었다.

루이 14세

1661년 마자랭이 죽자 루이 14세는 23세의 나이로 친정을 시작했다. 그는 친정을 한 54년 중 32년간 전쟁을 벌였다. 루이 14세 재위 기간 중 프랑스는 오스트리아의 합스부르크 가문과 에스파냐의 합스부르크 가문에 의해 동쪽에서 남쪽까지 포위된 상태였고, 북쪽에는 해상 무역의 1인자인 신교 국가 네덜란드가 있었다. 이런 상황 속에서 전쟁을 전개한 이유는 에스파냐와 오스트리아를 견제하고 네덜란드의 해상 무역 독점을 견제해 중상주의 정책을 강화하기 위함이었다. 하지만 더 중요한 배경은 그의 명예욕이었다. 루이 14세는 자주 "영토 확장이야말로 군주에게 가장 알맞은, 가장 신나는 임무이다"라고 말했다. 루이 14세는 30년 전쟁 때 프랑스가 구교 국가였음에도 불구하고 신교(프로테스탄트) 세력을 편들어 영토를 확장했다.

루이 14세

하지만 루이 14세가 신교의 편을 들어준 것은 국외에 한정되었다. 과거 프랑스에서는 1562년부터 30년간 위그노 전쟁이 벌어진 바 있다. 구교가 신교도를 탄압하면서 벌어진 이 전쟁 중에 신교도가 2만 명이나 죽임을 당하는 '성 바르톨로메오 축일의 학살(1572)'과 같은 참혹한 사건도 있었다. 이 사건 이후 프랑스 왕으로 즉위한 앙리 4세는 본래 신교도였으나 가톨릭으로 개종한다는 조건으로 왕이 된 사람이었다. 그는 1598년 낭트 칙령을 선포해 신교를 인정했다. 이로써 신교도도 구교도와 동등한 권리를 얻게 되면서 37년의 내란이 끝났다. 하지만 루이 14세는 1685년 낭트 칙령을 폐지하고 구교도가 아닌 자를 모든 공직과 자유업에서 추방했다. '장화 신은 선교사'라는 공인된 강도단이 왕명을 등에 업고 신교도들에 대한 약탈과 폭행을 자행했다. 이때 생시몽은 "고향에서 쫓겨나 입을 것도 먹을 것도 없이 우는 자가 그 수를 헤아릴 수 없이 많았다. 그들은 제각기 뛰어난 기술을 몸에 지닌 채 다른 나라로 갔다. 그만큼 프랑스는 손해를 입고 다른 나라는 살찌게 했다"라고 말할 정도였다. 이때 영국, 네덜란드, 프로이센으로 망명한 신교도의 수가 30만 명 내외였다고 한다.

떠오르는 태양

루이 14세의 치세 때 프랑스의 왕권은 매우 커졌다. '태양왕'을 자칭한 루이 14세는 "짐이 곧 국가다"라고 발언할 정도였다. 그는 조금이라도 저항하는 세력이 있으면 바스티유 감옥에 투옥해 없애버렸으며, 20년이 넘는 시간을 들여 바로크 양식의 화려한 건물인 베르사유 궁전을 지었다. 왕은 베르사유 궁전에서 연회를 열 때마다 귀족들에게 새로운 복장을 갖출 것을 요구해 연회복을 준비해야 했던 귀족들은 한층 더 가난해졌다. 귀족들은 양자택일의 상황에 처했다. 고향에 살면 마음은 자유로웠지만 먹고살 길이 없었고, 수도에 살면 먹을 걱정은 없었지만 루이 14세의 노복이 되어야 했다. 자연히 귀족들은 왕의 노복이 되어 갔다. 궁정에 가서 루이 14세에게 경의를 표하지 않으면 반역의 혐의를 뒤집어쓸 정도였다. 이런 일화도 있다. 루이 14세가 어느 신하에게 나이를 물어보자, 그는 왕에게 정중하게 절을 하고 이렇게 대답했다. "모든 것은 폐하께서 생각하시는 그대로입니다. 신의 나이 역시 폐하께서 생각하시는 대로 정해 주십시오." 1789년 프랑스 혁명 전까지 왕과 귀족이 어떤 관계였는지를 잘 말해주는 사례이다. 루이 14세는 1715년 77세의 나이로 사망해 72년간의 통치를 끝냈다. 그의 장례 행렬이 지나간 파리의 거리에서는 시민들이 해방의 기쁨 속에서 춤추고 노래했다고 한다.

베르사유 궁전

파란의 잉글랜드

잉글랜드는 백년전쟁과 장미전쟁을 거치며 왕권이 강화되었다. 이후 튜더 왕조의 헨리 7세 때 절대왕정이 성립했다. 그 뒤를 이은 헨리 8세는 더 강력한 왕권을 쥐었다. 그가 아내인 에스파냐의 왕녀 캐서린과 이혼하고 앤 불린과 결혼하기 위해 로마 가톨릭을 버리고 영국 국교회를 세운 이야기는 앞서 소개했다. 헨리 8세와 캐서린 사이에는 딸 메리만 있었다. 이에 헨리 8세는 아들을 얻기 위해 앤 불린과 다시 결혼했다. 하지만 총애했던 앤 불린조차 딸 엘리자베스를 낳자 왕은 '신의 저주를 받아 딸을 낳았다'라며 비정하게도 그녀를 참수했다. 그 뒤를 이은 세 번째 왕비는 왕자 에드워드를 낳은 후 죽었고, 네 번째 왕비와는 이혼했으며, 다섯 번째 왕비는 또 참수, 여섯 번째 왕비는 헨리 8세가 죽을 때까지 살아 있다가 다른 남자와 재혼했다.

헨리 8세가 죽은 후 왕자 에드워드가 아홉 살의 어린 나이에 즉위했으나 15세에 요절하고 만다. 이후 장녀 메리가 여왕이 되니 그녀가 메리 1세이다. 메리의 어머니 캐서린이 독실한 가톨릭 국가 에스파냐의 왕녀였으니 메리도 그 영향을 받아 로마 가톨릭을 믿었다. 이후 에스파냐의 펠리페 2세와 결혼한 후 그녀는 가톨릭에 더 심취해 영국 국교회를 비롯한 신교를 탄압했다. 당시 신교도들을 무자비하게 처형하는 메리를 보고 백성들은 '피에 굶주린 메리'라고 불렀다. 여담으로 메리와 펠리페 2세가 결혼할 당시 신부의 나이 38세, 신랑의 나이 27세였다. 당연히 젊은 펠리페 2세는 늙은 아내에게 관심이 없었고, 결혼 후에도 에스파냐에 머무르며 잉글랜드를 거의 찾지 않았다.

위대한 여왕, 엘리자베스 1세

메리 역시 40대의 젊은 나이로 사망하자 앤 불린의 딸 엘리자베스가 왕위에 오른다. 바로 엘리자베스 1세이다. 엘리자베스 1세는 언니 메리와 달리 영국 국교회에 힘을 실어주었다. 이로 인해 영국 내 예수회 신자들이 엘리자베스 여왕을 암살하려다 실패한 적도 있었다.

왕녀 시절 엘리자베스 1세

"짐은 국가와 결혼했다"고 선언할 정도로 잉글랜드를 사랑한 엘리자베스 1세는 백성들로부터 큰 사랑을 받았다. 잉글랜드에 영향력을 행사하고 싶었던 펠리페 2세는 메리 1세에 이어 엘리자베스 1세에게도 청혼했지만 그녀는 이를 거절했다. 펠리페 2세가 과거 메리 1세를 홀대했으니 그에 대한 반감을 가졌기 때문이라고 해석할 수도 있겠지만 실상은 잉글랜드가 에스파냐에 의해 좌지우지되는 것을 막기 위한 결단이었다. 여성이 왕이 되는 경우가 흔치 않았던 전근대 시대에 그녀가 외국의 왕과 결혼할 경우 잉글랜드는 사실상 남편의 소유가 되는 것이나 마찬가지였기 때문이다.

당시 브리튼섬 전체의 인구는 400만 명이 안 되었으며 군사력도 다른 유럽 국가와 비교할 때 3류였다. 하지만 엘리자베스 1세는 당대의 초강대국 에스파냐를 격파해 대서양의 패권을 장악하고자 했다. 그녀는 우선 에스파냐로부터 독립운동을 펼치고 있는 네덜란드를 지원해 펠리페 2세를 견제했다. 그리고 악명을 떨치던 해적 선장 프랜시스 드레이크에게 기사 작위를 내린 후 에스파냐의 상선을 습격하도록 했고, 더 나아가 에스파냐 남부의 카디스항을 기습 공격했다.

이 같은 도발 행위에 분노한 펠리페 2세는 군함 130척, 대포 2,500문, 해군 7,000명, 보병 1만 9,000명, 네덜란드 주둔 육군 3만 명으로 구성된 무적함대를 앞세워 잉글랜드 본토를 공격할 계획을 세웠

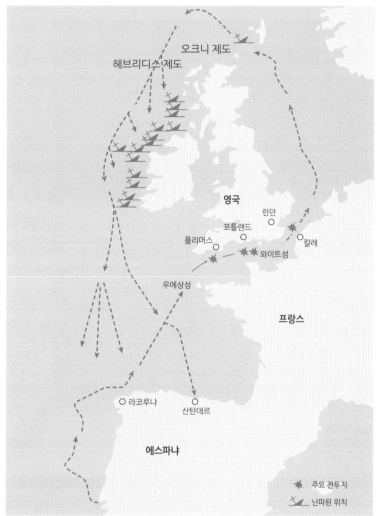

오크니 제도

헤브리디스 제도

영국

런던 ○

포틀랜드

플리머스 ○   ○   와이트섬

칼레

우에상섬

프랑스

○ 라코루냐   ○
산탄데르

에스파냐

✶ 주요 전투지

✖ 난파된 위치

칼레 해전

다. 1588년 칼레 앞바다에서 잉글랜드와 네덜란드 연합 함대가 에스파냐 군대와 격돌했다. 당시 무적함대는 적의 배에 갈고리를 걸어 끌어당긴 후 아군이 상대편으로 건너가 백병전을 벌이는 전법을 사용했다. 고대 로마가 사용한 것과 유사한 전법이었다. 이 때문에 무적함대는 어떻게 하면 더 좋은 갈고리를 만들 수 있을까 고민했는데, 그동안 잉글랜드는 어떻게 하면 더 멀리 나가는 대포를 만들 수 있을까를 고민했다. 양군의 전투는 결국 더 좋은 대포를 만든 잉글랜드와 네덜란드 연합군 측의 승리로 끝났다. 설상가상으로 이때 무적함대는 태풍을 만나 더 힘든 전투를 치러야 했다. 잉글랜드 사람들은 태풍을 보고 신이 여왕을 축복한 것이라 믿었다. 이 전투에서 에스파냐군은 4,000명이 전사했고 배도 상당수가 난판되어 겨우 54척만이 본국으로 돌아갔다. 반면 잉글랜드는 겨우 100명이 전사했다.

　잉글랜드가 무적함대를 격파하고 바다의 패권을 장악하자 잉글랜드 상인들은 해외 진출을 위해 1600년에 동인도회사를 세웠다. 엘리자베스 1세는 동인도회사를 통해 '해가 지지 않는 나라'의 토대를 만들었다. 당시 잉글랜드는 왕권뿐 아니라 의회의 힘도 컸지만 엘리자베스 1세는 의회와 좋은 관계를 유지했다.

표트르 대제

바이킹은 배를 잘 저었기 때문에 슬라브어로 '루스(rus, 노를 젓는 사람)'라고 불렸다. 러시아는 루스가 정착한 땅이라는 뜻이다. 이 땅에 바이킹이 노브고로드 공국과 키예프 공국을 세웠는데 이 나라들은 13세기 이후 200여 년간 몽골의 지배를 받았다. 이를 '타타르의 멍에'라고 표현하며 여기에서 벗어나려고 했던 국가가 모스크바 공국이다.

표트르 대제

　모스크바 공국의 이반 3세는 1480년 몽골로부터 독립하고 스스로 비잔티움 제국의 정통 후계자임을 자처했다. 모스크바 공국도 비잔티움 제국처럼 그리스 정교를 믿었기 때문이다. 이반 4세는 카이사르의 이름을 딴 '차르', 즉 황제를 자칭하며 왕권 강화를 위해 힘썼다. 그는 귀족들을 숙청해 전제군주제의 기틀을 마련했는데, 수많은 귀족들을 죽이며 '잔혹한 이반'이란 뜻인 '뇌제(雷帝) 이반'이라 불렸다.

이후 이반 4세의 핏줄을 이은 로마노프 가문의 미하일 로마노프가 황제로 선출되며 로마노프 왕조(1613~1917)가 시작되었다. 이 로마노프 왕조의 표트르 1세, 즉 표트르 대제는 어렸을 때 권력 다툼을 피해 시골에 살았는데, 평소 마을 아이들과 병정놀이를 하며 시간을 보냈다고 한다. 많은 귀족들이 이를 어린아이 놀이로 여겨 신경 쓰지 않았지만, 사실 이들이 가지고 논 무기들은 진짜 무기였다. 겉으로는 병정놀이였지만 표트르 대제는 이를 통해 친위대를 모으고 훈련시킨 것이다.

1689년, 표트르 대제는 손수 키운 친위대를 이끌고 친정을 시작했다. 의욕이 가득했던 그는 오스만 제국을 공격해 1696년에 아조프 요새를 점령했다. 그는 발전된 서유럽의 문물을 배우고자 1697년에 250명의 사절단을 파견했는데, 그 일행 중에는 황제 본인도 섞여 있었다. 서구의 기술을 몸소 습득하기 위해 신분을 숨긴 것이다. 실제로 표트르 대제는 네덜란드 조선소에서 직공으로 일했다. 이후 신분이 탄로 나서 네덜란드 시민들이 그의 얼굴을 보기 위해 몰려들자 다른 조선소로 자리를 옮기기까지 했다. 황제는 조선소뿐 아니라 병원, 공장, 미술관, 해부학 교실 등도 견학했다. 이후 표트르 대제는 영국으로 건너가 윌리엄 3세에게서 요트를 선물로 받았다. 물론 잉글랜드의 의회, 공장 등을 견학하는 것도 잊지 않았다.

러시아로 돌아온 표트르 대제는 귀족들에게 수염을 깎으라고 명령하고, 러시아 고유의 외투를 짧게 입게 하면서 적극적인 서구화 정책을 폈다.

북방전쟁

서유럽을 배우며 힘을 키운 표트르 대제는 '허리띠 모양의 바다(또는 하얀 바다)'라는 뜻인 발트해를 장악하기 위해 폴란드, 덴마크와 연합해 스웨덴을 상대로 북방전쟁(1700~1721)을 일으켰다.

1700년 표트르 대제는 스웨덴의 나르바 요새를 공격했지만 처참하게 패하고 만다. 그 결과 병력의 3분의 1을 잃었다. 이후 전국 교회와 수도원의 종을 거두어 300문 이상의 대포를 만든 러시아군은 1709년 스웨덴을 상대로 한 설욕전을 준비했다. 당시 스웨덴군은 이 같은 상황을 전혀 모른 채 3만 명의 군대를 이끌고 러시아를 공격했다. 그들을 기다리던 것은 5만 명의 러시아군이었다. 표트르 대제는 병사들에게 이렇게 외쳤다. "표트르를 위해 싸우는 것이 아니라 표트르에게 위임되어 있는 국가를 위해서, 즉 러시아 민족과 러시아를 위해서 싸워다오!" 스웨덴군이 돌격하자 표트르 대제는 맨 앞에서 군대를 진두지휘하며 전투를 승리를 이끌었다. 스웨덴 왕 카를 12세는 러시아 포탄에 맞아 처참하게 전사했다. 나르바의 패전 이후 9년 만의 설욕이었다.

스웨덴을 격파하며 러시아는 발트해로 진출할 수 있는 발판을 마련했다. 그전까지 러시아는 스칸디나비아와 북극해 사이의 바다를 멀리 돌아 서유럽과 교역하고 있었다. 따라서 발트해 진출은 러시아에게 큰 의미가 있었다. 표트르 대제는 발트해 진출을 기념하며 그곳에 새로운 도시를 건설했다. 5만 명의 노동자가 10년 동안 건설한 이 도시는 러시아의 새 수도가 되는데, '성 베드로의 도시'라는 뜻인 상트페테르부르크라 이름 지어진다. 애초에 '표트르'도 베드로란 뜻이니 상트페테르부르크는 '표트르의 도시'라는 뜻이기도 하다. 상트페테르부르크라는 명칭은 독일식 이름이라 훗날 제1차 세계대전이 시작되고 독일에 대한 러시아의 적개심이 커지면서 러시아식 이름인 페트로그라드로 바뀌었다가, 레닌이 죽은 뒤 1924년 레닌그라드로 바뀌었고, 1991년 소련이 붕괴되면서 다시 상트페테르부르크로 돌아왔다. 표트르 대제는 러시아를 서구화시키고 발트해를 장악했지만, 한 가지 문제가 있었다. 바로 제위를 이을 황태자였다. 표트르 대제와 달리 황태자는 무술이나 군대에 관심이 없었다. 표트르 대제가 무술과 군대에 관심을 갖게 하려고 여러 번 회유했으나 황태자는 오히려 황제를 안 해도 좋으니 자신을 내버려두라고 호소했다. 아버지와의 갈등이 계속되자 황태자는 결국 외국으로 망명해버렸다. 이에 표트르 대제는 황태자에게 편지를 보내 모든 것을 용서할 테니 귀국하라고 했다. 귀국한 황태자는 사형을 선고받고 감옥 안에서 죽었다.

러시아의 팽창

표트르 대제가 40여 년간 러시아를 통치하는 동안 전쟁이 없었던 기간은 단 20개월에 불과하다. 1724년 11월 어느 날, 표트르 대제가 상트페테르부르크 근처의 무기 만드는 공장을 순시하던 중 보트 한 척이 여울에 걸려 꼼짝 못하는 것을 발견했다. 황제는 군인들에게 구조를 명했으나 진척이 없자 급한 성미를 참지 못하고 직접 물속에 뛰어들어 보트를 구했다. 하지만 이때 심한 폐렴에 걸리고 말았다.

　　병마를 이기지 못한 표트르 대제는 1725년 모든 힘을 끌어 모아 붓을 들었다. "모든 것을 맡을 사람은……" 하지만 마지막 한 단어를 쓰기도 전에 황제의 힘은 다했다. 누가 그의 뒤를 이을지도 밝히지 못한 채 말이다. 황태자는 이미 이 세상 사람이 아니었으니 권력의 공백이 생길 수밖에 없었다. 이때부터 37년간 6회의 쿠데타가 발생했고, 네 명의 여제와 세 명의 황제가 교체되었으며, 귀족들의 힘은 다시 커졌다.

표트르 대제가 죽은 뒤 여러 명의 황제를 거쳐 등장한 독일 공주 출신의 예카테리나 2세는 프로이센, 오스트리아와 손을 잡고 폴란드를 분할해 서쪽으로 영토를 확장해 나갔다. 또한 남하정책으로 오스만 제국을 격파하고, 흑해와 크림반도의 일부를 획득했으며, 알래스카에도 진출했다. 특히 러시아의 시베리아 원정을 앞에서 이끌었던 이들은 튀르크계 유목민과 유목화된 러시아인으로 구성된 옛 지배층 코사크인이었다. 코사크는 '자유인'을 뜻하는 튀르크어의 카자크에서 유래했다. 시베리아는 시비르강에서 유래했는데 시비르강은 몽골어로 '늪지대'란 뜻이다. 러시아의 시베리아 진출 때 베링이 지금의 베링 해협과 알래스카를

러시아의 영토 확장

발견해 러시아는 아메리카의 알래스카까지 영토를 영유하는(253쪽 지도
참고) 거대한 제국이 되었다. 하지만 이후 러시아는 720만 달러를 받고
알래스카를 미국에 매각하고 쿠릴 열도도 일본에 인도하면서 아시아의
바다에서도 후퇴했다. 이후 제2차 세계대전 때 소련이 다시 쿠릴 열도
도 점령하면서 현재 일본과 러시아 사이에는 쿠릴 열도 분쟁이 일어나
고 있다.

프로이센의 등장

튜턴 기사단의 기원은 제3차 십자군을 지원하기 위해 1190년경 성지
예루살렘 근처에 위치한 아크레에 세워진 야전병원이다. 이후 튜턴 기
사단은 이교도인 프로이센이 거주하고 있던 발트해 지역을 정복해 지배

타넨베르크 전투

하면서 프로이센 공국의 모태가 되었다. 튜턴 기사단은 오늘날 발트 3국 지역 외에도 북부 폴란드와 러시아 인근 지역까지 장악했으나 1410년 타넨베르크(지금의 스텐바르크) 전투에서 폴란드 - 리투아니아 연합군에 패하면서 폴란드의 영향력 아래 놓이게 되었다. 1701년 브란덴부르크 의 호엔촐레른 왕가가 이 프로이센 공국의 일부를 합쳐 프로이센 왕국 (1701~1918)이 등장했다.

1713년 프리드리히 빌헬름 1세가 국왕이 되면서 프로이센의 역 사는 큰 변화를 맞이한다. 그는 "짐은 프로이센의 재무장관이자 장군이 다"라고 하면서 프로이센의 행정과 군대를 개혁했다. 이전까지 4만 명 이 채 안 되었던 프로이센의 군대는 프리드리히 빌헬름 1세가 즉위하며 8만 명으로 증강됐다. 이는 유럽의 상비군 중 3위에 해당하는 수였다.

1740년 프리드리히 2세(재위 1740~1786)가 즉위하면서 프로이센 은 더 큰 변화를 맞게 된다. 그는 아버지 프리드리히 빌헬름 1세와 성격

프리드리히 2세

이 매우 달랐다. 프리드리히 빌헬름 1세는 전쟁과 군대만을 중시하며 아들에게도 이것에 대해 알아야 한다고 강요했지만, 프리드리히 2세는 군대나 전쟁보다는 철학과 문학을 좋아했고 플루트 연주를 즐길 정도로 예술가 기질이 강했다. 당연히 부자 사이에는 갈등이 많았다.

프리드리히 2세는 왕이 되자마자 문학도로서의 재능을 발휘해 마키아벨리의 『군주론』을 반박하는 『반마키아벨리』를 저술했다. 이 책을 통해 "국민의 행복은 군주의 이익보다 더 중요하다. 군주는 결코 그가 지배하는 국민의 절대적인 주인이 아니라 제1의 노복에 불과하다"라고 하며 스스로 국가 제1의 하복, 계몽전제군주를 자치했다. 아이러니한 점은 이랬던 그조차 왕이 된 지 반년도 안 되어 아버지를 닮아갔다는 사실이다.

예술가 군주, 군인왕이 되다

프리드리히 2세는 항상 군복 차림으로 다녔고 열 명의 학자나 예술가보다 단 한 명의 장교가 프로이센을 부국강병으로 만들어 준다고 이야기했다. 그는 솔선수범하고 무척 검소했으나 군대 증강에는 돈을 아끼지 않았다. 이때 프로이센의 군대는 거의 외국인 용병으로 구성됐는데, 이들은 독일어를 잘 하지 못했다. 하지만 다행스럽게도 프리드리히 2세가 병사를 만날 때마다 하는 질문은 순서와 내용이 거의 정해져 있었다. "그대는 나이가 어떻게 되는가?", "그대는 우리 군대에서 몇 년간 근무했는가?", "근무 조건과 급식 중 어느 쪽이 더 만족스러운가?" 어느 날 왕은 외국인 용병을 만나 여느 때처럼 질문을 건넸는데, 문제가 발생했다. 질문의 순서를 바꾼 것이다. 하지만 이를 알아들을 리 없는 용병은 평소 준비한 순서대로 대답해버렸다. "그대는 우리 군대에서 몇 년간 근무했는가?" "25년(25세)입니다." 이 젊은 병사의 대답에 프리드리히 2세는 놀랐다. "그대는 나이가 어떻게 되는가?" "두 살(2년)입니다." 더욱 놀란 프리드리히 2세가 다시 물었다. "도대체 그대와 나 둘 중 누가 바보인 것인가?" "둘 다입니다."

오스트리아 왕위계승전쟁(1740~1748)

프리드리히 대제라고도 불리는 프리드리히 2세는 프로이센의 군대를 강화하려면 슐레지엔 지역이 필요하다는 사실을 알았다. 프로이센은 영국(1707년 잉글랜드와 스코틀랜드가 연합해 만들어진 국가)과 프랑스와는 달리 상공업이 발달하지 못한 농업 중심의 국가였다. 반면 슐레지엔 지역은 섬유 공업이 발달했고 석탄과 철이 다량 매장돼 있었다. 문제는 이 땅이 오스트리아 합스부르크 가문의 소유라는 사실이었다.

1740년 오스트리아의 합스부르크 황제가 아들 없이 죽자 그의 딸 마리아 테레지아가 23세의 나이로 계승자가 되었다. 이때 프리드리히 2세는 선전포고도 없이 슐레지엔을 침공했다. 그는 오스트리아에 슐레지엔 지역을 달라고 요구하며 요구를 들어주면 마리아 테레지아의 계승권을 인정하겠다는 편지를 보냈다. 아무 명분도 없는 막무가내식 요구였다. 이에 마리아 테레지아는 젖먹이 아이를 끌어안고 출전해 군대를 진두지휘했다. 이렇게 시작된 것이 오스트리아 왕위계승전쟁이다.

이 전쟁에서 프랑스와 바이에른은 프로이센 편에 섰고, 영국은 오스트리아 편에 섰다. 프랑스는 오스트리아를 견제하기 위해, 영국은 프랑스를 견제하기 위해 이 같은 동맹을 맺은 것이다. 전투는 프로이센에

게 유리하게 돌아가 결국 슐레지엔이 프로이센에게 넘어갔다. 목적을
달성한 프리드리히 2세는 프랑스와 바이에른에 동의도 구하지 않고 전
선에서 이탈해 버렸다. 그야말로 침략도 제멋대로, 철수도 제멋대로였다.

　젊은 시절 감수성 풍부했던 프리드리히 2세가 무슨 계기로 이렇게
변했는지는 알 수 없다. 그의 『반마키아벨리론』을 근거로 추정해보면,
영토 확장을 통한 국민의 행복 증대야말로 국가 제1 하복이 수행해야
할 최고의 임무라고 판단한 것일지도 모른다. 그가 전선에서 제멋대로
이탈한 것도 흑심 가득한 동맹들과 관계를 이어 나갈 경우 국민의 행복
에 위협이 될 수 있다고 판단했기 때문일 수도 있다. 그렇게 보면 프리드
리히 2세는 마키아벨리즘을 비판한 것이 아니라 교묘히 이용한 것이라
할 수 있다.

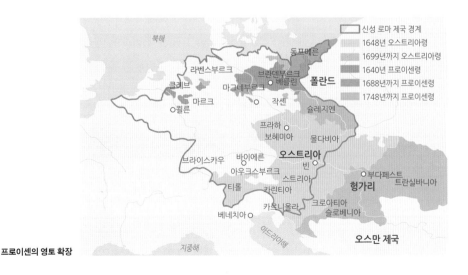

프로이센의 영토 확장

7년전쟁

전쟁에서 패배한 오스트리아는 반격을 위해 프랑스, 러시아와 손을 잡았다. 이전까지 오스트리아와 적대했던 프랑스는 프로이센의 힘이 강해지자 즉시 동맹을 바꿨다. 오스트리아와 프랑스에 둘러싸인 프로이센은 위기에 빠졌으나 프리드리히 2세는 공격이 최선의 방어라는 생각에 영국과 손을 잡고 1756년 오스트리아를 기습적으로 공격해 7년전쟁(1756~1763)을 일으켰다. 당시 영국은 북아메리카와 인도를 놓고 프랑스와 대립 중이었기에 프로이센 편을 들었다.

당연히 영국의 목표는 유럽이 아닌 북아메리카와 인도였기 때문에 해당 전선에 군대를 집중적으로 투입했다. 이 때문에 프리드리히 2세는 유럽 전선에서 고전해야 했지만 그동안 영국은 북아메리카와 인도 전투에서 모두 승리해 이 지역들에 대한 패권을 잡을 수 있었다. 만약 이때 프랑스가 승리했다면 지금 미국과 인도는 프랑스어를 쓰는 나라가 되었을 것이다. 이 시기에 인도를 놓고 영국과 프랑스가 맞붙은 전투가 그 유명한 플라시 전투이다.

영국이 유럽 전선에 군대를 투입하지 않았기 때문에 프로이센은 곧 수세에 몰렸다. 1759년에 수도 베를린까지 적군이 밀려왔고 슐레지엔은 다시 오스트리아에게 빼앗기고 말았다. 이 무렵 프리드리히 2세는 자살을 생각하며 항상 독약을 품고 다녔다. 하지만 행운의 여신이 그를 도왔다. 1762년 러시아의 황제가 바뀐 것이다. 러시아의 황제가 된 표트르 3세는 평소 프리드리히 2세를 몹시 존경했다. 러시아는 오스트리아, 프랑스 동맹에서 이탈하고 프로이센을 지원하겠다는 제의까지 했다. 사태가 이렇게 전개되자 오스트리아의 마리아 테레지아는 휴전을 제의했고 이를 통해 슐레지엔은 다시 프로이센의 차지가 되었다. 하지만 이것은 오스트리아의 성급한 양보였다. 러시아에서 표트르 3세의 아내 예카테리나 2세(재위 1762~1796)가 근위대와 손을 잡고 표트르 3세를 없앤 뒤 스스로 황제가 된 것이다.

7년전쟁을 겪으며 프로이센 단독의 국력으로는 한계가 있다는 것을 알게 된 프리드리히 2세는 새로 황제가 된 예카테리나 2세의 환심을 사고자 폴란드 분할을 제의했다. 이로 인해 폴란드는 프로이센, 러시아, 오스트리아 세 나라에 의해 분할되었다.

프리드리히 2세는 왕이 된 이후에도 예술을 좋아하는 기질이 남았는지 베를린에서 조금 떨어진 포츠담에 로코코 양식의 상수시 궁전을

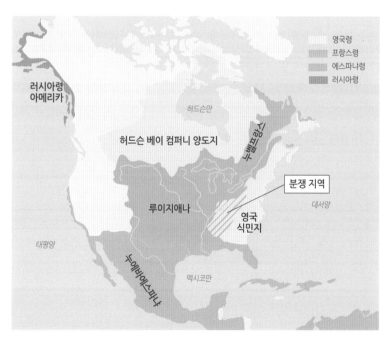

1750년의 아메리카
프랑스는 1627년 재상 리슐리외의 정책 아래 퀘벡에 거점을 마련하지만 7년전쟁을 통해 루이지애나를 제외한 북아메리카 대부분이 영국의 소유가 된다. 이 같은 역사로 인해 영국계 주민이 대부분인 캐나다의 다른 지역과 달리 퀘벡주는 주민의 80퍼센트가 프랑스계이다.

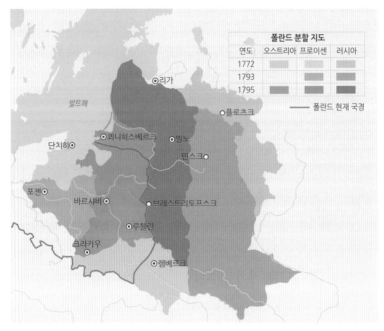

폴란드 분할 지도

연도	오스트리아	프로이센	러시아
1772			
1793			
1795			

―― 폴란드 현재 국경

발트해

리가

플로츠크

쾨니히스베르크   빌노

단치히   민스크

포젠   브레스트리토프스크

바르샤바

루블린

크라카우

렘베르크

폴란드의 분할

만들어 그곳에서 예술을 즐겼다. 그는 또한 평생 독일어가 아닌 프랑스
어를 사용했다. 당시 유럽에서 예술이 가장 발달한 나라가 프랑스였기
때문이다. 이로 인해 당시 러시아 국민은 모두 러시아어를 썼지만 왕실
에서는 프랑스어만 사용했다. 1786년 항상 검소하고 국가만 생각했던
프리드리히 2세가 74세의 나이로 사망했다. 프리드리히 2세는 아버지
가 물려준 8만 명의 군대를 20만 대군으로 만들었고, 전시 예비금도 최
초의 금액보다 5배에 달하는 금액으로 불렸다.

6

온 유럽을
뒤흔든
자유를
향한 열망

자유주의와 민족주의

영국에서 싹튼 변화의 씨앗

영국 시민혁명의 첫 번째 배경: 의회

1066년 프랑스의 신하인 노르망디 공 윌리엄이 잉글랜드를 정복하고 노르만 왕조를 세웠다. 하지만 프랑스어를 쓰는 극소수의 노르만족이 영어를 쓰는 다수의 앵글로색슨족을 통치하기는 어려운 일이었다. 이에 앵글로색슨족 귀족들이 노르만 왕조의 자문역을 맡으며 점차 자신들의 발언권을 키워 가게 된다.

왕의 권한을 제한하는 「대헌장」에 존 왕이 서명하고 정확히 50년이 지난 1265년, 왕과 대립하던 영국 귀족 시몽 드 몽포르가 귀족과 성직자 등을 소집하니 이것이 영국 의회의 시작이었다. 그를 진압한 에드워드 1세는 의회에 큰 관심을 가졌고, 자신의 재위 중에 여러 차례 의회를 연다. 특히 1295년에 귀족과 고위 성직자, 각 지방의 대표자들을 불러 개최한 의회는 후대의 모범이 될 만하다 하여 '모범 의회'라 불린다.

앞서 필리프 4세가 교황인 보니파키우스 8세를 아비뇽에 유폐시킬 당시(아비뇽 유수) 프랑스의 삼부회가 도움을 주었다고 언급한 바 있다. 이 삼부회는 신분별로 제1신분인 성직자, 제2신분인 귀족, 제3신분인 상인, 농민, 수공업자 등이 참가했다. 하지만 잉글랜드의 의회는 이와 대조적이었다. 신분이 아닌 능력을 바탕으로 의회에 진출할 수 있었기 때문이다.

영국 시민혁명의 두 번째 배경: 인클로저 운동

16~17세기에 이르러 잉글랜드에서는 모직물 산업이 발달했다. 이 모직물은 전 유럽을 석권했고, 이로 인해 아메리카의 막대한 은이 에스파냐를 거쳐 잉글랜드로 흘러왔다. 그런데 모직물은 양의 털로 만드는 물건이다 보니 목장의 수가 점차 늘었고, 이에 부자들은 큰 수익을 얻을 수

있는 양을 키우기 위해 자기 땅에서 소작하던 가난한 농민들을 몰아냈다. 이것이 바로 제1차 인클로저 운동이다. 여기에서 인클로저(enclosure)란 목초지를 구분하던 울타리를 가리킨다. 『유토피아』의 저자 토머스 모어는 제1차 인클로저 운동을 가리켜 "양이 사람을 잡아먹는다"라고 표현했다. 지주들이 양 목축을 위해 소작농의 생계를 빼앗아 버리는 상황을 비꼰 것이다. 그가 이상적인 사회로 유토피아를 제시한 것 역시 당대의 빈부 격차에 대한 그 나름의 해결책이었다.

18세기에 접어들면서 영국의 인구는 두 배로 늘어났고, 이는 곡물 수요의 증가로 이어졌다. 곡물 값이 치솟자 대지주들은 상업적 농업으로 더 높은 이윤을 창출하기 위해 소농민의 토지를 매수·병합했다. 이것이 제2차 인클로저 운동이다. 그 결과 토지를 상실한 다수의 농민들이 도시 노동자로 흡수되었다.

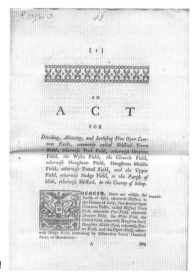

18세기의 인클로저 법령

런던의 경우 1500년경 인구가 6만 명이었지만 1640년에는 45만 명으로 증가했다. 역설적인 것은 풍부하고 값싼 노동력으로 인해 훗날 잉글랜드에서 가장 먼저 산업혁명이 일어났다는 사실이다. 값싼 임금 은 저렴한 상품으로, 저렴한 상품은 시장 경쟁력 증가로 이어지기 때문 이다. 한편 인클로저 운동으로 등장한 지주층은 젠트리라 불렸고, 그중 많은 이가 칼뱅파인 청교도 신자들이었다. 앞서 설명했듯이 스위스에서 생겨난 칼뱅파는 프랑스의 위그노, 네덜란드의 고이센, 스코틀랜드의 장로교, 잉글랜드의 청교도로 분화된 상태였다.

청교도 혁명

잉글랜드의 시민혁명을 이해하려면 먼저 이곳의 종교에 대해 정확히 알 아야 한다. 가장 먼저 잉글랜드에 정착한 크리스트교는 로마 가톨릭이 다. 이후 헨리 8세가 영국 국교회를 수립했고, 그와 비슷한 시기에 유럽 대륙에서 칼뱅파 신학이 유입되면서 청교도를 구성했다. 청교도 혁명이 그 이름처럼 청교도를 중심으로 이루어진 혁명이라면, 이후에 등장하는 명예혁명은 영국 국교회를 중심으로 진행된 혁명이다.

사건의 발단은 잉글랜드를 유럽의 강국으로 만든 엘리자베스 1세의 죽음이었다. 1603년, 위대한 여왕이 후계자 없이 세상을 떠나면서 파란만 장한 역사의 튜더 왕조가 단절된다. 이에 신하들은 여왕과 가장 가까운 혈 통의 왕족을 찾게 되는데 그가 스코틀랜드의 왕 제임스 1세였다.

스코틀랜드와 잉글랜드를 동시에 다스리게 된 제임스 1세는 왕권 신수설을 주장하며 신하들의 절대 복종을 요구했다. 그는 여태껏 왕실 과 협력해 잉글랜드를 다스려온 의회를 무시했고, 영국 국교회를 강조하며 청교도를 탄압했다. 이에 청교도들은 탄압을 피해 1620년 메이플라워호를 타고 아메리카로 이주했다. 하지만 그럼에도 제임스 1세의 치세에는 큰 사건이 일어나지 않았다. 그는 사교성이 뛰어났고 개인적인 매력도 갖추고 있어서 아랫사람들로부터 인기가 있었기 때문이다. 또한 제임스 1세는 고향 스코틀랜드를 여러 차례 방문해 자칫 소외감을 느낄 수 있는 그 지역 사람들을 다독이고 왕실에 대한 지지를 끌어냈다. 거기에 엘리자베스 1세 시절 정점에 달했던 왕의 권위도 아직 사라지지 않은 상태였다. 의회는 내심 불만을 가지면서도 새 왕에게 복종했다.

　하지만 제임스 1세를 이어 즉위한 찰스 1세는 아버지의 나쁜 행동만 따라 했다. 그가 대외 전쟁을 위해 의회의 승인도 없이 세금을 매기려 하자 결국 참다못한 의회는 1628년 「권리청원」을 제출했다. 이것은 의회의 동의를 받지 않은 과세와 자의적인 인신 구속을 금지하는 내용을 담고 있었다. 전쟁 비용이 필요했던 찰스 1세는 어쩔 수 없이 이에 서명했으나, 이 일로 원한을 품고 1629년에 휴회를 선언해 무려 11년 동안 의회를 소집하지 않았다. 왕과 의회 간의 갈등이 깊어져만 갔다.

　그러던 중 스코틀랜드에서 문제가 터졌다. 당시 이곳은 칼뱅파인 장로교를 믿고 있었다. 하지만 찰스 1세는 왕실의 권위와 양 국가의 사상적 통일을 위해 스코틀랜드에도 영국 국교회를 강요했다. 당연히 엄청난 반발이 일어났다. 스코틀랜드인들의 민심을 얻기 위해 공을 들였던 아버지 제임스 1세의 노력은 한순간에 물거품이 되었다.

　1639년, 스코틀랜드인들이 신앙의 자유를 지키기 위해 무장봉기를 일으키자 찰스 1세는 군대를 모아 이를 진압하고자 했다. 하지만 경비가 부족해 군대를 유지할 수 없었다. 결국 그는 이듬해 11년 만에 의회를 열어 추가적인 과세를 허용해줄 것을 요구했다. 물론 왕에 대한 원한이 가득했던 의회가 이를 허락해줄 리 없었다. 그들은 그 자리에서 찰스 1세가 저지른 여태까지의 잘못을 지적했고, 화가 난 왕은 그대로 의회를 해산해버렸다.

상황이 이렇게 되니 스코틀랜드의 반란을 진압하는 것은 불가능했다. 반란군은 잉글랜드 영토까지 침범하기 시작했다. 찰스 1세는 다시 의회를 열 수밖에 없었다. 하지만 이 자리에서도 찰스 1세의 전제정치를 비판하는 목소리가 쏟아져 나왔다. 이제 왕과 의회 사이의 골은 돌이킬 수 없을 만큼 파였다. 결국 스코틀랜드와의 전쟁도 제대로 마무리 짓지 못한 채, 잉글랜드는 왕을 지지하는 왕당파와 의회를 지지하는 의회파로 분열되어 내전에 휩싸였다.

의회파는 청교도 위주로 구성되었는데 이들은 앞서 설명했듯 젠트리 출신이었다. 이들 중 특히 두각을 드러낸 인물이 올리버 크롬웰이었다. 크롬웰의 병사들은 성서를 휴대하고 틈만 나면 한자리에 모여서 기도했다. 이런 종교적 열정과 엄격한 규율 때문에 이들은 '아무리 두들겨 맞아도 끄떡없는 철기대'라 불렸다. 초창기 왕당파에게 유리하게 돌아가던 내전은 크롬웰이 이끈 철기대의 활약으로 전세가 역전되기 시작했다. 특히 1645년 네이즈비 전투에서 크롬웰의 철기대가 왕당파를 격파하면서 내전은 의회파의 승리로 끝났다. 이때 찰스 1세는 스코틀랜드로 도주하지만 곧 그의 신병은 의회로 넘어갔다. 이후 의회를 장악하고 대다수의 의원을 구속한 크롬웰은 자신을 추종하는 소수의 의원들만 데리고 포로가 된 찰스 1세에게 사형을 선고했다. '국가에 대한 반역죄'를 저질렀다는 명목이었다.

군중 앞에 끌려 나온 찰스 1세는 몸에 지니고 있던 보석과 훈장 한 개를 옆에 있던 성직자에게 준 뒤 처형대 위에 올랐다. 흐린 겨울의 한낮이었다. 1649년 1월 30일 오후 2시 4분, 도끼가 번쩍 빛나자 찰스 1세의 머리가 바닥에 굴렀다. 순간 군중들은 일제히 비명을 질렀다.

이후 크롬웰은 스스로 호국경이 되어 영국 역사상 처음이자 마지막으로 공화정을 시행했다. 그는 1651년 잉글랜드의 상인, 즉 부르주아지들을 위해 항해법(항해조례)을 제정했는데, 이 법은 잉글랜드 및 그 식민지로 들어오는 재화의 수송은 잉글랜드 선박 및 잉글랜드 선원에 의해서만 이루어질 수 있다는 내용이었다. 이는 당시 중개무역을 통해 큰 이득을 얻고 있던 네덜란드를 견제하기 위한 법이었다. 항해법으로 잉글랜드와 네덜란드 사이에 갈등이 생기면서 이는 결국 전쟁으로 이어졌다. 전쟁 자체는 서로에게 결정적인 타격을 입히지 못한 채 끝났지만, 이때를 기점으로 네덜란드는 해상 무역 최강국의 지위에서 내려와야 했다.

이 같은 노력에도 불구하고 크롬웰은 국내에서 큰 인기를 끌지 못했다. 금욕적인 청교도의 삶을 국민들에게 강요했기 때문이다. 술, 도박, 사치를 금지한 크롬웰의 정치는 국민들의 원망을 샀고, 차라리 왕이 있던 시절이 나았다고 생각하는 이들마저 생길 정도였다.

명예혁명

결국 크롬웰이 죽자 잉글랜드는 1660년에 프랑스에 망명 중이던 찰스 1세의 아들 찰스 2세를 데려와 잉글랜드의 왕으로 세웠다. 왕정이 부활한 것이다. 당시 잉글랜드의 국민들은 귀국하는 찰스 2세를 열렬히 환영하며 거리에 꽃을 뿌렸고, 교회에서는 종을 울렸다.

돌아온 왕은 부왕인 찰스 1세의 복수를 의회에 맡겼고, 의회는 즉시 이에 응했다. 의회는 과거 크롬웰을 따라 찰스 1세의 처형 판결문에 서명했던 자들 가운데 살아남은 이들을 참수한 다음 크롬웰의 시체를 관 속에서 꺼내 목을 자르고 길거리에 매달았다. 의회가 자신에게 복종하는 모습에 자신감을 얻은 찰스 2세는 친가톨릭 정책을 단행하려 했다. 사실 그는 열렬한 가톨릭교도였던 것이다. 아버지 찰스 1세가 스코틀랜드에 영국 국교회를 강요하다가 청교도 혁명으로 목숨을 잃은 것을 생각하면 황당한 일이 아닐 수 없었다.

1670년, 찰스 2세는 사촌 형제인 프랑스의 태양왕 루이 14세와 도버 조약을 체결했다. 이때 체결된 조약은 비밀 조약과 공식 조약으로 나뉜다. 6월 1일 체결된 비밀 조약에 따르면 찰스 2세는 자신이 로마 가톨릭교도임을 선언하는 대가로 프랑스로부터 2만 파운드의 돈을 제공받으며, 필요할 경우 6,000명의 프랑스군도 지원받을 수 있었다. 여기에 더해 공식 조약에서는 신교 국가이자 잉글랜드의 해상 무역 경쟁국인 네덜란드와 싸울 수 있도록 연간 30만 파운드를 받기로 협의가 이루어졌다. 이 같은 조약의 내용은 의회에 발각되었고, 이에 의회는 1673년 심사법(Test Act)을 제정해 영국 국교회만이 공직에 나갈 수 있도록 했다. 이어서 1679년에는 부당하게 인신을 구속하지 못하게 하는 인신보호령도 제정했다. 이처럼 왕권을 제한하는 법률이 잇달아 통과되자 왕실과 의회 사이에는 다시 불온한 기운이 감돌았지만, 얼마 지나지 않아 찰스 2세가 병으로 세상을 떠났다.

찰스 2세 뒤를 이어 왕이 된 제임스 2세 역시 전제정치를 강화하고 가톨릭교도 우대 정책을 실시했다. 이에 의회는 제임스 2세를 폐위하고 그의 딸인 메리와 메리의 남편이자 네덜란드 총독인 윌리엄 3세를 공동 왕으로 추대했다. 공동 왕으로 즉위한 윌리엄과 메리는 1689년 의회가 제출한 「권리장전」을 승인해 피 한 방울 흘리지 않고 정권교체가 이루어졌다. 이를 명예혁명이라 한다.

「권리장전」은 「대헌장」, 「권리청원」의 전통을 이어 왕권을 제한하는 내용뿐 아니라 국민의 자유권을 보장하는 내용까지 아우르고 있었다. 잉글랜드, 훗날 영국이 전제군주제에서 입헌군주제로 전환될 수 있었던 것은 바로 이 「권리장전」이 그 토대를 닦은 덕분이었다. 입헌군주제란 군주는 있되 부르주아지 엘리트를 중심으로 뭉친 의회가 나라를 통치하는 시스템이다.

잉글랜드에서 있었던 두 차례의 시민혁명, 청교도 혁명과 명예혁명은 닮은 것 같으면서도 서로 다르다. 청교도 혁명이 그 이름대로 칼뱅파 청교도가 중심이었다면, 명예혁명은 영국 국교회의 신자들이 중심이었

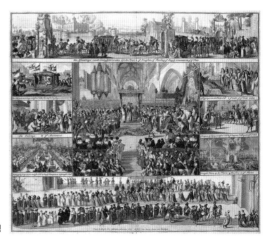

명예혁명

다. 또 청교도 혁명으로 공화정이 실시되었다면, 명예혁명으로는 입헌군주제가 이루어져 오늘날까지 영국은 입헌군주제 국가로 유지되고 있다.

1707년 앤 여왕 때는 잉글랜드와 스코틀랜드가 통합되어 대영제국, 즉 지금의 영국이 성립했다. 앤 여왕 사후에는 독일의 하노버 공이 조지 1세로 즉위하니 이것이 하노버 왕조이다. 그런데 조지 1세는 독일 출신이라 영어를 제대로 하지 못했고, 정치에도 큰 관심이 없어 대부분의 결정을 의회에 위임했다. 이것은 영국의 입헌군주제가 더 쉽게 자리 잡도록 만들었다. 하노버 왕조는 이후 윈저 왕조라고 불리게 되는데, 제1차 세계대전으로 독일에 대한 감정이 안 좋아져 독일식 표현인 '하노버'를 '윈저'로 바꾼 것이다.

영국의 네 지역과 국기
우리가 영국이라고 부르는 국가의 정식 명칭은 '그레이트브리튼과 북부 아일랜드 연합왕국'이다. 즉, 영국은 앵글로색슨족의 잉글랜드와 켈트족의 스코틀랜드, 웨일스, 북아일랜드로 이루어진 연방이다.

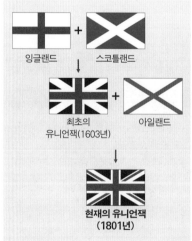

잉글랜드 + 스코틀랜드

최초의 유니언잭(1603년) + 아일랜드

↓

현재의 유니언잭 (1801년)

스코틀랜드
에든버러

북아일랜드
벨파스트

아일랜드

웨일스
카디프

잉글랜드
런던

산업혁명

17세기 말부터 면직물이 유럽의 새로운 주력 상품으로 부상했다. 이것은 인도에서 수입한 아열대 작물로 만든 상품으로, 양의 털로 만든 모직물이 세탁하기 어렵고 비싼 것에 비해 면화로 만든 면직물은 값이 싸고 세탁도 쉬웠다. 면직물이 폭발적으로 팔리자 몇몇 국가에서는 기존의 모직물 산업을 보호하기 위해 면직물 사용 금지 등의 정책을 써봤으나 대세를 바꾸진 못했다.

영국 부르주아지들도 처음에는 인도에서 면화를 수입하다가 이후에는 서인도제도 카리브해에서 면화를 직접 재배하기 시작했다. 부드럽고 질기며 습기를 잘 흡수하는 면직물은 만들기만 하면 전부 팔려 나갔다. 하지만 서인도제도의 면화 생산은 노예제를 기반으로 한 것이어서 인도산 면직물보다 가격이 비쌌다. 면직물을 더 싸게 만들 수 있는 방법이 필요했다.

이에 1760년대 모직물 생산에 이용하던 플라잉 셔틀(나는 북)이라는 장치를 면직물 생산에 사용하기 시작했다. 플라잉 셔틀은 1730년 존 케이가 발명한 물건으로, 기존의 방식대로 직물을 짤 경우 일일이 손으로 씨실을 넣어야 했던 과정을 자동화시킨 장치였다. 이것을 쓰면 기존의 방직기보다 직물의 폭을 키울 수 있었을 뿐 아니라 생산 속도도 크게 높일 수 있었다.

플라잉 셔틀이 면직물 공정에 도입되면서 생산 능률이 두 배 이상 증가하자 이제는 원료인 면사가 부족해졌다. 이제 천을 짜는 방직기가 아닌 실을 뽑는 방적기가 필요해졌다. 이에 부응해 하그리브스가 제니 방적기(1765)를 발명했고, 아크라이트는 수력 방적기(1769)를 개발했다. 하지만 이 기계들에는 단점이 있어 1779년 크롬프턴이 두 방적기의 장점만 조합해 뮬 방적기를 발명했다. 이를 기술혁명이라고 한다.

　이어 와트가 증기기관을 개량하면서 증기를 사용해 면직물을 생산했다. 이를 동력혁명이라고 한다. 이처럼 짧은 시간에 이뤄진 혁신을 산업혁명이라 한다. 산업혁명이 영국에서 가장 먼저 일어난 배경으로는 모직물 산업으로 자본이 축적되어 있었다는 점, 해외 식민지가 많았다는 점, 석탄과 철 등 지하자원이 풍부했다는 점, 인클로저 운동으로 노동력이 풍부했다는 점, 명예혁명으로 정치적 안정이 이루어졌다는 점 등을 들 수 있다. 1830년대에는 증기기관차가 발명되었으며, 이후 전선과 전화가 발명되어 통신혁명까지 이루어졌다. 영국은 18세기 후반, 벨기에와 프랑스는 19세기 전반, 미국, 독일, 러시아, 일본은 19세기 후반에 산업혁명이 시작되었다.

　산업혁명으로 자본주의가 발전할수록 빈부 격차는 더 심해졌다. 기계 장치에 일자리를 빼앗긴 노동자들은 기계 파괴 운동인 러다이트 운

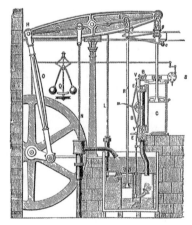

증기기관의 도면

동을 전개했고, 자본주의를 반대하는 사회주의가 발생했다. 영국의 오언과 프랑스의 생시몽은 공동 생산과 공동 소비를 주장하는 공상적 사회주의를 제창했으며 이후 독일의 마르크스는 좀 더 체계화된 과학적 사회주의를 주장했다. 유럽에서 문화적 근대는 14세기 르네상스로부터 시작되지만 정치적·경제적 근대는 18세기 시민혁명과 산업혁명으로부터 시작된다고 본다. 물론 그 중심은 영국이었다.

미국 혁명

1492년 콜럼버스가 아메리카를 발견하고 약 150년이 지난 시점에는 이미 많은 유럽인들이 미국으로 건너온 상태였다. 앞서 언급한 잉글랜드의 청교도뿐 아니라 다른 신교도와 가톨릭교도도 왔다. 이들 중에는 정치적 박해를 피하기 위해 온 사람도 있었지만 다른 이유로 이주한 사람도 있었다. 가령 영국은 이민자들에게 토지를 무상으로 분배해주었기 때문에 매년 수만 명이 미국으로 건너왔다. 오스트리아, 폴란드, 러시아 등 유럽 동부 내륙 국가의 경우 신대륙에 대한 정보가 많지 않아 이민자의 수가 상대적으로 적었다.

　　아메리카에는 인디언만 살고 있어서, 즉 봉건적 신분 질서가 없는 곳이어서 이곳으로 온 이민자들은 누구나 평등했고 영국 정부도 이민자의 수를 늘리기 위해 건전한 방임정책을 폈다. 그러나 7년전쟁으로 재정이 악화되면서 영국의 조지 3세는 갑자기 식민지인 미국을 직접 통치하려 했다. 그는 설탕세와 인지세 등 각종 세금을 부과했다. 특히 인지세로 인해 식민지(미국 지역) 주민들은 신문이나 책, 심지어 트럼프에도 정부의 인지를 구입해서 붙여야 했다. 이에 식민지 주민들은 거세게 항의

하고 '대표 없는 곳에 과세는 없다'를 주장하며 영국 의회에 대표를 보내려 했다. 하지만 영국은 이를 무시했다.

이후 영국은 차, 유리, 종이 등에도 세금을 부과하려다 식민지 주민들이 격앙된 반응을 보이자 결국 차를 제외한 나머지 과세는 폐지했다. 하지만 식민지 주민들의 분노는 사그라들지 않았다. 이런 상황 속에서 영국은 팔리지 않아 창고에 쌓여 있던 차를 미국에 저렴한 가격으로 팔기로 결정한다. 미국의 밀수업자들에게는 청천벽력 같은 소식이었다. 밀수한 차로 돈을 벌던 그들로서는 값싼 차가 합법적인 경로로 들어올 경우 큰 타격을 입을 수밖에 없기 때문이다. 결국 1773년, 급진파 식민지 주민들은 항의의 표시로 인디언으로 변장한 채 보스턴에 정박해 있던 동인도회사의 선박에 쳐들어가 거기 실린 차 상자를 바다에 버렸다.

이에 영국 정부는 즉각 보스턴 항구를 폐쇄하고 보스턴을 포위했다. 하지만 이 같은 대응은 식민지 주민들을 더 흥분시켰다. 1774년, 필라델피아에서 식민지 대표들이 모여 제1차 대륙회의를 개최했다. 이 자

보스턴 차 사건

리에서 식민지 주민들은 영국과의 통상 중지, 영국 상품의 수입 금지를 결의했다. 그 뒤 영국과 군사적 충돌이 일어나자 1776년에 열린 제2차 대륙회의에서 조지 워싱턴을 총사령관으로 하는 군대를 조직했다. 이어서 7월 4일에 만장일치로 「독립선언서」를 채택했다.

「독립선언서」

인류의 역사에서 한 민족이 다른 민족과의 정치적 결합을 해체하고, 세계의 여러 나라 사이에서 자연법과 자연의 신의 법이 부여한 독립, 평등의 지위를 차지하는 것이 필요하게 되었을 때 우리는 인류의 신념에 대해 엄정하게 고려해 보면서 독립을 요청하는 여러 원인을 선언할 수밖에 없게 되었다. 다음과 같은 사실을 자명한 진리로 받아들인다. 즉, 모든 사람은 평등하게 태어났고, 창조주로부터 몇 개의 양도할 수 없는 권리를 부여받았으며, 그 권리 중에는 생명과 자유와 행복의 추구가 있다. 이 권리를 확보하기 위하여 인류는 정부를 조직했으며, 이 정부의 정당한 권력은 인민의 동의로부터 유래하고 있는 것이다. 또 어떤 형태의 정부든 이러한 목적을 파괴할 때에는 언제든지 정부를 개혁하거나 폐지하여 인민의 안전과 행복을 가장 효과적으로 가져올 수 있는, 그러한 원칙에 기초를 두고 그러한 형태로 기구를 갖춘 새로운 정부를 조직하는 것은 인민의 권리인 것이다…….

하지만 독립군의 여건은 열악했다. 1775년 시점에서 아메리카 13개 주의 식민지 인구는 약 300만 명이었는데 그중 40퍼센트만 독립을 주장했고, 독립군의 규모는 겨우 3만~4만 명인 데다 조지 워싱턴이

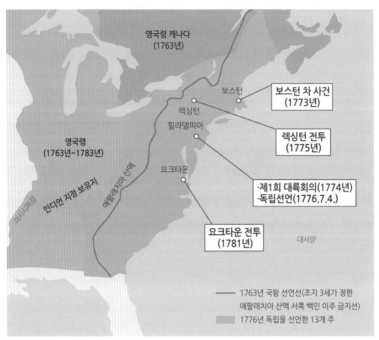

미국의 성립

지휘했던 부대는 1만 6,000명 정도였다. "여러분은 왔다. 나로선 그 이유를 모른다. 여러분은 사라진다. 언제 없어질지 모른다. 양식은 떨어지고 군수품은 부족하다." 조지 워싱턴의 이 말에서 알 수 있듯이 독립군은 매우 열악했다. 「독립선언서」가 채택될 때만 해도 말이 만장일치지, 고의로 결석한 자도 있었고 어쩔 수 없이 동의한 자도 있었으며, 어쩔 줄 몰라 쩔쩔맨 자도 있었다. 이처럼 미국 혁명 초기의 사정은 매우 열악했지만 이후 외국의 원조를 계기로 전세가 역전되었다. 프랑스, 에스파냐, 네덜란드가 영국을 견제하기 위해 미국을 지원한 것이다.

흑인 노예들 역시 미국 혁명의 성공에 기여했다. 당시 식민지(미국 지역)에는 50만 명 이상의 흑인 노예가 있었는데 그중 5,000명 이상이 독립군에 가담했다. 미국 혁명의 발단 중 하나였던 보스턴 학살(1770) 때 최초로 희생된 자도 흑인 노예였다. 흑인 노예, 심지어 여자 흑인 노예까지 독립을 위해 싸웠다. 아이티 출신 흑인 700명은 미국 독립을 위해 죽음을 무릅쓰고 싸워 10여 년 뒤 프랑스 혁명 무렵에는 아이티 흑인 공화국을 세우기도 했다. 이처럼 흑인 노예의 공이 컸기에 제퍼슨은 「독립선언서」 초안에 노예 해방 내용을 넣었지만 이것은 나중에 수정되었고, 결국 미국 혁명의 영광은 백인만 차지하게 되었다.

　　프랑스의 경우 정부만 미국을 지원했던 것이 아니다. 이미 홉스, 로크, 루소의 사회계약설과 계몽사상에 심취한 프랑스 시민들은 미국의 전투에 자발적으로 참여했다. 결국 식민지 민병대는 새러토가 전투와 요크타운 전투에서 영국군에 승리했다.

　　이후 1783년 파리 조약으로 식민지 13개 주의 독립을 승인받았으며, 조지 워싱턴이 초대 대통령이 되었다. 독립 이후 미국의 주들은 '형제애'를 뜻하는 필라델피아를 수도로 하는 느슨한 연합체였으나 전쟁으로 발행했던 화폐가 공신력을 잃어 물가가 폭등하는 등 경제적 침체가 나타나자 1787년 연방헌법을 제정해 강력한 중앙집권적인 연방국가로 미국을 개조한 뒤 1800년에 워싱턴을 수도로 삼았다. 이때 미국은 강력한 연방국가를 만드는 대신 몽테스키외가 구상한 삼권분립을 채택했다. 삼권분립이란 행정권, 입법권, 사법권의 분립을 뜻하는 말로 몽테스키외의 꿈은 신대륙에서 비로소 실현되었다.

프랑스 신문에 소개된 자유의 여신상
자유의 여신상은 원래 뉴욕이 아닌 파리에서 만들어졌다.
1876년 미국 독립 100주년을 기념해 프랑스가 미국에 선물한 것이다.
이후 1889년 프랑스에 거주하는 미국인들이 프랑스에 기존의 자유의
여신상보다 작은 자유의 여신상을 선물했다.

유럽 최강국에서 터진
자유와 권리의 외침

프랑스에 감도는 긴장감

프랑스 혁명이 발생할 당시 프랑스는 유럽에서 가장 강한 나라 중 하나였다. 프로이센의 인구가 800만 명, 영국의 인구가 1,500만 명 정도인데 비해 프랑스의 인구는 약 2,600만 명이었다. 과거 절대왕정은 봉건귀족들의 폐단을 시정하고 그들의 횡포를 견제해 부르주아지의 신뢰를 받았으나, 힘 싸움에서 진 귀족들이 왕에게 굴복하면서 왕은 복종하는 귀족들을 다시 우대하기 시작했다. 하지만 이미 프랑스 국민들은 사회계약설과 계몽사상에 영향을 받은 데다 미국 혁명에도 참여하면서 자유주의 정신이 강해진 상태였다.

당시 프랑스에서는 총인구의 0.004퍼센트에 불과한 제1신분의 성직자들이 프랑스 전 국토의 10퍼센트를 소유했으며, 출생·결혼·교회뿐 아니라 학교 교육도 장악해 엄청난 경제적·사회적 특권을 누리고 있었다. 25만 명 정도인 제2신분 귀족은 군대와 행정의 고위직을 도맡았고 전 국토의 20퍼센트를 소유했다. 아들이 두 명인 경우 한 명은 아버지의 자리를 물려받고 다른 한 명은 성직자가 되었으니 제1신분과 제2신분은 모두 같은 귀족이라 할 수 있었다.

프랑스 혁명의 주체는 제3신분에 속하는 상인, 농민, 수공업자 등이었다. 1788년부터 시작된 흉작은 농민들의 비참함을 가중시켜 프랑스 내의 긴장감을 높였다. 루이 14세 재위 말부터 이미 왕실 재정이 궁핍해졌고, 미국 혁명을 지원하면서 적자는 더 가중되었다. 총 국가 세출의 50퍼센트 이상이 빚을 갚는 것과 이자 지불에 지출될 정도였다. 빚을 얻어 빚을 갚는 악순환이었다. 이에 루이 16세는 1614년 이후 소집되지 않았던 프랑스 의회, 즉 삼부회를 소집했다.

당시 영국은 이미 명예혁명을 통해 귀족에서 부르주아지로 권력이 이행하는 것을 인정하고 보장한 상태였다. 이것을 본 프랑스 제3신분들은 프랑스 역시 평화로운 형태로 귀족에서 부르주아지로 권력이 이행되길 원했고, 그럴 수 있다고 믿었다. 실제로 루이 16세는 삼부회 내에서 제3신분의 정원을 두 배로 늘릴 것을 윤허했고, 이에 국민들은 열렬히 환영하며 국왕의 은혜에 감사했다.

신분 격차가 일으킨 갈등

이후 삼부회는 제1신분에서 247명, 제2신분에서 188명, 제3신분에서 500명의 대표를 뽑아 안건을 처리하게 했다. 그러나 안건을 처리할 때의 투표 방식이 문제였다. 제3신분은 당연히 머릿수대로 투표할 것을 주장한 반면 제1신분과 제2신분은 기득권을 유지하기 위해 신분별로 투표할 것을 주장한 것이다. 머릿수대로 투표하게 되면 제3신분의 주장이 채택되지만, 신분별로 투표하면 인원수가 적은 제1신분과 제2신분

앙시앵 레짐 풍자화

이 주장하는 내용이 채택되기 때문이었다. 이와 같은 신분 간의 갈등이 프랑스 혁명의 도화선이 되었다. 어떻게 보면 프랑스 혁명은 귀족들이 자신들이 누리던 기득권을 지키려 한 것 때문에 발발했다고도 볼 수 있다. 따라서 "귀족이 혁명을 시작하고 평민이 이를 완수했다"라는 표현은 프랑스 혁명의 시작에 대한 날카로운 안목이 돋보이는 말이다.

여하튼 아직 삼부회 투표 방식이 결정되지 않은 상황에서, 머릿수 투표를 요구했던 제3신분은 6월 17일 삼부회를 포기하고 별도로 국민의회를 결성했다. 이 무렵 프랑스의 민중들 사이에서는 삼부회가 신분별 투표를 결정해 앙시앵 레짐, 즉 구체제의 모순을 옹호하려 한다는 소문이 나돌았다. 여기에 더해 시민들의 움직임에 위협을 느낀 루이 16세가 군대를 움직여 시민들을 학살하려 한다는 유언비어까지 나돌았다. 분노한 시민들은 민병대를 조직하고 무기 판매점을 약탈했다. 더 나아가 국가의 병기 창고를 습격해 총과 대포로 무장한 시민들은 화약이 바스티유 감옥에 있다는 이야기를 듣고 1789년 7월 14일 바스티유 감옥을 습격했다. 이렇게 시작된 것이 바로 프랑스 혁명이었다.

혁명의 전개

바스티유 감옥은 프랑스 시내 한복판에 있는 요새이자 감옥이었는데 불법 투옥과 고문이 자행되어 시민들에게는 공포의 대상이었다. 심지어 봉건 귀족들조차 프랑스 시내 한복판에 있는 이 음산한 건물을 철거해 달라고 요구할 정도였다. 이런 절대왕정의 상징적인 건물을 시민들이 습격했다는 것은 프랑스 국민에게 시사하는 바가 컸다. 바스티유 감옥을 둘러싼 공방전은 치열했다. 양측 모두 수많은 피를 흘린 끝에 감옥은

바스티유 감옥 습격

결국 시민군에 점령되었고 수비대 전원은 분노한 시민들에게 학살당했다. 신분 간 갈등이 유혈 사태로까지 치닫자 결국 루이 16세는 7월 16일 혁명을 상징하는 3색(흰색, 파란색, 빨간색)의 모자 장식을 받았다. 국왕이 혁명을 인정한 셈이었다.

프랑스 혁명은 대기근으로 인해 농촌까지 확산되었는데, 혁명이 전국으로 퍼지자 국민의회는 8월 26일 「인간과 시민의 권리선언(인권선언)」을 발표했다. 여기에는 '사상의 자유, 언론과 출판의 자유, 삼권분립, 즉 행정부, 입법부, 사법부의 독립, 재산권의 신성불가침' 등의 주요 내용이 담겨 있다. 하지만 대다수의 제3신분은 왕의 필요성을 인정했다. 복잡한 지방 전통을 조절해 줄 수 있는 인물은 왕뿐이라고 생각한 데다, 공화정 같은 급진적 개혁이 이루어지면 주도권이 가난한 평민들에게 넘어갈 것이라고 우려한 것이다. 제3신분은 평민이지만 부유한 평민, 즉 부르주아지가 그 중심에 있었다. 이들은 영국의 명예혁명처럼 프랑스를 급진적인 공화정이 아닌 입헌군주제 국가로 만들고자 했다. 즉, 군주는 있되 부르주아지를 중심으로 하는 의회가 국가를 통치하는 시스템을 추구했던 것이다. 이 같은 움직임 때문인지 루이 16세 역시 국민의회의 움직임에 대해 관망하는 자세를 취했다.

그러던 중 10월 5일, 식량 부족 문제로 파리에서 폭동이 일어났다.

이 폭동은 여성들이 주도했는데, 6,000명의 여성들이 "빵을 달라"라고 외치며 베르사유 궁전으로 몰려갔다. 이 사건과 관련된 유명한 유언비어가 있다. 루이 16세의 부인이자 오스트리아 합스부르크가의 공주인 마리 앙투아네트가 빵을 달라고 요구하는 부녀자들을 향해 "빵이 없으면 브리오슈(케이크와 과자의 중간쯤 되는 음식)를 먹으면 되지"라고 말했다는 루머이다. 이 유언비어에 분개한 시민들이 파리의 외곽에 있는 베르사유 궁전으로 거세게 몰려들자 루이 16세와 마리 앙투아네트는 결국 압력에 못 이겨 파리로 돌아왔다.

입법의회

1791년, 혁명 세력 중 온건파인 지롱드파를 중심으로 입헌군주제를 채택하면서 입법의회(1791년 10월 1일~1792년 9월 20일)가 시작되었다. 이때 급진파인 자코뱅파는 입헌군주제를 폐지하고, 공화정을 실시할 것을 주장했으나 부르주아지들이 반대했다. 이에 자코뱅파는 "불을 지른 자들이 소방관으로 서고 있다"라며 야유했다.

입법의회에서 제정한 헌법은 능동적 시민과 수동적 시민을 구분해 많은 세금을 내는 능동적 시민만이 선거권을 갖는 제한선거제도를 채택했다. 이로 인해 부유한 평민, 즉 부르주아지 400만 명에게만 선거권이 주어졌고 가난한 평민, 즉 수동적 시민들은 정치에서 배제되었다.

"나는 속고 살았다. 나는 아직도 프랑스의 왕이다"라고 말한 루이 16세는 신앙 문제만 아니었다면 입법의회의 헌법을 지지했을 가능성이 크다. 하지만 입법의회의 개혁으로 프랑스의 성직자들은 재산을 몰수당했고, 국가로부터 월급을 받는 공무원이 되었으며, 심지어 취임할 때는 왕이 아니라 헌법을 놓고 충성을 맹세해야 했다. 이때 소수의 성직자들만이 충성을 맹세하고 대다수는 맹세하지 않았다. 독실한 가톨릭 신자였던 루이 16세는 이 같은 광경을 지켜보며 입법의회가 신앙 문제에 지나치게 개입한다고 생각했다. 왕의 자리와 영혼의 구원 문제 가운데 하나를 선택해야 했던 그는 결국 왕의 자리를 포기하고 영혼의 구원을 받고자 결심했다.

1791년 6월 21일, 루이 16세는 왕비와 왕자들을 데리고 야반도주를 감행했다. 하지만 바렌에서 발각되어 병사들에게 둘러싸인 채 다시 파리로 돌아왔다. 도주 사건으로 시민들은 분노했으며 왕을 시민의 적이라고 낙인찍었다.

프랑스 혁명이 일어나자 왕비 마리 앙투아네트의 친정인 오스트리아는 망명한 프랑스 귀족들을 보호하며 혁명을 중단시키고자 사건을 조작하기까지 했다. 여기에 그치지 않고 군주의 절대적 권한을 부정하는 혁명이 자국에 영향을 미치기 전에 혁명군을 진압하려 했다. 이에 대응해 1792년, 입법의회가 오스트리아를 상대로 선전포고했다. 이들은 전쟁을 통해 국내의 혼란을 잠재울 수 있다고 판단한 것이다. 하지만 결과는 프랑스의 패배였다. 프랑스가 연전연패하자 각 지방에서 조직된 의용병이 위기에 처한 조국을 구하기 위해 파리로 모여들었다. 특히 마르세유의 의용병이 행진할 때 부른 군가는 후일 프랑스의 국가인 「라 마르세예즈」가 되었다. 이후 프로이센이 오스트리아의 편에 서서 프랑스에 선전포고를 하자, 흥분한 시민들은 왕의 거처를 습격하고 스위스 용병으로 이루어진 친위대 600명을 학살했다.

국민공회

1792년 8월 10일 파리 시민이 봉기를 일으켜 왕권을 정지시키고 설립한 것이 제1공화정인 국민공회(1792년 9월 20일~1795년 10월 26일)이다. 이들은 힘든 전쟁을 치르려면 내부 결속이 선행되어야 한다는 판단에 따라 전쟁 중에 선거를 실시했다. 국민공회는 입헌군주제를 폐지하고 왕이 존재하지 않는 공화정을 채택했다.

이후 전세가 불리해지자 이성을 잃은 시민들은 과격해지며 반혁명 분자들을 제거하기 시작했다. 평소에 미워하던 자들을 혁명의 적으로 몰아 즉결심판으로 죽이기도 했다. 1792년 9월 초의 며칠 동안 이렇게 처형된 자가 무려 1,200명이었다. 이들은 자기가 왜 죽는지조차 몰랐다. 다음 해인 1793년 1월 21일, 루이 16세가 봉건제의 괴수로 사형을 당했다. 그의 유죄 여부를 정하는 투표 결과 유죄 387표, 무죄 344표로 유

상퀼로트
당시 프랑스의 귀족들은 일반적으로 '퀼로트'라는 반바지를 입었다. 상퀼로트는 '퀼로트를 입지 않은 사람'이라는 뜻으로, 가난한 평민층을 의미한다. 이들은 프랑스 혁명의 여러 국면에서 핵심적인 동력으로 활약했다.

죄가 조금 높게 나왔다.

　루이 16세가 처형을 당하고 혁명군이 벨기에를 점령하자 1793년 2월 오스트리아, 영국, 프로이센, 에스파냐가 제1차 대프랑스 동맹을 결성했다. 당시 명예혁명으로 입헌군주제를 이룬 영국은 입법의회가 자국과 동일한 입헌군주제를 채택할 때까지만 해도 별 다른 위협을 느끼지 않았다. 하지만 이후 국민공회가 왕을 죽이고 공화정을 채택한 데다 가난한 평민까지 정치에 참여시키자 두려움을 느꼈다. 이를 진압하지 않으면 자신들의 나라에까지 영향을 미칠지도 모른다고 생각한 것이다.

　프랑스가 제1차 대프랑스 동맹과 맞서 싸우려면 가난한 평민, 즉 상퀼로트의 참여가 절실했다. 그러자 국내에서 상퀼로트의 목소리가 커졌는데, 이들의 지지를 받아 공포정치를 주도한 자가 바로 로베스피에르였다.

루이 16세의 처형

1793년 6월 24일, 국민공회는 모든 봉건 특권을 폐지하고 가난한 평민까지 참여시키는 '자코뱅 헌법'을 제정해 능동적 시민과 수동적 시민의 구별을 타파했다. 또한 과거 정치 참여가 제한적이었던 수동적 시민, 즉 가난한 평민에게까지 선거권을 부여하는 보통선거를 결정했다.

자코뱅 헌법은 노동권과 사회복지 등을 강조했는데, 이를 제대로 실행하려면 부자들에게 세금을 더 걷어야 했다. 하지만 이것은 입법의회 시절 헌법으로 정한 사유재산의 신성불가침과 충돌하는 사안이었다. 이외에도 물가 안정을 위해 최고가격제를 제정하고, 미터법을 확립했으며, 혁명 달력을 만들었다. 무엇보다 국내의 반혁명 세력과 외국 군대의 공격에 직면한 국민공회는 이때 국민개병제와 국민총동원령을 공포해 나폴레옹 전쟁의 기초를 확립했다. 나폴레옹이 유럽을 정복할 수 있었던 중요한 배경에는 이 국민개병제가 있었다고 할 수 있다. 국민들이 선거권을 얻고 국민의 일원으로 군대에 참여했으므로 용병으로 이루어진 군대와는 상대가 안 될 정도로 결속력이 강했다.

총재정부

로베스피에르는 집권기에 1,000여 명을 단두대에 세우는 공포정치를 강행해 주변의 지지를 잃었다. 결국 그 자신도 독재자라는 죄목으로 단두대로 끌려갔다. 이때 로베스피에르의 지지 기반이었던 상퀼로트조차 그의 구명을 위해 노력하지 않았다.

1794년 테르미도르파는 테르미도르 반동을 일으켜 로베스피에르를 제거하고 부르주아지를 중심으로 500인회, 양원제, 다섯 명의 총재가 국가를 책임지는 총재정부(1795년 11월~1799년 11월)를 수립했다. 총재정부는 공화정이지만 부자 평민, 즉 부르주아지 정권이었기 때문에 부르주아지 공화정에 입각한 제한선거를 결정했다. 이로 인해 총재정부는 두 세력으로부터 위협을 받았다. 하나는 봉건 귀족들로 이루어진 왕당파였고, 다른 하나는 가난한 평민으로 이루어진 상퀼로트파였다. 결국 정권을 유지하려면 군대에 의존할 수밖에 없었다. 이때 군대에서 최고의 인기를 누리던 인물이 나폴레옹이었다. 1799년 11월, 나폴레옹은 쿠데타를 일으켜 총재정부를 무너뜨렸다.

황제가 된 촌뜨기 나폴레옹

나폴레옹의 등장

이탈리아어로 '황야의 사자'라는 뜻의 이름을 가진 나폴레옹은 프랑스의 식민지인 코르시카섬에서 태어났다. 그는 젊었을 때 코르시카의 독립을 꿈꾸며 프랑스 사관학교로 유학을 가 포병 장교가 되었다. 당초 그는 해군 장교를 희망했으나 해군 장교와 기병 장교 등은 가문이 좋은 자들만 될 수 있었다. 나폴레옹은 결국 보병 장교보다도 대우가 낮은 포병 장교가 되었다.

프랑스 혁명이 발발하자 나폴레옹은 프랑스에 대한 증오심을 버리고 혁명을 열렬히 지지하게 되었다. 그는 1793년 툴롱 항구 전투와 파리 폭동을 진압하며 영국과 왕당파 귀족들을 물리쳤다. 그의 인기는 크게 올랐다. 나폴레옹은 늘 병사들과 함께 생활했으며, 전투 시에도 선봉에 섰다. 그의 별명은 '작은 하사'였는데, 말 그대로 키가 작았기 때문이다. 스스로도 "내 키는 땅에서 재면 가장 작으나 하늘에서 재면 가장 크다"라고 말했을 정도다. 일반적으로 그의 키는 155센티미터로 알려져 있다. 그런데 나폴레옹 사후 유골을 이용해 신장을 측정한 결과 167.6센티미터의 값이 나왔다. 당시 프랑스 남자들의 평균 키가 164.1센티미터였으니 평균보다 컸던 셈이다.

테르미도르 반동 뒤 국민공회가 해체되자 국방력이 크게 약화되었다. 그러나 국민공회 시대 도입된 국민개병제에 힘입어 프랑스 혁명군은 네덜란드를 점령하고 라인강 서쪽과 피레네산맥에도 진군했다. 이때 프로이센, 네덜란드, 에스파냐와 평화 조약을 맺어 이제 제1차 대프랑스동맹에는 영국과 오스트리아만 남게 되었다. 총재정부는 오스트리아를 공격하기 위해 3개 군단을 출정시켰다. 2개 군단은 도나우강을 따라 오스트리아의 수도 빈을 공격하는 것이 목표였고, 남은 1개 군단, 즉 나

**이탈리아 원정 때의
나폴레옹**

폴레옹의 군단은 북이탈리아의 오스트리아 군대를 견제하는 것이 목표였다. 하지만 야심 많은 나폴레옹은 총재정부의 견제 전략에 만족할 수 없었다. 27세의 나폴레옹은 1796년에 독자적으로 이탈리아 북부로 진군해 오스트리아 군대를 공격했다. 이후 나폴레옹은 연전연승하여 1년 만에 이탈리아를 정복했다. 이에 전 유럽이 놀랐다.

하지만 나폴레옹은 총재정부의 명령을 어기고 정복 전쟁을 실시했기 때문에 어떤 지원도 받을 수 없었다. 그의 군대는 정복지에서 약탈과 강제 세금 징수를 통해 보급 문제를 해결했다. 그러다 보니 유럽 국가들을 구제도에서 해방한다는 기치 아래 시작된 혁명전쟁은 어느새 약탈을 위한 정복 전쟁으로 바뀌기 시작했다. 장교도 병사도 모두 약탈에 몰두했으며, 나폴레옹은 심지어 이익의 일부를 총재정부에 바쳐 자신의 발언권을 강화해 나갔다. 나폴레옹은 이때 현지의 약탈을 통해 군수 물자를 해결할 수 있다는 사실을 깨닫고 전 유럽의 정복을 결심했다.

이집트 원정

나폴레옹이 이탈리아를 정복한 후 오스트리아와의 화평이 이루어졌다. 이제 영국만 남았다. 프랑스군은 1796년에 이미 아일랜드 상륙 작전을 전개했지만 태풍으로 인해 실패한 경험이 있었다. 어떻게든 영국을 공격해야 했으나 영국 해군이 프랑스보다 절대적 우위에 있음을 안 나폴레옹은 영국 본토 상륙 작전 대신 이집트 원정을 결정했다. 영국과 인도를 잇는 길목인 이집트를 틀어쥐어 영국의 식민지 정책에 타격을 입히려는 계획이었다. 나폴레옹의 계획을 전달받은 총재정부는 걸핏하면 명령을 무시하는 위험인물이 멀리 떠난다는 생각에 이 원정을 승인했고, 프랑스 국민들도 고대 그리스와 로마의 식민지 개척 사업을 연상시키는 이집트 원정에 열광했다.

1798년 5월, 나폴레옹은 5만 4,000명의 군대, 350척의 함대를 이끌고 이집트 원정을 떠났다. 이때 나폴레옹은 알렉산드로스처럼 200명의 학술 조사단을 꾸려 데려갔다. 7월에 목적지에 상륙한 나폴레옹은 피라미드가 보이는 사막에서 승리를 거두고 카이로를 점령했다. 프랑스군이 영국 본토에 상륙할 거라 예측하고 이를 준비하던 영국의 넬슨은 뒤통수를 맞은 셈이었다. 하지만 넬슨은 침착하게 대응해 8월 1일 이집트 아부키르만에서 프랑스 함대를 공격해 승리를 거두었다. 이로써 나폴레옹과 본국 사이의 연락이 끊기고 말았다. 나폴레옹이 패했다는 소식이 유럽에 퍼지자 오스트리아, 러시아, 오스만 제국 등이 자신감을 얻어 제2차 대프랑스 동맹을 결성했다. 전황이 악화되자 나폴레옹은 1799년 소수의 병사들만 데리고 간신히 프랑스로 귀환했다.

통령정부

1799년 10월, 이집트로 떠났던 나폴레옹이 프랑스 툴롱에 도착했다는 소식이 전해지자 프랑스 시민들은 열광했다. 심장마비로 죽는 사람도 있었다고 한다. 프랑스 시민들이 나폴레옹을 열렬히 지지하며 '평화와 영광을 가져다주는 자'라고 칭송하자 총재정부도 그가 이집트 전선에서 무단이탈한 사실을 불문에 부치기로 했다.

시민들이 나폴레옹에게 열광한 것은 그의 화려한 군공 때문만은 아니었다. 그가 귀국한 시점에서 프랑스는 위기에 처해 있었다. 외부적으로는 러시아가 오스트리아, 영국과 연합해 프랑스에 위협을 가하고 있었고 내부적으로는 자코뱅파가 총재정부를 위협하는 상황이었기 때문이다. 프랑스 시민들은 유능한 군인에 목말라 있었다.

프랑스의 상황을 이용하면 무혈 쿠데타를 성공시킬 수 있겠다고 판단한 나폴레옹은 부하 1,500명을 동원해 의회를 에워쌌다. 무력 충돌 없이 의회의 지지를 얻고자 했던 나폴레옹은 무력을 쓰자는 부하들의 충고를 무시하고 의회 안으로 들어갔다. 하지만 의원들은 "독재자를 죽여라"라고 외치며 그에게 달려들어 멱살을 잡았다. 난리 중에 얼굴에서 피까지 흐르자 위협을 느낀 나폴레옹은 결국 무력 진압을 명했다. 군인이 들이닥치자 의원들은 모두 도망갔다. 간신히 유혈 사태 없는 쿠데타에 성공하긴 했지만 이 일은 나폴레옹을 크게 실망시켰다. 실망하는 그를 프랑스 시민들은 더 열렬히 환영했다. 1799년 11월, 총재정부가 나폴레옹의 쿠데타로 무너지면서 프랑스에는 3인의 통령이 이끄는 통령정부가 들어섰다. 초기 통령은 나폴레옹과 시에예스, 뒤코였다.

나폴레옹, 황제가 되다

나폴레옹은 1800년 오스트리아를 공격하기 위해 다시 이탈리아로 진군했다. 이때 그는 저 유명한 "내 사전에 불가능이란 없다"라는 말을 남기며 알프스산맥을 넘었다. 밀라노를 점령한 프랑스군은 마렝고에서 오스트리아의 주력 부대와 격돌했다. 오전 내내 고전했던 나폴레옹은 오후에 지원군의 도움에 힘입어 역전승을 거두었다. 이때 프랑스 내부에서도 나폴레옹을 제거하려는 움직임이 있었으나 이 전투에서 승리를 거두면서 수포로 돌아갔다. 이처럼 나폴레옹의 적은 여러 곳에 있었다.

1802년, 나폴레옹은 영국과 평화 조약(아미앵 조약)을 체결함으로써 제2차 대프랑스 동맹을 와해시키고 국외의 위협을 제거한다. 통령정부는 이 공로에 대한 감사의 표시로 그가 죽을 때까지 통령의 지위에 머무르는 것을 인정했다. 하지만 나폴레옹은 여기에서 만족하지 않았다. 1804년에 치러진 국민 투표에서 프랑스 시민들은 나폴레옹을 자신들의 군주로 만들어주었다. 찬성 3,521,657표(99.93퍼센트), 반대 2,579표(0.07퍼센트)였다. 물론 이것은 비밀투표가 보장되지 않은 데다 적지 않은 부정 투표도 있었던 선거였지만 프랑스의 모든 성인 남성에게 선거권을 부여한, 이른바 보통선거의 원칙에 따라 실시된 선거이기도 했다. 이때 나폴레옹은 부르봉 왕가가 쓰던 '왕'의 칭호 대신 카롤루스 대제가 썼던 '황제'의 칭호를 썼다.

과거 프랑크 왕국의 카롤루스 대제는 친히 로마로 가서 교황이 씌워주는 황제의 관을 쓰고 서로마의 황제가 되었다. 하지만 나폴레옹은 교황을 파리로 초청한 뒤 교황으로부터 관을 받아 그것을 스스로 머리에 썼다. 그는 또한 부인 조제핀의 머리에 황비의 관을 직접 씌워 주었다. 1804년 12월 1일의 일이었다.

당시 오스트리아 빈에서는 위대한 음악가 베토벤이 자유와 평등의 위해 싸우는 나폴레옹을 찬미하고자 제3번 교향곡을 작곡하고 있었다. 그가 당초 표지에 써둔 제목은 「보나파르트」였다고 한다. 하지만 나폴레옹이 황제에 즉위해 전제군주가 되었다는 소식을 듣게 된 베토벤은 깊은 실망감에 악보의 표지를 찢고 「영웅」이라는 새 이름을 붙였다.

한편 황제가 된 나폴레옹은 1804년에 기존의 난잡한 법체계를 정리해 『프랑스 민법전』을 제공 및 공포했다. 이것은 1807년에 『나폴레옹 법전』이라 개칭된다. 1789년 프랑스 혁명의 정신을 담고 있는 『나폴레옹 법전』은 법 앞에서의 평등, 신앙과 노동의 자유, 양심의 자유, 소유권의 불가침 등의 내용을 담고 있다. 나폴레옹이 이 법을 어찌나 자랑스러워했는지 "나의 참된 영광은 전쟁에서 승리한 것이 아니다. 나의 참된 영광을 영원히 기리며 없앨 수 없는 것은 바로 이 나폴레옹 법전이다"라고 말했을 정도였다.

**황후 조제핀에게
관을 씌워주는 나폴레옹 1세**

제3차 대프랑스 동맹

유럽의 여러 나라들은 나날이 명성을 떨치고 있는 나폴레옹을 좌시하지 않았다. 이미 1803년 5월에 아미앵 조약을 파기한 영국은 프랑스와의 전쟁을 준비 중이었다. 이에 나폴레옹도 1805년에 영국 본토 상륙 작전을 계획했고, 그에게 대항하기 위해 1805년 4월 11일에 제3차 대프랑스 동맹이 결성되었다.

영국을 정복하려던 나폴레옹의 당초 계획은 좌절되었다. 1805년 10월 21일 벌어진 트라팔가르 전투에서 넬슨에게 패배하며 제해권을 상실했기 때문이다. 하지만 프랑스는 유럽 대륙에서는 연이어 승리를 거두었다. 1805년 12월 2일, 아우스터리츠 전투에서 오스트리아와 러시아 연합군을 격파한 프랑스는 베네치아를 획득했고 이로써 제3차 대프랑스 동맹도 해체되었다. 나폴레옹은 이어서 1806년 독일의 중소 연방국들을 부추겨서 라인 동맹을 결성했다. 프로이센, 러시아와 프랑스 사이에 완충 지대를 두려는 목적이었다. 나폴레옹은 라인 동맹의 구성국들이 신성 로마 제국에서 탈퇴하게끔 종용했고, 이로 인해 당시 황제이던 프란츠 2세는 황제권의 포기를 선언했다. 긴 시간 이어져 오던 신성 로마 제국이 역사의 뒤안길로 사라지는 순간이었다.

제4차 대프랑스 동맹

1806년 10월 6일에 통산 네 번째 대프랑스 동맹이 결성되었다. 프로이센, 영국, 러시아가 주축이었다. 프로이센이 먼저 싸움을 걸어오자 나폴레옹은 예나 전투에서 프로이센을 격파한 뒤 1806년 10월 27일 베를린에 입성했다. 이후 폴란드로 진격해 바르샤바에 입성한 그는 이듬해 봄 동프로이센으로 가 틸지트에서 러시아군과 조우했다. 하지만 틸지트에서 프랑스와 러시아군 사이의 전투는 없었다. 오히려 나폴레옹과 러시아의 알렉산드르 1세는 뗏목 위의 텐트 안에서 폴란드의 동서 분할과 영국에 대한 공동투쟁을 약속했다. 1807년 7월, 이 같은 내용을 담은 틸지트 조약이 프랑스와 러시아, 프로이센 사이에 체결되었다. 이로써 제4차 대프랑스 동맹도 깨졌다.

　틸지트 조약에 따라 나폴레옹은 폴란드 지역에 바르샤바 공국(1807~1815)을 건설했다. 이곳의 대공으로는 나폴레옹의 충신인 작센의 왕 프리드리히 아우구스트 1세가 취임했다. 훗날 나폴레옹은 1812년 6월 러시아 원정을 떠나면서 이를 '폴란드 진쟁'이라 선언했는데, 바르샤바 공국의 폴란드인들은 이 전쟁에서 승리한다면 러시아의 몫으로 넘어갔던 폴란드의 동부 지역을 되찾아 완전한 폴란드를 부활시킬 수 있으리라 기대했다. 이에 10만 명에 가까운 병력을 러시아 원정에 참여시켰다. 하지만 나폴레옹의 러시아 원정은 실패로 돌아갔다. 결국 바르샤바 공국 중 일부는 프로이센에게 분할 점령되었고 나머지 대부분은 러시아의 수중에 떨어지고 말았다.

대륙봉쇄령과 에스파냐 침공

트라팔가르 해전에서 패하며 나폴레옹은 영국의 해군을 뚫고 영국 본토에 상륙한다는 계획이 현실성이 없음을 깨달았다. 이에 새로운 형태로 영국을 압박하기로 한다. 바로 1806년 11월에 내려진 대륙봉쇄령이다. 이것은 나폴레옹이 다스리는 국가들과 그의 동맹국들, 쉽게 말해 유럽 대륙 전체가 영국과 무역하는 것을 금지하는 내용이었다. 수비보다 공격을 중시하는 나폴레옹이었지만 이번만큼은 지루한 수비전을 치르기

프랑스 점령군의
에스파냐인 학살을
묘사한 고야의
「1808년 5월 3일」

로 한 것이다. 하지만 영국은 이미 1760년대에 시작된 산업혁명으로 풍족하게 물자를 생산하고 있었기 때문에 대륙봉쇄령으로 인한 피해는 크지 않았다. 오히려 큰 피해를 입은 쪽은 산업이 낙후된 라인 동맹의 국가들과 러시아였다.

이후 1808년에 에스파냐를 점령한 나폴레옹은 자신의 형 조제프를 나폴리 국왕에서 에스파냐의 왕으로 임명했다. 그는 에스파냐를 손쉽게 정복했기 때문에 지배도 쉬우리라 생각했다. 하지만 에스파냐 국민들의 저항은 거셌다. 사라고사 같은 도시에서는 2개월 동안 침략자에 저항하던 시민 5만 명이 프랑스군에게 희생되기도 했다.

나폴레옹의 몰락은 러시아 원정이 아니라 에스파냐 침략에서 시작되었다고 보는 학자들도 있다. 나폴레옹이 러시아를 원정할 당시 동원한 군대가 60만 명이었는데, 그 시점에서 에스파냐의 반란을 진압하기 위해 이베리아반도에 주둔 중이던 군대가 40만 명이었다. 만일 나폴레옹이 에스파냐를 포기했다면 총 100만 명의 병력을 이끌고 러시아 원정을 떠날 수 있었을 테니 이때 역사가 바뀌었을지도 모를 일이다.

러시아 원정

대륙봉쇄령으로 경제적 타격을 입게 된 러시아는 나폴레옹의 명령을 어기고 영국과의 무역을 이어나갔다. 이에 분노한 나폴레옹은 1812년 모스크바 원정을 시도했다. 톨스토이의 『전쟁과 평화』에는 이 전쟁이 잘 묘사되어 있다.

당시 프랑스 군대의 규모는 총 60만 명이었는데 그중 30만 명은 프랑스인, 10만 명은 폴란드인, 나머지는 독일, 이탈리아 등지에서 모집한 오합지졸이었다. 1812년 6월 러시아 땅에 당도했을 때 나폴레옹의 군대는 47만 명으로 줄어 있었고, 8월 스몰렌스크에 도착했을 때에는 15만 명만 남아 있었다. 이렇게 프랑스군이 엄청나게 줄었는데도 러시아군은 전투를 피해 달아나기만 했으니 나폴레옹은 줄어드는 병력을 데리고 혹한의 러시아 땅을 가로질러야 했다. 설상가상으로 나폴레옹 특유의 전략, 즉 군수물자를 현지에서 충당하는 전략도 황량한 러시아 땅에서는 실행할 수 없었다. 제대로 된 보급을 받지 못한 채 추위에 떨던 프랑스군은 전염병에도 시달렸다.

9월 7일, 모스크바 근처에 위치한 보로디노에서 드디어 러시아의 반격이 시작되었다. 이때 러시아군 12만 명이 쇠약해진 프랑스군을 쳤지만 나폴레옹은 나폴레옹이었다. 러시아는 6만 명이 전사하며 대패했다. 반면 프랑스군의 손실은 3만 명이었다. 9월 15일, 우여곡절 끝에 나폴레옹은 모스크바에 도착했다. 원래 모스크바는 40만 명이 사는 대도시였다. 하지만 이때는 겨우 1만 5,000명밖에 없었으며, 러시아군이 후퇴하면서 도시에 불을 지른 바람에 17일 동안 불이 꺼지지 않았다. 더 이상 전쟁을 지속할 수 없게 된 나폴레옹은 10월 19일 10만 명의 군대에게 후퇴 명령을 내렸다. 먹을 것이 없어 말을 잡아 먹어야 할 정도로

**러시아에서 철수하는
나폴레옹**

처절한 철수였다.

　이때 10만 명의 러시아군이 추격해 왔다. 적군의 추격과 맹추위로
프랑스군의 수는 격감해 12월 5일 폴란드 땅에 도착했을 때는 5,000명
만 그의 곁에 남아 있었다. 출발할 때 병력의 20분의 1도 남지 않은 것
이다. 이 5,000명 중에는 이탈리아 원정에도 참여했던 『적과 흑』의 작가
스탕달도 포함되어 있었다.

황제의 몰락

이후 나폴레옹 제국은 저물어갔다. 그는 1813년 라이프치히 전투에서
러시아, 폴란드, 오스트리아, 스웨덴 연합군에게 패배해 파리로 퇴각했
다. 이듬해 1814년 영국, 오스트리아, 러시아, 프로이센의 23만 대군이
5만 명의 프랑스군을 다시 격파했다. 프랑스 본토에서의 패배였다. 결국
나폴레옹은 퇴위되고 루이 16세의 아우 루이 18세가 즉위하면서 왕정
이 복구되었다. 나폴레옹은 엘바섬으로 유배되는데, 동맹군은 한때나마
황제였던 그를 예우해 엘바섬의 지배권을 주고 남은 생애 동안 경제적
원조도 약속했다.

백일천하

사실 엘바섬은 프랑스와 그의 고향 코르시카와 매우 가까웠다. 그리고 프랑스 국민들도 루이 18세가 아닌 나폴레옹을 그리워했다. 여건이 이러했으니 나폴레옹의 재기는 예견된 일이었다. 1815년 2월 26일 엘바섬을 탈출한 나폴레옹은 총 한 번 쏘지 않고 3월 20일 파리로 귀환했다. 놀란 루이 18세는 파리를 탈출했고 국민들은 돌아온 황제에게 열렬한 환호를 보냈다. 이른바 '백일천하'의 시작이었다. 다음은 나폴레옹이 엘바섬에서 탈출해 파리에 도착할 때까지 일련의 과정을 보도한 신문의 제목이다. 「살인마, 소굴에서 탈출」→「코르시카의 괴물, 쥐앙만에 상륙」→「폭군, 리옹을 통과」→「약탈자, 수도 60마일 지점까지 도착」→「나폴레옹 황제 도착하시다」→「어제 황제께서는 충성스러운 신하들을 데리고 궁전에 듭시었다」.

국민들의 지지를 얻은 나폴레옹은 20만 명의 군대를 모아 선제공격에 나섰다. 한편 그의 복귀에 반대해 모인 동맹군은 총 70만 명이었다. 1815년 6월, 워털루에서 프랑스의 12만 5,000명과 동맹군의 12만 명이 격돌했다. 이것이 워털루 전투이다. 우선 6월 16일, 나폴레옹은 리니에서 프로이센군을 격퇴했다. 하지만 추격 명령을 늦게 내리는 바람에 퇴각하는 프로이센군을 섬멸하는 데는 실패했다. 이틀 뒤인 6월 18일, 나폴레옹은 영국군에 총공세를 개시했지만 병력을 보존한 프로이센군이 가세하면서 나폴레옹 군대는 처참하게 패배했다. 이로써 백일천하가 끝나고 황제는 두 번째 퇴위를 당했다.

나폴레옹의 처리를 두고 고민하던 동맹군은 그를 대서양의 외딴 섬인 세인트헬레나에 유폐시켰다. 이곳에서 나폴레옹은 급속도로 건강이 나빠져 1821년 5월 5일 사망했다. 독살되었다는 설도 있다.

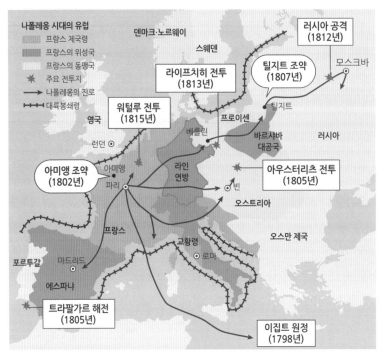

나폴레옹 전쟁

철학자 헤겔은 나폴레옹을 두고 '마상(馬上)의 세계정신'이라 표현하며 영웅으로 치켜세웠고, 나폴레옹과 직접 만난 괴테도 이에 공감했다. 반면 철학자 피히테는 「독일 국민에게 고함」을 통해 "나폴레옹이 가진 이상이 아무리 좋다고 해도 다른 나라의 주권과 자유를 짓밟는 침략자에 불과하다"라며 그를 비판했다. 나폴레옹은 다른 나라를 점령할 때마다 그 지역을 약탈했지만, 한편으로는 프랑스 혁명의 정신을 유럽에 수출해 자유주의를 이식했다고 평가받기도 한다. 또한 그에 대한 반동으로 유럽 각국의 민족주의가 확산되기도 했다.

역사의 시곗바늘은
뒤돌아보지 않는다

빈 체제

프랑스 혁명과 나폴레옹이라는 폭풍이 지나간 뒤, 과거의 통치 체계를 복구하기 위한 목적으로 오스트리아의 수도 빈에서 빈 회의(1814~1815)가 개최되었다. 이 자리에서 25년 전에 시작된 프랑스 혁명이 공포, 전쟁, 재앙만 가져왔다고 결론 내린 유럽 각국의 권력자들은 군대, 비밀경찰, 검열 제도 등을 통해 혁명으로 퍼져 나간 불온한 사상과 사상가들을 탄압하기로 했다. 이렇게 성립된 복고적인 성향의 체제를 빈 체제라고 부른다.

빈 체제의 중심은 오스트리아였다. 마자르, 체코슬로바키아, 북이달리아, 님슬라브, 루마니아, 폴란드 등 유럽 각지에 영토를 두고 다양한 민족을 통치했던 이들로서는 민족주의가 성행할 경우 제국이 사분오열될 가능성이 높았기 때문이다. 당시 오스트리아의 재상은 메테르니히였다. 그는 풍부한 교양을 갖추었고 유럽 여러 나라의 언어를 유창하게 구사해 세계 시민적인 귀족이라는 평가를 받았다. 그 스스로도 자신을 유럽 문명의 수호자라고 인식했다. 메테르니히의 활약 덕분에 반동적인 체제는 무려 30여 년이나 더 유지되었다.

빈 체제는 전쟁의 패배자인 프랑스를 가혹하게 다루지 않았다. "우리는 승리의 트로피가 필요 없다. 승리의 트로피보다 구체제로의 복귀가 가장 중요하다. 프랑스 영토를 빼앗으면 전쟁이 다시 일어날 것이므로 프랑스를 우리의 동료로 대우해야 한다." 빈 체제의 적은 프랑스가 아니라 프랑스 혁명의 정신이었다. 프랑스 영토를 혁명 이전으로 환원하고 부르봉 왕조를 부활시키기로 한 것도 이 같은 맥락에서였다.

빈 회의 때는 나폴레옹에 의해 엉망이 된 각국의 영토가 결정되었는데, 이것은 하루아침에 결정할 수 있는 사안이 아니었다. 각국의 외상

들이 오랫동안 논의하고 절충에 절충을 한 끝에 결정되었다. 이 같은 지루한 과정 중간중간에 친목을 다지기 위한 파티와 무도회가 열렸는데, 회의는 좀처럼 결론이 나지 않고 무도회만 반복되다 보니 "회의는 춤춘다. 그러나 회의는 조금도 진전되지 않는다"라는 말이 생겼다. 여담으로 이때 왈츠의 왕 요한 슈트라우스의 아버지가 무도회의 음악을 담당했다고 한다.

결국 빈 회의를 통해 러시아는 나폴레옹 전쟁 중 스웨덴으로부터 얻은 핀란드의 종주권을 유지했고, 러시아 원정 당시 나폴레옹을 지원했던 바르샤바 공국을 수중에 넣어 폴란드 왕국을 세웠다. 물론 이 나라의 국왕은 러시아 황제였다. 한편 오스트리아는 이탈리아의 영토인 롬바르디아와 베네치아를 되찾았고 프로이센은 베스트팔렌과 라인란트

빈 체제로 정해진
각국의 영토

(라인강 지역 일대), 작센의 북부 등을 차지했으며, 네덜란드는 벨기에와 룩셈부르크를 얻었다.

스웨덴의 경우는 약간 사정이 복잡했다. 대프랑스 동맹에 참여했다가 나폴레옹에게 크게 패한 이들은 이후 나폴레옹에게 잘 보이기 위해 프랑스 장군을 왕으로 세웠다. 이렇게 세워진 것이 현재까지 스웨덴을 다스리는 베르나도테 왕가이다. 하지만 새 왕은 놀랍게도 다시 대프랑스 동맹에 가담해 나폴레옹과 맞섰고, 그 결과 덴마크로부터 노르웨이를 얻었다.

빈 체제를 유지하기 위해 신성동맹(러시아, 오스트리아, 프로이센 사이의 동맹)과 5국 동맹(영국, 오스트리아, 러시아, 프로이센, 나중에 프랑스 사이의 동맹)이 만들어졌다. 신성동맹은 러시아의 알렉산드르 1세가 크리스트교의 신앙과 크리스트교의 신비로 위험한 자유주의와 민족주의 정신을 억눌러야 한다고 주장하며 만들어졌다. "각국의 군주 누구나 성서의 말씀에 따라 서로 형제처럼 사랑하며 돕고, 또 동포애를 발휘해 어버이가 자식을 대하듯 그 신하나 백성을 따뜻하게 지도하고, 신앙, 평화, 정의를 옹호해야 한다." 이것이 신성동맹의 골자였다. 하지만 너무나 공상적이고 이상주의적인 이 동맹을 반기는 자는 없었다. 메테르니히의 오스트리아는 이 취지를 듣고 헛소리라고 생각하면서도 러시아의 눈치를 보느라 어쩔 수 없이 가담했다. 반면 영국은 난센스라며 가담하지 않았다. 신성동맹은 실효성이 없는 비현실적인 동맹이어서, 이후 현실적인 동맹인 5국 동맹이 만들어졌다. 처음에는 오스트리아, 러시아, 프로이센, 영국 네 나라였으나, 이후 프랑스가 가담했다.

빈 체제에 대한 저항

이 같은 복고적인 체제는 1820년 에스파냐에서 첫 번째 반발에 부딪혔다. 당시 에스파냐의 아메리카 원정군은 월급이 너무 낮아 병사와 그 가족들이 비참한 생활을 할 수밖에 없었다. 결국 이들은 리에고라는 인물을 중심으로 혁명이라기보다는 폭동에 가까운 소요를 일으켰다. 이때 에스파냐 민중의 요구사항은 과거 나폴레옹에게 저항할 당시 제정된 자유주의적 헌법, 이른바 '1812년 헌법'의 부활이었다. 에스파냐 왕은 이를 받아들여 1812년 헌법을 시행했다.

하지만 빈 체제는 당연히 이 같은 행동을 용납하지 않았다. 그들은 프랑스에 쿠데타를 진압하라고 요구했다. 프랑스는 이를 받아들여 1823년 10만 명의 군대를 동원해 리에고 등을 진압하고 '1812년 헌법'을 폐기했다.

1821년에는 오스트리아의 지배를 받던 북이탈리아의 피에몬테에서 소요가 일어났으나 진압되었고, 1825년 12월에는 러시아에서 자유주의를 지향하는 '데카브리스트의 반란'이 일어났으나 마찬가지로 실패로 끝났다. 데카브리스트는 러시아어로 12월을 의미하는 '데카브리'에서 유래한 것인데, 소수의 젊은 관리들이 주도한 이 반란은 군인들 대다수가 호응하지 않아 성공하지 못했다. 이에 러시아 황제 니콜라이는 검열 제도와 비밀경찰제를 강화했다.

빈 체제는 엉뚱하게도 그리스 독립 문제로 무너지기 시작했다. 당시 그리스는 오스만 제국의 지배를 받고 있었는데, 오스만 제국은 언어 문제로 인해 그리스인 통역관을 관리로 등용해 이 지역을 다스리게 했다. 이렇게 권력을 갖게 된 그리스 지식인을 중심으로 파나리오트(오스만 제국 수도에 있는 그리스인 거주 구역 '파나르'에서 유래)라는 특권 계급이 형성되었다. 문제는 이 파나리오트가 프랑스 혁명의 영향을 받았다는 점이다. 1821년, 그리스는 파나리오트를 중심으로 독립 전쟁을 시작했다. 오스만 제국은 즉각 이를 진압했다. 당시 반란이 일어난 키오스섬에서만 2만 2,000명이 학살당했고 4만 7,000명이 노예로 팔려 나갔다.

이때 러시아는 그리스 독립군을 지원했다. 물론 러시아도 그리스의 민족주의 운동을 지원할 경우 빈 체제에 악영향이 가리라는 사실은 알고 있었다. 하지만 발칸반도에 러시아에 우호적인 국가를 만들어둔다면 지중해 진출이 쉬워질 것이라는 게 그들의 계산이었다.

러시아의 움직임에 위협을 느낀 메테르니히는 러시아의 지원 중지를 요청했으나 무시당했다. 오히려 러시아는 러시아 – 튀르크 전쟁 (1828~1829)까지 벌이며 지중해로 진출하고자 했다. 그 와중에 영국도 자국의 이익을 저울질했다. 오스만 제국은 이미 약화되었고 그리스는 독립할 가능성이 높았다. 이대로 좌시할 경우 러시아의 지중해 진출을

키오스섬의 학살

눈뜨고 지켜봐야 할 상황이었다. 이에 영국은 그리스 내 러시아의 영향력을 줄이고자 그리스 독립을 지원하기로 했다. 이 밖에도 유럽의 수많은 지식인들이 순수한 마음에서 자발적으로 그리스 독립군에 가담했다. 르네상스 이후 고대 그리스와 로마의 고전 문화가 재조명되면서 많은 지식인들이 여기에 심취되어 있었기 때문이다. 그리스는 빛나는 서양 고대 문명의 본산지였다. 영국의 시인 바이런은 자기의 탄광을 팔아서 무기를 구입한 뒤 그리스 독립운동을 지원하러 갔다가 열병에 걸려서 사망하기까지 했다. 결국 그리스는 1829년 러시아와 영국의 지원, 수많은 지식인들의 도움으로 독립했다. 이때 그리스는 자치를 보장받고 몰다비아, 왈라키아, 세르비아도 자치권을 획득했다. 1830년에는 영국, 프랑스, 러시아가 그리스를 독립된 세습 왕국으로 승격시켰다.

결국 빈 체제는 자유주의와 민족주의가 아닌, 자국의 이익을 키우고 싶어 하는 국가들에 의해서 무너졌다고 할 수 있다.

라틴아메리카의 독립

콜럼버스의 모험 이래 아메리카 중남부는 에스파냐와 포르투갈의 식민지였다. 그러던 중 두 나라가 나폴레옹에게 점령당하면서 힘이 약해지자 중남부 아메리카, 이른바 라틴아메리카에서도 독립운동이 전개되었다. 그 중심에 선 인물이 시몬 볼리바르와 산 마르틴이다. 시몬 볼리바르는 베네수엘라, 콜롬비아, 볼리비아 등의 독립에 기여했다. 특히 '볼리비아'라는 국명은 볼리바르의 이름에서 딴 것이다. 산 마르틴은 아르헨티나와 칠레 등의 독립에 기여했다. 이들은 한때 미합중국처럼 통일된 남아메리카 연방을 추구했으나 실패했다. 시몬 볼리바르는 공화정을, 산

쿠바
(1898년)
도미니카
(1844년)
멕시코
(1821년)
온두라스
(1821년)
아이티
(1804년)
니카라과
(1821년)
과테말라
(1821년)
엘살바도르
(1821년)
파나마
(1903년)
베네수엘라
(1811년)
기아나
코스타리카
(1821년)
콜롬비아
(1819년)
에콰도르
(1822년)
페루
(1821년)
브라질
(1822년)
볼리비아
(1825년)
파라과이
(1811년)
우루과이
(1828년)
아르헨티나
(1816년)
칠레
(1818년)

독립 전의 식민 지배

에스파냐령	→ 시몬 볼리바르의 진로
포르투갈령	→ 산 마르틴의 진로
영국령	(숫자) 독립 연도
프랑스령	*쿠바가 미국으로부터
네덜란드령	독립한 것은 1902년이다.

라틴아메리카의 독립

마르틴은 군주제를 염두에 두고 있었기 때문이다.

　영국은 라틴아메리카가 독립할 경우 새로운 시장이 만들어질 것을 기대해 이들의 독립을 지원했다. 한편 미국에서는 1823년 먼로 대통령이 「먼로 선언」을 발표했는데, 이는 유럽 국가들에게 아메리카에 간섭하지 말라고 천명한 것이다. 이 같은 움직임으로 인해 빈 체제는 남아메리카의 독립을 막지 못하고 붕괴되기 시작했다.

　라틴아메리카 독립운동의 주체는 원주민과 백인 간의 혼혈인인 메스티소가 아니라 백인인 크리오요였다. 부유한 백인 부모 밑에서 태어난 이들은 탄생부터 죽음까지 라틴아메리카에 머무르며 거대한 농장을 경영했다. 이로 인해 라틴아메리카 독립운동이 성공을 거둔 뒤에도 이 지역에서는 봉건적 대지주가 타파되지 않았고, 원주민과 메스티소에 대한 노동력 착취가 지속되었다.

1830년 7월 혁명

루이 18세(재위 1815~1824)에 이어 프랑스의 왕이 된 샤를 10세(재위 1824~1830)는 봉건 귀족의 특권을 되살렸다. 이에 혁명을 피해 외국으로 도망갔던 봉건 귀족들이 돌아와 과거 자신들이 누리던 권력과 재산을 요구했다. 샤를 10세는 이들의 요구를 들어주고 구제도로 복귀하면서 1830년 7월 25일 '7월 칙령'을 발표했다. 이를 통해 그는 시민들의 선거권을 박탈하고 언론과 출판의 자유를 빼앗았으며 하원까지 해산하려 했다.

샤를 10세의 반동적 행위에 대해 프랑스 시민들은 시민군을 조직해 대항했다. 그 과정에서 시민 약 2,000명이 사망했으나 결국 전투에서 승리한 시민들은 부르봉 왕조의 마지막 왕 샤를 10세를 폐위시키고 루이 필리프(재위 1830~1848)를 왕으로 하는 입헌군주제, 이른바 '7월 왕정'을 수립했다. 하지만 상황은 그리 나아지지 않았다. 루이 18세 시절 제정된 『1814년 헌법』에서는 나이 30세 이상에 세금을 300프랑

7월 혁명 당시를 묘사한 들라크루아의 「민중을 이끄는 자유의 여신」
왼쪽에 검은 모자를 쓰고 총을 든 자가 들라크루아 자신이다.

이상 납부하는 자에게만 선거권을 줬다. 그런데 7월 왕정은 이를 나이 25세 이상에 세금 200프랑 이상 납부로 완화했을 뿐이다. 유권자 수는 9만 명에서 20만 명으로 늘어나는 데 그쳤는데, 이는 전 국민의 0.6퍼센트에 불과했다. 이번에도 가난한 평민들은 자신들이 흘린 피의 대가를 부자들에게 빼앗긴 셈이다.

　　7월 혁명의 영향으로 벨기에가 1839년 네덜란드로부터 독립했다. 벨기에라는 이름은 켈트족의 일파인 벨게(Belgae)족에서 유래했다. 한편 이탈리아와 독일에서도 자유주의 운동이 전개되었으나 실패했다. 이탈리아에서는 '카르보나리'라는 비밀결사가 조직되어 이탈리아의 독립을 위해 노력했다. 카르보나리는 '숯을 굽는 사람'이라는 뜻이다. 이 이름의 유래에 대해서는 두 가지 설이 있다. 하나는 이 비밀결사 조직이 산속의 숯막에서 집회를 열어서 이런 이름이 붙여졌다는 설이고, 또 하나는 비천한 직업에 속하는 숯장이란 명칭을 통해 자신들의 성격과 저항의식을 밝히기 위함이라는 설이다. 이들은 나폴리를 근거지로 했는데 프랑스 7월 혁명의 성공과 벨기에 독립에 자극받아 혁명을 일으켰으나 오스트리아 군대에 진압되었다. 이처럼 프랑스와 벨기에만 성공하고 나머지 지역이 실패한 이유에 대해서는 동유럽과 이탈리아의 느린 중산층의 성장을 꼽기도 한다.

1848년 2월 혁명과 제정 부활

1830년 등장한 7월 왕정 시기 프랑스에서는 산업혁명이 전개되면서 노동자 계층이 성장하고 이들을 중심으로 사회주의 사상이 확산되었다. 그러던 중 1846년부터 경기침체가 심해지기 시작했다. 거기에 작물의 뿌리가 마르는 감자병까지 유행하면서 극심한 식량 부족이 발생했다. 생활이 어려워진 중하층 시민 계급과 노동자는 직접 정치에 참여하고 싶어 했다. 하지만 투표를 하려면 최소 200프랑의 세금을 내야 했다. 선거권 확대를 요구하는 빈민과 노동자를 향해 프랑스의 수상은 거만하게 웃으면서 말했다. "부자가 되세요. 그러면 여러분들도 선거권을 얻을 수 있습니다."

1848년 2월, 분노한 프랑스의 시민들은 파리 시가에 바리케이드를 설치하고 선거권 확대를 요구하며 봉기했다. 이들을 진압하기 위해 출동한 군대가 실수로 오발 사고를 일으켜 대치는 순식간에 유혈 사태로 번졌다. 시민은 흥분했으며 그 누구도 이를 진정시킬 수 없었다. 결국 루이 필리프가 쫓겨나고 새로운 헌법이 제정되었다.

새 헌법은 프랑스가 민주주의적 공화국이란 것을 강조했으며 삼권분립의 원칙과 21세 이상 모든 남성에 대한 보통선거를 규정했다. 1848년 12월 10일에는 프랑스 역사상 최초의 대통령 선거가 실시되어 보나파르트 나폴레옹의 조카 루이 나폴레옹이 4분의 3에 해당하는 547만 표를 얻어 당선되었다. 이것이 프랑스 제2공화정이다. 하지만 루이 나폴레옹은 삼촌을 따라 1851년 쿠데타를 일으켜 모든 권력을 장악한 뒤 국민투표를 실시해 제정을 부활시키고 만다. 스스로 나폴레옹 3세라 칭하고 즉위하는 그를 보며 『레 미제라블』의 저자 빅토르 위고는 치욕을 느꼈다고 한다.

많은 프랑스 국민들은 나폴레옹 3세가 과거 나폴레옹의 화려했던 정복 활동을 다시 보여줄 것이라 기대했다. 이에 부응하기 위해 새 황제는 적극적인 해외 진출 정책을 폈다. 우선 영국과 연합한 크림 전쟁(1853~1856)에서 승리하며 러시아의 남하를 저지했고, 1858년에는 인도차이나반도에 진출했으며 이후 영국과 함께 제2차 아편전쟁(1856~1860)을 일으켜 청나라에 승리를 거두었다. 또 이탈리아 통일 과정에서는 이탈리아 편을 들어 니스와 사보이를 얻었고 멕시코에 진출하고자 멕시코 원정(1861~1867)을 시도했다. 이때 나폴레옹 3세는 멕시코의 공화정을 없애고 오스트리아 황제의 아우인 막시밀리안을 황제로 추대해 멕시코를 프랑스의 영향력 아래 두고자 했다. 하지만 「먼로 선언」 이후 아메리카에 대한 유럽의 간섭을 경계해온 미국이 프랑스와의 전쟁도 불사하겠다며 극렬 반대하자 결국 철수했다. 여담으로 막시밀리안은 나중에 총살당했으며 벨기에 왕 레오폴트 1세의 딸인 그의 부인은 정신이상자가 되었다.

	7월 혁명(1830)	**2월 혁명(1848)**
배경	샤를 10세의 보수 정치	산업혁명으로 노동자 세력 성장, 7월 왕정의 제한선거에 불만
주도 세력	부르주아지	프롤레타리아
결과	7월 왕정(루이 필리프, 입헌군주제, 제한선거, 자유주의) 성립	제2공화정(루이 나폴레옹, 보통선거, 민주주의) 성립
영향	1 벨기에가 네덜란드로부터 독립 2 독일, 이탈리아, 폴란드에서 자유주의적 민족 운동 전개(실패) 3 독일에서 관세동맹(1834) 형성: 이탈리아를 제외한 독일 국가끼리 관세를 하나로 통일 4 이탈리아에서 카르보나리당(실패), 청년 이탈리아당 결성	1 오스트리아에서 3월 혁명으로 메테르니히가 망명하고 빈 체제 붕괴 2 프로이센에서 3월 혁명으로 프랑크푸르트 국민의회 개최: 자유주의자를 중심으로 독일 통일을 논의 3 이탈리아, 보헤미아, 헝가리에서 민족주의 운동(실패)

힘을 되찾은 로마 제국의 후예들

청년이탈리아당의 좌절

'이탈리아'라는 이름은 이탈리아반도 중부에 살던 오스키족의 왕 비탈리우(Vitaliu)에서 유래한 것으로, 기원전 1세기 무렵 로마 공화정은 이탈리아반도의 여러 부족을 통칭해 이탈리아인이라 불렀다.

로마 제국 시절 지중해를 호령한 이탈리아였지만 19세기 초 이곳은 북부, 중부, 남부로 분열되어 있었다. 남부의 시칠리아 왕국은 부르봉 가문이, 중부의 교황령은 교황이, 북부의 롬바르디아와 베네치아는 합스부르크 가문이 지배하고 있었다. 로마 제국 이후 오랜 시간 분열되어 있던 이 지역들은 같은 민족이라는 동질감이 적었다.

과거 나폴레옹은 이탈리아를 점령하면서 이곳과 프랑스 사이에 있던 장벽을 없앴을 뿐 아니라 이탈리아 내부의 여러 나라 사이에 있던 장벽도 없앴다. 그런 다음 하나의 법으로 이탈리아 전 지역을 통치했다. 이후 이탈리아에서도 헌법이 제정되어 의회가 설치되는 등 자유주의 정책이 실시되었다. 이를 맛본 이탈리아의 부르주아지들은 이탈리아의 독립과 통일을 원하게 되었다. 상업으로 부를 쌓은 이들은 독립과 통일을 통해 이탈리아가 온전한 하나의 국가로 성립된다면 통합된 시장을 통해 나폴레옹 시기 때 잠시 맛본 경제적 번영을 다시 누릴 수 있으리라 생각한 것이다.

1830년 7월 혁명의 영향을 받아 이탈리아에서는 중산층과 군인들로 조직된 카르보나리당이 활발하게 활동하며 전국에 지부를 조직했다. 하지만 앞서 언급한 것처럼 이들은 오스트리아 메테르니히의 간섭으로 실패했다. 이런 좌절 속에서 등장한 인물이 주세페 마치니이다. 마치니는 이탈리아의 통일과 독립을 열망했으며 공화정을 이루기 위해 1831년 청년이탈리아당을 창당했다. 1848년 프랑스에서 2월 혁명이

일어나자 청년이탈리아당은 이탈리아 통일 운동을 전개했으나 실패했
다. 마치니의 공화정 추구는 이탈리아 부르주아지 입장에서는 너무 과
격한 것이었기 때문이다.

이탈리아 통일의 중심, 사르데냐 왕국

사르데냐에서는 프랑스 2월 혁명의 영향으로 자유주의 헌법이 제정되
었다. 복고주의를 지향했던 오스트리아는 사르데냐의 왕 비토리오 에마
누엘레 2세에게 헌법을 폐지하라고 압박했다. 에마누엘레 2세는 이 같
은 요구를 거부하며 "차라리 내가 왕위를 버리겠다. 오스트리아가 싸우
길 원한다면 나는 국민들에게 무기를 주겠다"라고 대답했다. 이 소식을
들은 이탈리아인들은 '이탈리아 왕 비토리오 에마누엘레 만세'를 연발
했다.

　　이후 사르데냐가 이탈리아 통일 운동을 전개했다. 그 중심에는 재
상 카보우르가 있었다. 1855년 영국과 프랑스가 크림 전쟁을 일으켜
러시아의 남진을 막으려 하자 카보우르는 영국과 프랑스를 지원했다.
이탈리아 통일 운동 때 두 강국의 지원을 받기 위해서였다. 그는 1만
7,000명의 병력을 크림반도로 보내며 "이탈리아의 운명은 여러분의 어
깨에 걸려 있다"라고 말했다.

　　그 뒤로도 카보우르는 영국 수상 글래드스턴, 프랑스 황제 나폴레
옹 3세와 빈번히 만나며 이탈리아의 통일을 강조했다. 이에 글래드스턴
은 영국 국민들에게 "로마 교황이 통치하는 중부 이탈리아와 전제군주
제가 유지되고 있는 남부의 시칠리아 왕국은 유럽의 수치"라고 연설하
며 사르데냐 왕국에 대한 지지를 유도했다. 그와 반대로 나폴레옹 3세

는 이탈리아 통일 운동을 지원하지 않았는데, 어느 날 이탈리아의 한 청년이 나폴레옹 3세가 탄 마차에 폭탄을 던지는 사건이 벌어졌다. 그는 체포되자마자 프랑스 황제에게 이탈리아 통일 운동에 대한 적극적인 지원을 호소하는 편지를 보냈다. 나폴레옹 3세는 자신이 받은 편지를 프랑스 국민들에게 공개했다. 이를 계기로 프랑스 내에서 이탈리아 통일 운동에 호의적인 분위기가 형성되자 나폴레옹 3세도 이탈리아 통일 운동을 지원하기로 결심했다. 카보우르를 만난 그는 니스와 사보이를 이탈리아로부터 받는 조건으로 사르데냐를 지원하기로 약속했다.

카보우르의 노력으로 외교적 여건이 마련되자 사르데냐는 1859년 오스트리아와 전쟁을 벌였다. 여기에서 사르데냐는 오스트리아를 격파하고 롬바르디아를 차지했다. 프랑스 역시 사전에 약조된 대로 니스와 사보이를 얻었다.

가리발디, 조국의 동족상잔을 막다
사르데냐가 이탈리아 북부를 통합하는 동안 남부에서는 카보우르, 마치니와 더불어 이탈리아 3대 영웅이라 불리는 가리발디가 활약했다. 당시 시칠리아 왕국의 왕은 정신박약자에다 미신을 믿었는데, 가리발디는 붉은 셔츠를 입은 의용대를 조직해 1860년 5월 시칠리아섬을 정복했다. 이어 나폴리를 침공한 가리발디는 전투를 벌이기도 전에 항복을 얻어냈다.

가리발디는 원래 마치니를 지지하던 자로 공화정을 추구했다. 사르데냐의 카보우르로서는 그런 가리발디가 걱정스러울 수밖에 없었다. 사르데냐는 입헌군주제 국가였기 때문이다. 이제 남은 것은 두 세력의 충돌, 이탈리아의 피비린내 나는 내전뿐인 것처럼 보였다. 하지만 이때 가리발디는 구국의 결단을 내린다. 민족 통일을 위해 부하들의 반대를 무릅쓰고 남부 이탈리아를 사르데냐의 왕에게 바친 것이다. 그는 일체의 포상을 사양하고 카프레라섬으로 갔다.

가리발디가 바친 남부 이탈리아를 흡수한 사르데냐 왕 비토리오 에마누엘레 2세는 1861년 3월 17일, 자신이 이탈리아의 유일한 왕임을 선포했다. 이탈리아는 정치적으로는 통합되었지만 워낙 민족적 동일성이 약해 사회 통합에 많은 어려움이 따랐다. 카보우르가 "이탈리아 남북을 조화시키는 작업이 오스트리아나 교황과 싸우는 것보다 더 어렵다"라고 한탄할 정도였다.

통일의 뒷수습

유럽 한복판에 위치한 오스트리아는 주변국의 통일 운동을 적극적으로 방해했다. 근방에 강력한 통일 국가가 탄생하는 것이 달갑잖았기 때문이다. 이들은 이탈리아에서뿐 아니라 독일 지방에서도 프로이센 중심의 통일 운동을 방해했다. 결국 프로이센과 오스트리아가 군사적으로 충돌했다. 결과는 당시 한창 힘을 키워 가던 프로이센의 승리였다. 이때 이탈리아 왕국도 프로이센을 도와 오스트리아를 공격했고, 그 대가로 베네치아를 획득했다.

이제 남은 것은 교황이 지배하는 로마였다. 이탈리아 통일이 지지부진하게 진행되자 참다못한 가리발디가 카프레라섬에서 뛰쳐나와 1867년 로마를 침공했다. 하지만 교황령을 지키던 나폴레옹 3세의 프랑스 수비대에 패하고 말았다. 다행히도 이후 프로이센과 프랑스 사이에 전쟁이 벌어지면서 로마에 있던 프랑스 수비대가 철수했고, 이 틈을

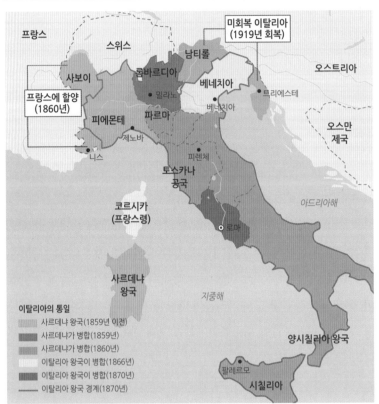

이탈리아 통일 운동

타 이탈리아 왕국은 로마로 군대를 보내 교황의 저항을 물리치고 통일 이탈리아를 완성했다. 로마는 신생 통일 국가의 수도로 정해졌다. 이때 가 1870년의 일이다. 다만 이탈리아인 거주 지역인 남티롤과 트리에스 테는 미회복 지역으로 남아 있다가 제1차 세계대전이 끝나고 1919년 이 되어서야 이탈리아의 영토가 되었다.

프로이센과 프랑크푸르트 국민의회

독일, 즉 도이칠란트(Deutschland)는 옛 독일어 '민중, 동포(diutisk)'와 '국 가(land)'의 합성어로 고대부터 독일의 여러 민족을 지칭하는 말이었다. 과거 신성 로마 제국의 영역이었던 프로이센과 오스트리아 모두 독일 민족이다. 오스트리아는 '동쪽의 나라'라는 뜻이고, 프로이센은 튜턴 기사단이 개척한 지역(지금의 에스토니아 일대)에 거주했던 프로이센족에서 유래된 명칭이다. 그중 프로이센이 독일 통일의 중심 국가였다.

　　17세기 말과 18세기에 걸쳐 100여 년간 프로이센의 왕들은 한결같이 군대 증강에 국력을 쏟았다. 또한 군인들을 크게 우대해 퇴역 군인들이 프로이센의 관리직을 거의 도맡을 정도였다. 이 때문에 프로이센의 군인들은 자긍심이 강했으며 프로이센을 다스리는 호엔촐레른 가문의 왕들은 항상 군복을 입었다. 이렇듯 프로이센은 군국주의적 기풍이 강했다. 어찌 보면 이후 독일이 두 차례나 세계대전을 벌인 것은 이 같은 문화가 바탕에 자리 잡고 있었기 때문인지도 모른다.

　　프로이센의 군인들은 대부분 융커였다. 융커란 독일 북동부 지방의 지주층을 말한다. 서유럽은 이미 농노제가 폐지되었지만 상공업이 발달하지 못한 동유럽은 농노제가 여전했다. 서유럽에서 사라진 농노제가 다시 나타났다 하여 이를 재판(再版)농노제라 한다. 1806년, 프로이센의 군국주의적 문화가 무색하게도 이들은 예나 전투에서 나폴레옹에게 패한다. 이들이 패한 이유로는 여러 가지를 들 수 있는데 그중 하나가 나폴레옹의 군대는 국민개병제로 이루어진 프랑스의 당당한 시민들이었던 반면 프로이센의 군대는 억압받는 농노와 용병으로 이루어진 군대였다는 사실이다. 하지만 융커 출신의 군인들은 농노 해방 등 자유주의 정책을 펴는 대신 위로부터의 개혁을 추구했다. 그래서인지 독일 통일은 다른 나라와 대조적으로 시민층이 아닌 군인 출신들을 중심으로 전개되었다. 그나마 다행인 것은 프로이센의 군인들이 전반적으로 성실하고 정직했으며 능력 있는 자들이었다는 점이다. 프로이센의 군부는 의회의 간섭을 받지 않았으며 1866년 오스트리아와의 전쟁, 1870년 프랑스와의 전쟁에서 모두 승리함으로써 자국 사회에 많은 영향을 끼쳤다.

독일 통일은 1830년 7월 혁명의 영향을 받아 시작되었다. 우선 1834년 독일 연방국가들 사이에 관세 동맹이 체결되었다. 39개로 나뉜 연방국 간의 관세를 폐지해 하나의 시장을 만들고자 한 것이다. 또 1848년 2월 혁명 이후에는 프랑크푸르트 국민의회가 개최되어 이듬해까지 독일 지역의 통일 방안에 대해 논의했다. 하지만 이 회의는 결국 합의에 도달하는 데 실패한다. 통일 방안의 논의 과정에서 오스트리아와 프로이센을 아우르는 '대독일적' 통일 방안과 오스트리아를 배제하고 프로이센이 주도하는 '소독일적' 통일 방안이 대립했기 때문이다. 오스트리아는 오스트리아대로 프로이센 중심의 독일 통일에 반대했고, 프로이센 내부의 융커들 역시 급격한 사회 변화를 유발할지도 모를 통일에 반대했다. 이들은 철저한 보수주의자였던 것이다.

한편 프랑스 2월 혁명 직전, 마르크스가 부르주아지에 의한 혁명을 뛰어넘어 프롤레타리아에 의한 혁명을 제창하는 「공산당 선언」을 발표했다. 따지고 보면 프랑스 혁명은 부르주아지에 의한 혁명이었고, 프랑크푸르트 국민의회도 부르주아지 중심의 자유주의적 통일 운동을 지향했다. 마르크스는 이를 초월해 노동자, 즉 프롤레타리아에 의해 사회주의 혁명이 벌어져야 한다고 주장한 것이다. 마르크스의 이 같은 믿음은 훗날 독일이 아닌 러시아에서 실현되었다.

철혈재상, 유럽을 뒤흔들다

프랑크푸르트 국민의회가 성과를 거두지 못하자 이후 독일 통일의 주도권을 잡은 자는 오토 폰 비스마르크였다. 그는 융커 출신으로, 여러 차례

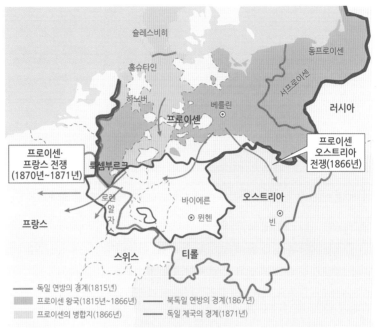

슐레스비히

홀슈타인

하노버

동프로이센

서프로이센

러시아

베를린 ◉

프로이센

프로이센·
프랑스 전쟁
(1870년~1871년)

룩셈부르크

프로이센
오스트리아
전쟁(1866년)

로렌
알
자
스

바이에른

◉ 뮌헨

오스트리아

빈 ◉

프랑스

스위스

티롤

—— 독일 연방의 경계(1815년)
　　프로이센 왕국(1815년~1866년)　—— 북독일 연방의 경계(1867년)
　　프로이센의 병합지(1866년)　—— 독일 제국의 경계(1871년)

독일의 통일

목숨을 걸고 전쟁에 참여했던 군인이다. 프로이센의 재상 자리에 오른 비스마르크는 의회에서 "독일 통일은 말로써 해결되는 것이 아니라 오로지 철과 피로써만 이루어질 수 있다"라는 유명한 연설을 했다. 이 철혈 정책의 강력한 지지자이자 동반자는 참모총장 몰트케였다.

　　비스마르크는 여러 민족으로 이루어진 오스트리아는 통일에서 배제시켜야 한다는 소독일주의를 주장했다. 오스트리아 역시 프로이센 중심의 독일 통일을 반대했으니 양국의 충돌은 피할 수 없었다. 이때 비스마르크는 우선 프랑스가 오스트리아를 지원하는 것을 막고자 비밀리에 나폴레옹 3세에게 라인강 왼쪽 땅을 넘겨줄 용의가 있다는 거짓말을 했다. 당시 상황에서 나폴레옹 3세는 오스트리아와 연합해 프로이센의 독일 통일을 저지해야 했다. 하지만 오랜 시간 유럽의 강국이었던 오스트리아를 과대평가하고 신흥국 프로이센을 과소평가했던 그는 땅을 얻을 생각에 중립을 약속했다.

　　1866년, 프로이센은 드디어 오스트리아와의 전쟁을 시작했다. 이

전쟁에서 프로이센은 철도를 이용해 신속하게 병력과 물자를 옮겼고, 오스트리아는 이 새로운 전략에 제대로 대응하지 못했다. 결국 모든 이의 예상을 깨고 전쟁은 단 7주 만에 프로이센의 승리로 끝났다. 이것을 7주 전쟁이라고 부른다. 승리에 취한 프로이센 군부와 국왕 빌헬름 1세는 오스트리아의 영토를 빼앗으려 했지만, 이후 프랑스와의 전쟁을 염두에 두고 있던 비스마르크는 오스트리아가 원한을 품고 프랑스와 연합할 것을 우려해 이를 저지했다. 전쟁이 끝난 뒤 독일 북부 지역에는 북독일 연방이 등장했다. 이것은 기존의 신성 로마 제국 같은 느슨한 연방이 아닌, 프로이센 국왕을 중심으로 한 하나의 왕국이었다.

프랑스 임시정부와 독일 제2제국

이제 프로이센의 남은 적은 프랑스의 나폴레옹 3세였다. 나폴레옹 3세도 뒤늦게야 프로이센의 움직임이 심상찮다는 것을 느끼고 프로이센과의 국경 지대에 군대를 배치했다. 1870년, 프로이센과 프랑스의 전쟁이 시작되었다. 이번 전쟁에서도 프로이센은 빠르게 승기를 잡았다. 스당 요새에서 프랑스군을 격파하고 나폴레옹 3세와 그의 군대 8만 5,000명을 포로로 잡은 것이다. 하지만 파리에 이 소식이 전해지자 시민들은 항복하는 대신 임시정부를 수립하고 전쟁을 지속했다. 전쟁이 끝날 거라 기대했던 프로이센은 별수 없이 파리를 포위해야 했다.

파리 포위 작전이 한창 진행 중이던 1월 18일, 베르사유 궁전의 '거울의 방'에서 독일 연방의 군주들은 프로이센 왕 빌헬름 1세를 황제로 추대했고, 빌헬름 1세는 이를 수락했다. 이로써 빌헬름 1세는 프로이센의 왕이자 독일 제국의 황제가 되었다. 프로이센은 독일의 전 국토와 인

독일 제2제국의 선포

구의 5분의 3을 차지했으니 독일 제국은 프로이센 제국이나 마찬가지
였다. 이를 신성 로마 제국에 이어 제2제국이라고 한다. 덧붙여 훗날 등
장한 제3제국은 히틀러가 이끈 나치 독일을 가리킨다.

　　한편 농성전을 벌이던 파리 시민들은 식량이 떨어지자 동물원의 코
끼리, 심지어 쥐까지 잡아먹으며 4개월이나 프로이센의 공세를 악착같
이 막았지만 결국 전황을 뒤집지 못하고 항복했다. 독일 제2제국이 성
립되고 10일이 지난 1871년 1월 28일의 일이다. 프랑스는 항복 조건으
로 루이 14세가 얻은 알자스와 로렌 지방을 독일에게 할양했다. 알퐁스
도데의 유명한 소설 『마지막 수업』의 무대가 바로 이 알자스와 로렌 지
방이다. 프랑스는 이외에도 50억 프랑의 배상금을 지불해야 했다.

파리 코뮌

휴전협정의 내용이 알려지자 격분한 파리의 일부 과격한 시민들이 협정
은 무효라고 선언하며 파리 코뮌을 조직했다. 최초에는 애국심에서 출
발한 이들의 움직임은 곧 부르주아지를 적대시하는 계급 운동의 성격을
띠게 되었다. 다만 파리 코뮌은 마르크스가 기대했던 노동자 중심의 정
부가 아니었다. 이들은 애국파, 공화파, 사회파 등 잡다한 세력이 모여든
오합지졸이었기에 이렇다 할 혁명 의식이나 행동 방침이 없었다. 즉, 이

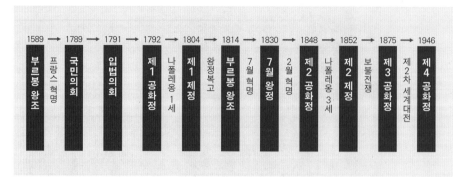

1589	1789	1791	1792	1804	1814	1830	1848	1852	1875	1946
부르봉 왕조	국민의회	입법의회	제1공화정	제1제정	부르봉 왕조	7월 왕정	제2공화정	제2제정	제3공화정	제4공화정
	프랑스 혁명			나폴레옹 1세	왕정복고	7월 혁명	2월 혁명	나폴레옹 3세	보불전쟁	제2차 세계대전

프랑스 정체의 변화

운동은 치열한 이념 추구 때문이 아니라 가난한 평민들의 빈곤함을 임시 정부가 도외시하고, 도리어 더 심하게 몰아냈기 때문에 야기된 것이었다.

프랑스 임시정부는 곧 파리 코뮌과 내전에 돌입했다. 정부와 파리 코뮌 사이에 처참한 시가전이 발생했고 코뮌 붕괴 후에도 아무 증거 없이 사람들을 학살하는 백색 테러가 자행됐다. 내전이 벌어진 2개월 동안 2만 명 이상의 시민이 목숨을 잃었다. 에밀 졸라는 파리의 다리 밑에 흐르는 시체를 보고 인육 저장소라 표현했는데, 그는 머리와 다리가 무참하게 절단되어 내버려진 시체까지 목격한 경험을 기록했다.

파리 코뮌의 비극은 프랑스 지식인들에게 악몽이었다. 많은 온건적 개혁파들이 파리 코뮌의 급진성과 참담한 결과에 겁을 먹고 보수주의자가 되었다. 파리 코뮌의 트라우마가 어찌나 심각했는지 프랑스 국민들 사이에서 사회 안정을 위해 공화정이 아닌 왕정으로 복귀해야 한다는 의견이 우세할 정도였다. 하지만 왕좌에 오를 만한 적절한 왕이 없었기 때문에 친부르주아지인 성향인 티에르가 제3공화정을 수립했다.

오스트리아-헝가리 제국

왕조 간의 결혼과 세습으로 영토가 확장된 오스트리아의 합스부르크 제국은 여러 민족으로 구성되었고 공통적인 언어도 없었다. 오스트리아의 지배 민족인 게르만족은 전 국민의 25퍼센트만을 차지했고 나머지는 헝가리의 마자르족과 체코, 크로아티아, 폴란드 등의 슬라브족, 북부 이탈리아인, 트란실바니아의 루마니아인 등으로 이루어졌다. 이 같은 다채로운 민족 구성으로 인해 오스트리아가 복고주의를 지향하는 빈 체제의 중심 국가였음은 앞서 설명했다. 하지만 이렇게 유럽의 터줏대감 노릇을 했던 오스트리아는 1859년에 사르데냐에게, 또 1866년에 프로이센에게 패하며 무력한 제국이 되었다.

게다가 1848년 프랑스 2월 혁명은 가장 보수적이던 오스트리아에도 변화의 바람을 불어왔다. 바로 3월 혁명이다. 이때 독일인 자유주의자들은 자유주의 헌법을 요구했고, 현재의 체코인 보헤미아의 민족주의자들은 자신들을 게르만족과 동등하게 대우해 주고 학교에서 체코어를 가르칠 수 있게 해 달라고 요구했다. 오스트리아에 거주하는 슬라브족 가운데 가장 많은 인구를 차지했던 민족이 바로 이 보헤미아 지역의 체코인이었다. 이곳은 종교개혁에 큰 영향을 끼친 후스의 영향으로 오스트리아와 달리 신교를 믿었고 산업적인 면에서 볼 때 오스트리아에서 가장 공업화된 지역이었다. 따라서 시민층이 성장해 자유주의와 민족주의에 대한 열망이 강했다. 뒤를 이어 헝가리의 마자르족과 북부 이탈리아인들이 독립하겠다며 전쟁을 일으켰다. 수도 빈 내부에서도 자유주의자들이 정부 기관을 점령했다.

이에 오스트리아의 황제는 빈 체제의 상징인 메테르니히를 해임하고 농노제를 폐지하는 등 자유주의 정책을 실시해 시민들을 진정시키려고 노력했다. 그 사이에 보수파는 힘을 키운 후 반격했다. 체코의 봉기를 무력으로 억누르고 자유주의자들이 점거한 빈을 포위해 시민들을 진압한 것이다. 그리고 자유주의 헌법을 폐지하고 다시 보수적인 헌법을 제정해서 3월 혁명을 끝냈다.

하지만 오스트리아 내부의 다양한 민족 갈등은 여전히 불씨로 남아 있었다. 특히 헝가리의 마자르족이 문제였다. 이들이 오스트리아 내에서 두 번째로 인구가 많았기 때문이다. 당시 헝가리는 전체 인구가 약 1,200만 명이었는데 그중 약 500만 명이 마자르족이었고 나머지는 남슬라브족인 크로아티아인과 루마니아인이었다. 우습게도 마자르족은 자신들이 오스트리아, 즉 게르만족의 핍박을 받으면서도 자신의 영토에 있는 남슬라브족을 똑같이 핍박하는 상황이었다.

자국 내의 민족주의 운동을 억제하기 위해, 오스트리아는 마자르족에게 상당한 양보를 하게 된다. 1867년, 오스트리아는 마자르족과 협정을 맺어 오스트리아-헝가리 제국으로 변신했다. 합스부르크의 황제는 오스트리아의 황제이자 헝가리의 왕이 되고, 헝가리는 자치권을 획득하는 체계였다. 하지만 나머지 민족들에 대해서는 대책이 전혀 마련되지 않았다. 당시 이미 발칸반도 남쪽에서는 슬라브족인 세르비아를 중심으로 여러 나라가 오스만 제국의 예속에서 벗어난 상태였다. 같은 슬라브족인 오스트리아 내의 세르비아인, 크로아티아인, 슬로베니아인들이 영향을 받을 것임은 불을 보듯 뻔했다. 특히 세르비아인은 세르비아를 중심으로 발칸반도에 슬라브족의 나라를 세우고 싶어 했기에 오스트리아와의 충돌이 불가피했다. 이에 발칸반도에서 오스트리아와 세르비아가 각각 범게르만주의와 범슬라브주의를 내걸며 충돌하게 되는데, 이는 훗날 제1차 세계대전이 일어나는 배경이 되었다.

도약을 준비하는 자

영국의 자유주의 개혁

영국은 1828년 영국 국교회를 믿는 자만이 공직에 취임할 수 있다는 심사법을 폐지했고, 1829년에는 구교도에 대한 차별을 대부분 철폐하는 가톨릭 해방법을 제정했다. 1832년에는 프랑스 7월 혁명의 영향을 받아 제1차 선거법 개정이 이루어졌다. 이때 부패 선거구가 폐지되고, 도시의 신흥 상공업자에게 선거권이 부여되었다. 당시 1,000여 명이 사는 농촌 지역에서는 의원이 선출되는 데 반해 10만 명이 넘게 사는 도시에서는 의원을 뽑지 못하는 일이 있었는데, 이를 바로잡은 것이다. 선거법 개정으로 영국 내 유권자의 수가 늘었다.

하지만 정작 노동자는 이 같은 선거법 개정의 혜택을 받지 못했다. 당시 영국 전체 인구가 약 4,400만 명이었는데 법 개정 후에도 유권자의 수는 약 20만 명에 불과했다. 이에 1838년 차티스트 운동이 전개되었다. 이 운동의 참가자들은 재산이 없는 자들에게도 선거권을 주고, 의원으로 선출되면 국가의 돈으로 월급을 주자고 주장했다.

1848년 최고조에 달했던 차티스트 운동은 결국 실패로 끝났지만 이 운동을 계기로 영국 내의 선거권은 점차 확대되었고, 공장법(1838)도 제정되었다. 공장법이란 하루 노동 시간을 12시간으로 제한하고 9세 이하 어린이의 채용을 금지하는 법이다.

차티스트 운동은 또한 경제에도 영향을 미쳤다. 당시 영국은 곡물법을 실시하고 있었다. 외국 농산물에 높은 관세를 매기는 이 법은 독일, 폴란드, 러시아 등지의 농노들이 생산하는 값싼 곡물이 영국에 유입될 경우 상대적으로 비싼 농산물을 생산하는 국내 지주들이 타격을 입을 것을 우려해 제정된 법이었다. 문제는 영국의 도시 노동자들이 비싼 국내 곡물을 구입하지 못할 정도로 월급이 적었다는 점이다. 노동자 중심으로 전개된 차티스트 운동 과정에서는 당연히 곡물법을 폐지해달라는 목소리가 터져 나왔다. 결국 1846년, 영국 정부는 노동자들의 요구를 받아들여 곡물법을 폐지했다. 1848년에는 크롬웰이 제정했던 항해법도 폐지되어 자유주의 경제 체제가 확립되었다. 네덜란드를 견제하기 위해 영국 선박 외의 배가 국내에 정박하는 것을 제한했던 항해법은 이미 영국이 세계 무역을 주도하고 있던 당대에는 유명무실한 조례였다.

선의의 라이벌

영국 정계에는 17세기부터 토리당과 휘그당이라는 정당이 있었다. 전자는 귀족 지주들, 후자는 도시 자본가들의 이익을 대변하는 정당이었는데, 19세기 중엽에 이르러 토리당은 보수당으로, 휘그당은 자유당으로 이름을 바꾸었다. 또한 양당에서 모두 걸출한 인물이 나왔다. 보수당의 디즈레일리, 자유당의 글래드스턴이 그들이다. 이들이 선의의 경쟁을 펼치면서 영국에서는 양당제가 확립되었다.

1871년 영국에서는 노동조합법이 제정되어 노동자들의 조합운동이 합법화되었다. 여기에 보수당의 디즈레일리는 유권자의 수를 두 배로 늘리는 법을 만들었다. 또한 공교육을 시작해 급증한 유권자들이 그리스처럼 중우정치에 빠지는 것을 예방했다. 1884년 자유당의 글래드스턴은 선거법을 개정해 아예 영국의 모든 성인 남자에게 선거권을 부여했다. 이는 디즈레일리가 공교육을 확립했기에 가능한 일이었다. 여담으로 유럽에서 여성이 선거권을 갖게 되는 것은 제1차 세계대전 직후이다. 세계대전으로 남자들이 전쟁에 나가자 공장의 일손이 부족해졌고, 이에 여성의 노동력이 공장에 투입되었으며 여성들의 사회적 발언권도 강해졌다. 결국 전쟁이 끝나고 여성에게로까지 투표권이 확대되었다. 고대 그리스는 외국인, 여성, 노예를 정치에서 배제시켰고 로마 제국은 여성과 노예를 정치에서 배제시켰는데 기나긴 세월이 흘러 여성에게도 참정권이 주어진 것이다.

영국의 자유주의 개혁은 전 세계를 통틀어 가장 선진적인 것이었지만 아일랜드만큼은 그 혜택을 받지 못했다. 1845~1847년 감자역병이 전 유럽을 휩쓸었을 때, 감자를 주식으로 삼던 아일랜드에서만 100만 명이 굶어 죽었다. 하지만 영국 본토에서는 "아일랜드인 100만 명이 굶어 죽었다고 한다. 하지만 아일랜드의 빈궁한 경제 능력으로 본다면 앞으로도 더 죽어야 할 것 같다"라며 수수방관했다. 이렇게 정부가 손을 놓자 수많은 아일랜드인이 미국 등지로 이민을 떠났고 영국에 대한 증오심을 키웠다.

러시아의 개혁

로마노프 왕조는 백성의 대다수가 농노였다. 게다가 백성들은 러시아어를 쓰는 데 비해 귀족들은 프랑스어를 써서 계층 간 괴리가 심각한 상황이었다. 1825년 데카브리스트 반란이 일어났지만 이를 진압한 니콜라이 1세는 비밀경찰제를 실시해 자유주의 운동을 탄압했다. 그는 흑해로 진출하고자 1853년 오스만 제국을 공격했다. 그렇게 시작된 것이 크림 전쟁이다.

1854년 영국과 프랑스는 러시아의 남진을 막고자 오스만 제국에 지원군을 파견했다. 이탈리아 통일을 위해 유럽 열강과 우호적인 관계를 맺고 싶어 했던 사르데냐 역시 군대를 보내 영국과 프랑스를 도왔다.

세바스토폴 공략전

크림반도의 세바스토폴에서 전개된 전투는 1년간 지속되었다. 이때 톨스토이가 장교로 참여했으며 나이팅게일이 40명가량의 동지들을 이끌고 적군과 아군 구별 없이 치료를 해주어 1864년 국제적십자사가 탄생하는 계기가 되었다.

결국 러시아는 크림 전쟁에서 패배하며 이전에 점령했던 영토를 오스만 제국으로 환원했고 흑해는 중립화되었다. 러시아의 남진정책이 좌절된 것이다. 크림 전쟁에서 러시아는 52만 명의 병사들을 잃었다.

100만 대군을 자랑하는 러시아가 7만 명의 영국·프랑스·사르데냐 연합군에게 격파되자 러시아인들은 전근대적 전제정치와 농노제를 패배의 원인으로 꼽으며 반정부적 폭동을 일으켰다. 이에 니콜라이 1세의 뒤를 이은 알렉산드르 2세는 1861년 농노해방령을 선포하고 서구화를 단행했다. 하지만 그에게 러시아를 입헌군주제 국가로 만든다는 계획 같은 것은 없었다. 그저 근대화를 통해 러시아를 강한 나라로 만들고 자신이 그 지배자가 되고 싶었던 것뿐이다. 따라서 러시아의 개혁은 제대로 된 성과를 내지 못했고 무정부주의가 유행하며 알렉산드르 2세는 암살당했다.

적십자와 적신월, 적수정
이슬람 국가는
크리스트교를 나타내는
십자가 대신 초승달
모양의 적신월을 사용한다.
적수정은 이스라엘에서
사용한다. 유대교를 믿는
이스라엘은 예수와 그의
상징인 십자가를 인정하지
않기 때문이다.

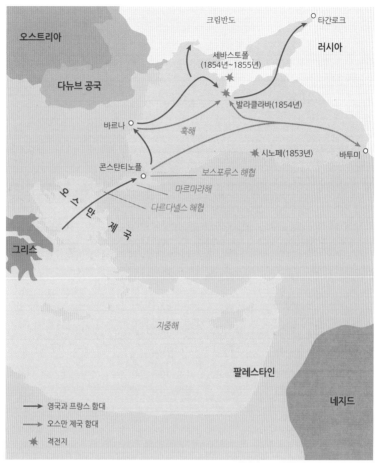

크림 전쟁

미국의 영토 확장

루이지애나는 현재의 루이지애나주(州)만을 가리키는 것이 아니라 주위의 13개 주를 합친 로키산맥과 미시시피강 사이의 광대한 지역을 의미한다. 옛날 나폴레옹은 이곳에 대식민제국을 건설할 생각이었으나, 경쟁국인 영국으로부터 땅을 지킬 자신이 없어지자 1803년 미국에 1에이커당 3센트의 가격으로 매각했다. 이로 인해 미국 영토가 두 배로 커졌고 미국의 대통령 제퍼슨은 미국 최고의 팽창주의자라 불리게 되었다.

이후 미국은 남쪽의 멕시코를 물리치고 텍사스와 캘리포니아를 얻었으며, 북쪽의 영국을 물리쳐 오리건주를 차지하면서 서진했다. 특히

영국으로부터 획득
(1818년, 1842년)

■ 원주민 원주지
→ 원주민 이주로

영국으로부터
할양(1846년)

덜루스

미니애폴리스

시카고

멕시코로부터
양도(1848년)

프랑스로부터
매입(1803년)

영국으로부터
획득(1783년)

1776년
독립한 13주

멕시코로부터
양도(1853년)

텍사스 병합
(1845년)

에스파냐로부터
매입(1819년)

원주민 강제
이주지(1830년)

멕시코만

대서양

**미국의 영토 확장과
원주민 강제 이주**

캘리포니아 지역을 얻기 일주일 전에 금광이 발견되어 골드러시가 시작
되었다. 멕시코는 미국에 영토의 반을 잃어 지금의 멕시코 영토로 축소
되었다.

남북전쟁

광대한 영토를 가진 미국은 지역마다 주산업이 달랐다. 가령 농업이 발
달한 미국 남부는 원래 담배를 생산했다. 그러다 영국의 산업혁명으로
면화의 수요가 급증하자 면화를 재배하며 수입을 얻었다. 반면 미국 북
부는 공업이 발달했고, 서부는 골드러시로 광업이 발달했다.

　사실 당시 미국의 공업은 산업혁명의 선도주자인 영국의 상대가 되
지 못했다. 이에 북부는 외국 상품에 대한 보호관세를 주장했지만, 유럽
에 더 적극적으로 면화를 수출하고 싶었던 남부는 자유무역을 주장했
다. 이 같은 두 지역의 갈등은 노예제로 격화되었다. 남부의 면화는 아프
리카에서 팔려온 노예들이 재배했기 때문에 산업을 유지하려면 노예제
가 무엇보다 중요했다. 반대로 북부는 인도적인 이유와 함께, 도시 공장
에 공급할 값싼 노동력을 흑인 노예들로부터 얻고자 노예제 폐지를 요

구했다.

이런 상황 속에서 북부에서는 노예를 해방시키기 위한 '지하철도' 운동이 격화되었다. 1810년대부터 시작된 이 비밀 운동은 남부에서 도망친 흑인 노예를 노예제가 없는 자유주로 피신시켜 주는 운동이었다. 1852년에는 흑인 노예의 탈출을 돕던 여인이 자기 경험담을 쓴 『톰 아저씨의 오두막』이 베스트셀러가 되었는데, 이 책이 남북전쟁의 불씨가 되었다.

1860년, 노예제 확대에 반대하는 공화당 후보 링컨이 대통령에 당선되자 남부 7주가 연방에서 이탈해 1861년 2월 남부연합을 결성했다. 엄밀히 말하면 이것은 남부의 과잉 대응이었다. 사실 링컨이 반대한 것은 노예제 그 자체가 아니라 노예제의 '확대'였기 때문이다. 당초 그는 노예제를 현재 규모로 유지하는 선에서 허용할 생각이었다. 하지만 남부가 대규모로 연방에서 이탈할 움직임을 보이자 링컨도 강경한 태도를 취했다. 새 대통령은 남부연합을 합법적인 조직으로 인정하지 않았고, 이에 남부연합이 섬터 요새를 공격하면서 남북전쟁이 시작되었다.

전쟁 초기에도 노예제 유지를 약속했던 링컨은, 하지만 전쟁이 격화되고 남부에 대한 북부인들의 적대감이 커지자 마침내 고집을 꺾고 말았다. 1862년 9월, 그는 미합중국을 상대로 반란을 일으킨 지역에 소속된 노예들을 1863년 1월 1일을 기점으로 전면적으로 해방한다는 내

	산업	노예제도	무역정책	정치체제	정당
북부	상공업 발달	반대	보호무역	연방주의	공화당 우세
남부	대농장 발달	찬성	자유무역	분권주의	민주당 추세

남북의 비교

용의 「노예 해방령」을 발표했다. 이로써 링컨은 노예 해방의 실현자로 역사에 기록되었지만 그가 다른 문서에 남긴 기록에도 주목할 필요가 있다. "노예 해방은 남부의 반란을 진압하는 데 알맞고도 필요한 수단에 불과하다." 어쨌든 이로써 약 400만 명의 노예가 해방되었다.

남북전쟁의 분수령은 1863년 7월 1일부터 1863년 7월 3일까지 펜실베이니아주 게티즈버그 인근에서 벌어진 게티즈버그 전투이다. 이 싸움에는 북군 약 8만 8,000명, 남군 약 7만 5,000명이 참가했는데, 양측 모두 2만 명가량이 전사한 치열한 전투 끝에 결국 북군의 승리로 끝났다. 4개월 뒤인 11월, 이 격전지를 방문한 링컨은 전사자들을 위한 국립묘지를 헌정하면서 "국민에 의한, 국민을 위한, 국민의 정부는 지상에서 영원히 사라지지 않을 것이다"라는 유명한 연설을 했다.

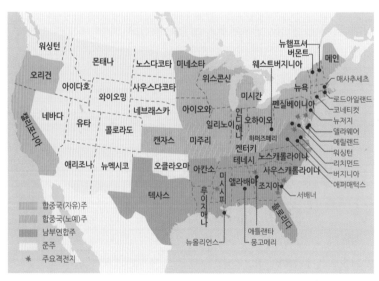

남북전쟁

　　남북전쟁은 1865년 4월 9일, 남군사령관 리 장군이 북군의 장군 그랜트에게 항복하고 4월 12일 항복을 정식으로 인정함으로써 끝났다. 이 내전으로 북군은 약 290만 명 중 35만 명가량이 전사했고, 남군은 약 130만 명 중 25만 명가량이 전사했다. 링컨이 미국에서 가장 위대한 대통령으로 남은 이유는 노예 해방보다는 전쟁 이후 남북 간의 화합을 추구했기 때문이다. 그는 반란을 일으켰던 남부 각주의 모든 권리를 회복시켜 주었다. 링컨은 그로부터 닷새 뒤인 4월 14일, 극장에서 연극을 관람하던 중 노예 해방을 증오한 배우가 쏜 총탄에 쓰러졌다.

7

가장 참혹한 전쟁을 넘어서

세 계 대 전 과 현 대

세계를 집어먹는 유럽

제국주의

유럽에서는 산업혁명으로 산업자본주의가 등장했고, 산업자본주의는 19세기에 이르러 자금을 축적한 특정 기업이 산업 전반을 지배하는 독점자본주의로 변모했다. 이 같은 경제구조가 유지되기 위해서는 원료를 조달하고 상품을 판매할 식민지가 필요했다. 독점자본주의는 곧 제국주의의 성격을 띠기 시작했다.

잉여 자본의 투자처를 찾아 나선 유럽 열강들이 식민지를 정복하면서 내세운 이론은 사회진화론이었다. 진화론의 창시자 다윈이 주장한 적자생존과 자연도태의 이론은 어디까지나 생물학적인 개념이었는데, 영국의 철학자 스펜서가 이를 사회 발전에 적용해 사회진화론을 만들었다.

사회진화론은 교육과 산업 등의 측면에서 볼 때 유럽인들이 지구상에서 가장 우월하게 진화했으므로, 그렇지 못한 아시아와 아프리카는 유럽의 지배를 받으면서 진화해야 한다는 이론이다. 스펜서의 주장은 전 세계에 광범위하게 받아들여졌는데, 한국의 경우에도 일본을 통해 사회진화론이 유입되어 '스스로 힘을 키워야 살아남을 수 있다'라는 발

So folonifiert der Engländer.

토마스 하이네가 그린
제국주의 풍자화

상 아래 실력양성운동이 전개되는 계기를 마련했다. 하지만 기본적으로 사회진화론은 제국주의를 정당화하는 이론이었기 때문에 이것을 신봉하던 이광수와 최남선 등 일부 인사들은 이후 친일파가 되었다.

사회진화론과 더불어 크리스트교 역시 제국주의를 정당화하는 데 이용됐다. 아시아와 아프리카에 하나님의 말씀을 전파하는 것이야말로 당시 크리스트교들에게는 최대의 의무였기 때문이다. 사실 크리스트교는 유럽이 아메리카를 침략할 때부터 유용하게 썼던 명분이었다.

이집트의 보물이자 저주, 수에즈 운하

19세기경부터 영국은 본격적으로 이집트에 손을 뻗기 시작했다. 이유는 여러 가지가 있지만 특히 영국이 눈독을 들였던 것은 지중해와 홍해를 잇는 수에즈 운하였다.

당시 이집트는 표면적으로 오스만 제국의 땅이었지만 실상은 총독이 지배하는 독립국이나 다름없었다. 1854년 취임한 이집트 총독 무함마드 사이드 파샤는 프랑스 측에서 제안한 운하 건설 계획을 받아들여 1859년 프랑스와 합작하는 형태로 수에즈 운하 건설을 시작했다. 처음 99년 동안은 프랑스인이 이집트 내에 설립한 법인에서 운영권을 갖고, 그 이후로는 영구적으로 이집트가 운하를 소유한다는 조건이었다. 그렇게 10년간의 공사 끝에 1869년 11월, 마침내 수에즈 운하가 개통되었다. 이 역사적인 공사 덕분에 유럽과 아시아를 잇는 항로는 바스쿠 다 가마가 개척한 항로보다 약 40퍼센트 단축되었다.

전 세계로 뻗어나가려는 영국이 수에즈 운하를 탐낸 것은 당연한 일이었다. 게다가 이 운하가 경쟁자인 프랑스의 손에 좌지우지되는 상

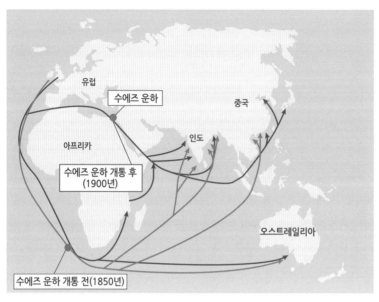

수에즈 운하 개통 전과
개통 후 비교

황도 달가울 수 없었다. 영국은 먼저 수에즈 운하를 관리하는 법인의 주
식을 대량으로 사들여 수에즈 운하 운영에 참견하기 시작했다. 그러던
중 1882년 이집트에서 아라비 파샤가 지도하는 민족주의 운동이 발생
하자 영국은 이를 무력으로 진압하고 치안 유지라는 명목하에 수에즈 운
하 일대를 점령했다. 이집트는 이로부터 30년간 영국의 군사적 지배를
받았으며 제1차 세계대전 중에는 보호국으로 전락해버리고 만다.

아프리카 대륙에서 벌어진 백인들의 전쟁

이집트를 무력으로 점거한 영국은 현지인들의 저항을 억누르며 '흑인의
땅'이란 뜻인 수단까지 진출했다. 이때 영국은 청나라의 태평천국운동
을 진압했던 고든 장군을 파견했는데, 그는 오히려 수단의 군대에 패하
고 창끝에 목이 달리는 신세가 되고 만다. 이에 영국은 수단에 기관총 부
대를 보내 1만 명 이상의 주민을 기관총으로 학살했다. 이때 죽은 영국
군은 겨우 28명이었다. 영국은 여기에 만족하지 않고 아프리카 남쪽에
까지 손을 뻗었다.

남아프리카는 나폴레옹 전쟁 직후인 1814년부터 이미 정식으로 영국의 식민지가 된 상태였다. 그런데 이 땅에는 네덜란드 이주민들이 살고 있었다. 그들은 스스로를 네덜란드어로 농부를 뜻하는 '보어인'이라고 불렀다. 19세기 중반 영국 세력이 본격적으로 밀려 들어오자 삶의 터전을 잃은 보어인들은 북쪽으로 이동해 원주민인 줄루족과 전쟁을 치르면서 거주지를 확보해야 했다. 이렇게 세워진 나라가 트란스발 공화국(1852)과 오렌지 자유국(1854)이다.

1867년 오렌지 자유국의 킴벌리에서 한 어린이가 반짝이는 돌멩이를 가지고 노는 것을 어른들이 목격한다. 그런데 자세히 보니, 그 돌멩이는 다름 아닌 다이아몬드였다. 바로 '아프리카의 별'이라고 불리는 보석이다. 이 소식을 전해 들은 영국은 다이아몬드를 노리고 북진을 감행해 보어인들의 나라를 침략했다. 이로써 보어전쟁(1899~1902)이 발발한 것이다. 보어인들의 저항은 격렬했다. 그들이 펼친 게릴라전에 적지 않은 피해를 입게 된 영국군은 병력을 보호하기 위해 흙과 나무 색깔을 혼합한 카키색 군복을 착용하기 시작했는데, 세계 각국의 군복의 색은 바로 여기에 영향을 받은 것이다. 영국은 3만 명의 희생자를 낸 보어전쟁에 승리하면서 트란스발 공화국과 오렌지 자유국을 식민지로 삼았다. 영국은 이를 바탕으로 1910년 남아프리카연방을 형성했다.

갈가리 찢기는 아프리카

보어전쟁을 이끈 영국 측 인물은 세실 로즈였다. 그는 이집트 카이로에서 남아프리카의 케이프타운까지 영국의 식민지를 연결하는 종단 정책을 폈다.

프랑스 역시 1830년 알제리인 해적을 격멸한다는 구실로 알제리를 점령하고 이후 동쪽 튀니지에 진출해 1881년 튀니지를 병합했다. 이로 인해 당초 튀니지를 노리고 있던 이탈리아는 프랑스를 견제하고자 독일, 오스트리아 - 헝가리 제국과 손을 잡게 된다(3국 동맹). 이후 프랑스는 아프리카 대륙 동쪽의 마다가스카르섬을 확보해 동서를 연결하는 횡단 정책을 폈다.

세실 로즈의 종단 정책을 풍자한 그림
두 발이 각각 카이로와 케이프타운을 밟고 있다.

하지만 이 같은 열강의 움직임에도 1880년대까지 유럽은 아프리카 전토의 10분의 1 정도만을 정복할 수 있었다. 아프리카의 열대 기후와 사막, 풍토병이 유럽인의 진출을 막았기 때문이다. 물론 아프리카 내륙 지대의 평화도 얼마 가지 못했다. 30년도 채 지나지 않아 아프리카 땅의 거의 대부분이 유럽인들의 손에 떨어졌다. 그 계기는 벨기에였다. 1870년대 후반, 벨기에 국왕 레오폴드 2세는 스탠리를 콩고 분지에 파견했다. 스탠리는 신문기자 출신으로 과거 아프리카 대륙에서 행방이 묘연해진 선교사 겸 탐험가 리빙스턴을 구출해올 정도로 유능한 모험가였다. 이 스탠리의 활약으로 유럽은 아프리카의 온갖 지형과 자원, 문화 등을 파악할 수 있었고, 이에 본격적으로 아프리카를 침략했다. 유럽은 아프리카에서 식민지를 넓혀 나가며 노예 무역을 성장시켰다.

1871년 통일된 독일은 초기에만 해도 식민지 개척에 관심이 없었다. 재상 비스마르크 때문인데, 그는 식민지 사업이 투자해야 할 곳은 많고 수익은 적은 사업이라고 여겼다. 하지만 1880년대부터는 독일도 태도를 바꿔 1884년 베를린 회의에서 '실력 여하로 영토의 확장을 승인한다'라는 원칙을 정하고 앙골라, 카메룬 등을 점령했다.

아프리카 기니만에 있는 노예 해안은 그 이름에서 알 수 있듯이 아메리카로 팔려 가는 흑인 노예가 거쳐 간 장소이다. 18세기 말에는 해마다 8만 명의 노예들이 이곳을 통해 아메리카로 끌려갔다고 한다. 아프리카인들에게 유럽인은 식인종이나 마찬가지였다.

아프리카에서는 '태양에 그을린 얼굴의 땅'이라는 뜻의 에티오피아 정도가 독립을 유지할 수 있었다. 4세기경부터 크리스트교를 믿어온 이들은 이슬람 제국이 팽창하던 시기에도 나라를 보존했다. 1885년 이탈리아가 에티오피아를 침공했으나 이탈리아를 견제하려는 영국, 프랑스, 러시아가 에티오피아를 지원하면서 야욕이 좌절된다. 이때의 대표적인 전투가 1896년의 아두와 전투이다.

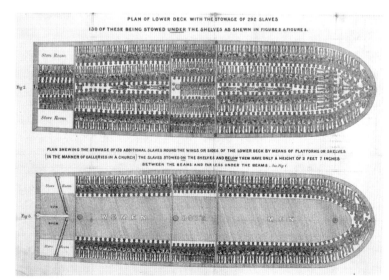

노예 무역선의 내부 모습
인간적인 생활을 위한 최소한의 공간도 없는 이 배 안에서 많은 수의 흑인 노예들이 질병으로 사망하거나 미쳐버렸다.

태평양으로의 진출

오세아니아의 오스트레일리아와 뉴질랜드는 19세기 전반부터 영국의
지배를 받았다. 오세아니아는 대양(大洋)이라는 뜻을 가지고 있어 대양
주라고도 한다. 오스트레일리아는 '남쪽의'라는 뜻의 라틴어에서 유래
했다. 뉴질랜드는 처음 이곳에 진출한 네덜란드인들이 네덜란드 남부의
'젤란트(바다의 땅)'라는 지역에서 이름을 따 '뉴젤란트'라고 명명했다. 이
후 이 땅을 차지한 영국은 뉴질랜드의 수도를 웰링턴이라 이름 지었다.
나폴레옹을 격파한 영국 장군의 이름이다.

　1844년에는 프랑스가 타히티를 식민지로 만들었다. 프랑스의 후
기 인상파 화가 고갱이 타히티에서 그린 그림이 지금도 많이 남아 있다.
1884년에는 독일도 태평양에 진출해 1885년 뉴기니의 동부를 영국과
남북으로 나눠 가졌다.

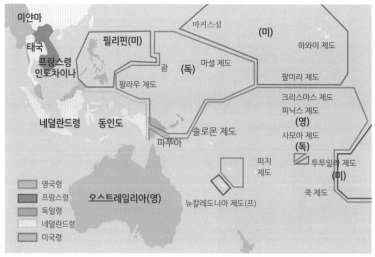

유럽의 태평양 분할

1898년, 에스파냐령인 쿠바에서 반란이 일어난 것을 계기로 미국과 에스파냐 사이에 전쟁이 일어나 미국이 승리했다. 이에 미국은 에스파냐령 괌, 필리핀을 얻었다. 패배한 에스파냐는 1899년 나머지 섬들을 독일에 매각하고 태평양에서 철수했다. 이후 미국은 하와이에서 원주민 간에 왕위 계승 분쟁이 일어나자 여기에 개입해 하와이를 병합했다. 1903년 미국은 대서양과 태평양을 연결하기 위해 파나마의 분리 독립을 지원하고 그 대가로 당시 계획 중이던 파나마 운하의 영구 임대권을 획득했다(이 권리는 1999년 12월 31일 자로 파나마로 이양). 1914년 파나마 운하가 개통되면서 미국 동부의 뉴욕과 서부의 로스앤젤레스까지 물자를 운송할 때 소비되는 비용과 시간이 크게 단축되었다.

아시아로의 진출

영국은 7년전쟁(1756~1763) 당시 인도에서 벌어진 플라시 전투(1757)에서 프랑스군을 격파하고 인도를 지배할 발판을 마련했다. 당시 영국에서는 세포이(페르시아어로 '병사'라는 의미)라는 인도인 용병을 쓰고 있었는데, 영국군이 총기류를 다룰 때 힌두교에서 숭상하는 소와 이슬람교에서 금기시하는 돼지의 기름을 쓴다는 소문이 퍼지자 이에 반발한 세포이들을 중심으로 세포이 항쟁(1857~1859)이 일어났다. 이 대대적인 반영항쟁을 진압한 영국은 그때까지 본국과 인도를 중개하던 동인도회사를 폐지하고 명목상으로만 남겨 두었던 무굴 황제를 폐위시켰다. 이후 영국의 빅토리아 여왕이 인도의 황제를 겸했다.

영국은 중국에도 손을 뻗어 1842년의 제1차 아편전쟁으로 홍콩을, 1860년의 제2차 아편전쟁으로 홍콩 근처의 주룽반도를 얻었다. 이

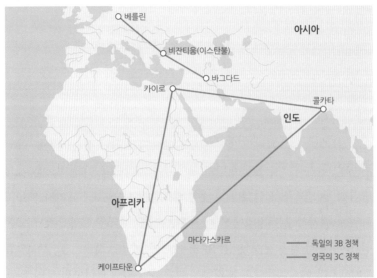

베를린
비잔티움(이스탄불)
바그다드
카이로
콜카타
아시아
인도
아프리카
마다가스카르
케이프타운

— 독일의 3B 정책
— 영국의 3C 정책

3C 정책과 3B 정책

후 이들은 1866년에 미얀마를 정복하고 말레이반도를 지배해 아프리카의 종단 정책을 넘어서는 3C 정책을 달성했다. 이로써 인도양은 영국 제국의 호수가 되었다. 나중에 빌헬름 2세가 3B 정책, 즉 베를린, 비잔티움, 바그다드를 연결하는 제국주의 정책을 펴자 위협을 느낀 영국은 프랑스, 러시아와 손을 잡게 된다(3국 협상).

한편 프랑스의 나폴레옹 3세는 플라시 전투 패배 직후 인도차이나 반도에 진출해 1862년에 베트남의 코친차이나를 얻었으며, 1884년에는 베트남에 대한 패권을 놓고 청나라와 전쟁을 벌여 승리했다. 시암(태국)만 영국과 프랑스의 세력 균형 속에서 완충국으로서 독립을 유지했다. 재미있는 것은 바로 이 시암이 제국주의가 내세운 사회진화론의 반박 근거가 됐다는 사실이다. 이후에 '미개한 아시아인끼리 사는' 시암이 '우월한 백인의 지도를 받는' 영국과 프랑스의 식민지들보다 더욱 발전했기 때문이다.

네덜란드는 인도네시아에 진출했다. 인도네시아는 '인도양의 섬들' 이라는 뜻이다. 러시아는 1858년에 흑룡강 이북에, 1860년에는 연해주에, 1881년에는 이리 조약으로 신장성의 이리 지방 일부까지 진출했다.

영국과 러시아의 대립

몽골 제국의 킵차크한국과 일한국이 약화되면서 등장한 티무르 제국은 티무르 사후 급격히 약화되었다. 이후 칭기즈 칸과 티무르의 후손을 자처하는 바부르가 갠지스강 유역의 델리('입구'라는 뜻)를 정복하고 '몽골'을 뜻하는 무굴 제국을 건국했다.

서아시아에는 오스만 제국과 사파비 왕조가 있었으며 중앙아시아에는 킵차크한국 멸망 후 남은 세력들이 우즈베키스탄과 카자흐스탄 등을 건국했다. 우즈베키스탄은 킵차크한국의 우즈베크 칸에서 그 이름이 유래했으며, 우즈베키스탄의 일부 세력이 독립해 카자흐스탄을 세웠다. '카자흐'는 '떨어져 나온 사람'이라는 뜻이다. 이들은 이후 러시아에 편입되어 소련의 연방국이 되었다가 1991년 이후에 독립했다. 1937년 소련의 스탈린이 연해주에 살고 있던 우리 민족을 강제로 이 지역에 이주시켜 아직도 많은 동포들이 카레이스키(고려인)라는 이름으로 거주하고 있다.

러시아는 19세기 후반부터 꾸준히 중앙아시아로 진출했다. 이러한 남하 정책을 견제하기 위해 영국은 아프가니스탄에 진출해 보호권을 획득했다. 대립하던 두 세력은 동시에 이란에 진출했는데, 이로 인해 이란 북쪽은 러시아, 남쪽은 영국이 가져갔고 중간은 분리 지역으로 분할되었다. 1909년에 이란인들이 외세 개입에 재대로 대처하지 못하는 왕을 폐위하자 왕은 외세의 힘으로 이들을 진압하려 하면서 1925년까지 내전 상태가 전개되었다. 1920년대 등장한 팔레비 왕조는 미국과 손을 잡고 외세를 견제하려고 노력했다.

러시아와 영국의 충돌은 우리나라에서도 이루어졌다. 러시아는 1860년 베이징 조약으로 연해주를 차지했고, 1885년에는 조선과

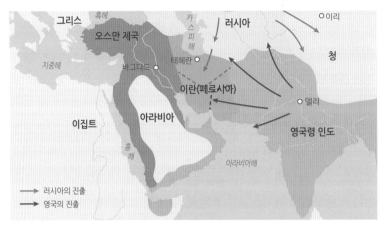

19세기 후반 서아시아

조·러 비밀협약을 맺어 영흥만까지 진출하려고 했다. 이 협약의 내용은 러시아가 조선의 군대를 근대화시켜주는 조건으로 조선이 영흥만을 러시아에게 내준다는 것이었다. 이것이 만약 실현됐다면 러시아는 더 남쪽으로 진출할 발판을 얻게 됐을 것이다. 이에 영국은 1885년 조선의 거문도를 불법으로 점유해 이름을 해밀턴 항으로 바꾸고 이 지역을 러시아의 남진을 막는 기지로 삼았다. 다만 영국군은 조선의 항의와 청의 중재로 1887년 철수했다.

동북아시아를 무대로 한 영국의 러시아 견제 정책은 1902년부터 바뀌게 된다. 자신들이 직접 먼 땅에 병력을 파견하는 대신 당시 한창 상승세를 타던 일본과 동맹을 맺고 일본을 통해 러시아를 견제하기로 한 것이다. 이 같은 이해관계에서 1902년 영·일 동맹이 체결되었다. 얼마 뒤 1904년 러·일 전쟁이 발발하자 영국은 미국과 함께 일본에 막대한 자금을 지원했으니 러·일 전쟁은 사실상 영국과 러시아의 대리전이었다고도 볼 수 있다.

두 나라의 대립은 발칸반도에서도 일어났다. 이 지역은 오스만 제국이 지배하고 있었지만 주민들은 대부분 그리스 정교를 믿는 슬라브족이었다. 이에 같은 종교를 믿고 같은 민족으로 구성된 러시아는 발칸반도의 주민들을 보호한다는 구실로 이 지역에 진출했다. 물론 진짜 이유

는 흑해와 지중해로 진출하기 위함이었다. 이에 영국은 이슬람을 믿는
오스만 제국을 지원했다. 지금껏 식민지를 개척하면서 사회진화론과 더
불어 크리스트교의 확산을 명분으로 삼았던 영국이 이슬람교를 믿는 오
스만 제국을 지원해 같은 크리스트교 국가와 대립한 것이다.

　　1876년 오스만 제국은 세르비아에서 그리스 정교를 믿는 슬라브
족 약 1만 2,000명을 학살했다. 이에 러시아는 범슬라브주의를 내걸고
선전포고를 했다. 이때 현상 유지를 원하던 비스마르크가 러시아의 양
보를 요구했고, 영국이 오스만 제국을 지원해 큰 전쟁으로 확산되지는
않았다. 이때 영국은 지중해의 키프로스섬을 얻어 이 지역에서도 패권
을 차지했다.

제국들의 싸움, 첫 번째 세계대전

오스트리아-헝가리 제국의 민족문제

앞서 언급한 세르비아인들은 오스트리아-헝가리 제국과 오스만 제국
에 나뉘어 살고 있었다. 그중 오스만 제국에 살던 세르비아인들은 러시
아와 오스만 제국 사이에 전쟁이 벌어지자 러시아와 협력해 싸운 끝에
1878년 독립했다. 압제와 싸워 자유를 쟁취한 이들의 모습은 오스트리
아-헝가리 제국에 살던 700만 명의 세르비아인을 자극했다. 이곳에서
도 독립을 위한 움직임이 일어나자 오스만 제국으로부터 독립한 세르
비아인들은 동족과 힘을 합쳐 대세르비아 국가를 건설하려 했다. 오스
트리아-헝가리 제국과 세르비아의 격돌은 불가피했다. 이에 그리스 정
교를 믿는 러시아가 세르비아를 지원했고, 독일은 게르만족이 지배하는
오스트리아를 지원했다. 발칸반도에서 범게르만주의와 범슬라브주의
가 충돌하는 모양새였다.

3국 동맹

1871년 독일 통일 이후 비스마르크가 펼친 외교 정책의 핵심은 현상 유
지와 프랑스의 고립이었다. 비록 나폴레옹 3세를 물리치고 프랑스의 베
르사유 궁전에서 황제 즉위식까지 거행한 독일이었지만, 짧은 기간에
막대한 전쟁 배상금을 다 갚을 정도로 프랑스의 국력은 여전히 위협적
이었다.

　　비스마르크의 눈으로 볼 때 만약 합스부르크 왕가가 지배하는 오스
트리아-헝가리 제국과 러시아가 발칸반도에서 격돌한다면 독일은 같
은 게르만족인 오스트리아를 지원할 것이고, 프랑스는 그런 독일을 견
제하기 위해 러시아를 지원할 공산이 컸다. 이에 독일은 1882년 오스트
리아-헝가리 제국, 이탈리아와 3국 동맹을 결성하고 러시아와도 따로

동맹을 맺어 오스트리아 – 헝가리 제국과 러시아 사이의 격돌을 막았다.
이탈리아가 독일 편에 가담한 이유는 자신들이 눈독을 들였던 튀니지에
프랑스가 한발 먼저 진출했기 때문이다.

　　1888년 비스마르크의 보좌를 받아 독일 제2제국의 초대 황제가
됐던 빌헬름 1세가 죽고 그 외아들이 즉위 99일 만에 사망하면서 빌헬
름 1세의 손자인 29세의 젊은 빌헬름 2세가 즉위했다. 야심만만했던 그
는 꼬장꼬장한 비스마르크가 자신과 맞지 않다며 공공연히 불평했고,
비스마르크도 비스마르크대로 자신이 이룩한 독일 제국을 혈기 왕성한
새 황제가 망치지 않을까 두려웠다. 결국 끊임없이 빌헬름 2세와 충돌
하던 철혈재상은 군주의 미움을 받고 퇴임 당했다. 이후 독일의 황제는
비스마르크의 현상 유지 정책을 중단하고 영국, 프랑스, 러시아가 걷는
제국주의 노선을 채택했다. 그는 게르만족의 우월성을 강조하며 게르만
중심의 제국주의를 주창해 슬라브족의 나라 러시아를 자극했다.

3국 협상

3국 동맹이 맺어지자 프랑스는 고립되었다. 어느새 독일은 프랑스보다
더 빠르고 강하게 성장한 상태였다. 이에 프랑스는 독일을 동서에서 압
박할 요량으로 러시아와의 동맹을 추진했다. 프랑스는 러시아의 근대화
를 위해 자국 자본가들에게 러시아에 투자할 것을 권장했고, 무기도 제
공했다. 비스마르크가 재임할 때까지만 해도 독일과 손을 잡았던 러시
아였지만, 이미 철혈재상은 해임됐고 새 황제는 범게르만주의를 주장하
며 팽창 정책을 시도하고 있었다. 이 같은 움직임에 촉각을 곤두세우던
러시아로서는 프랑스가 내미는 손이 반가울 수밖에 없었다. 양측의 이

해가 들어맞으며 1894년 프랑스와 러시아의 동맹이 결성되었다.

한편 아프리카에서는 종단 정책을 시행하던 영국과 횡단 정책을 진행하던 프랑스가 1898년 파쇼다에서 충돌하는 일이 벌어졌다. 바로 파쇼다 사건이다. 이때 양국은 전투를 벌이는 대신 영국이 이집트를, 프랑스가 모로코를 식민지로 삼기로 합의하며 외교적으로 갈등을 해결했다. 사실 이 합의에서는 프랑스가 양보한 측면이 컸는데, 이는 러시아만으로는 외교적 고립을 타파하기 어렵겠다는 판단 때문이었다. 결국 1904년에 오랜 앙숙인 영국과 프랑스 사이에도 협상이 맺어졌다. 이로

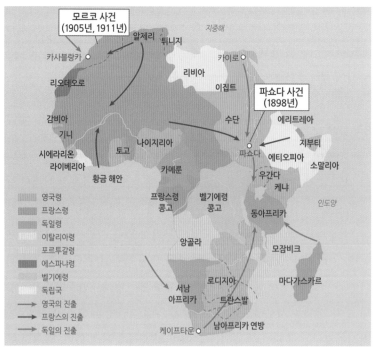

파쇼다 사건과 모로코 사건

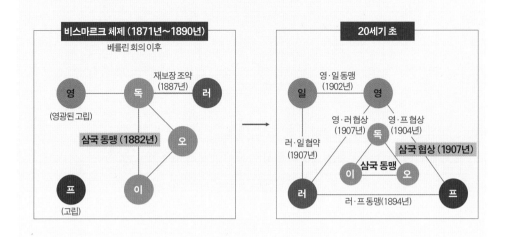

3국 동맹과 3국 협상

인해 1905년과 1911년에 북아프리카 모로코에서 독일과 프랑스가 충
돌했을 때(모로코 사건) 프랑스는 협력 관계를 맺어둔 영국의 지원을 받
을 수 있었다.

1907년에는 영국과 러시아 간의 협정을 통해 3국 협상이 완성되
었다. 3국 협상에 영국도 참여한 이유는 야심만만한 독일의 빌헬름 2세
가 베를린, 비잔티움, 바그다드를 잇는 3B 정책을 펴며 자국의 3C 정책
을 위협했기 때문이다. 게다가 3B 정책은 흑해와 지중해로 진출하려는
러시아에게도 달갑지 않았다. 세계 곳곳에서 대립했던 이 두 나라는 오
직 빌헬름 2세를 견제한다는 목적을 위해 손을 잡았다.

발칸반도의 나라들

불가리아 지역에는 원래 트라키아족이 살았지만 이후 시베리아의 불가
리아족이 이주해 정착했다. 불가리아란 '볼가강에서 온 사람들의 땅'이
라는 뜻이다. 러시아의 알렉산드르 2세는 억압받는 슬라브족을 보호한
다는 명분으로 1877년 오스만 제국과 전쟁을 벌였는데, 이때 그의 도움
으로 오스만 제국의 지배를 받던 불가리아가 독립할 수 있었다. 이 때문
에 불가리아는 아직도 알렉산드르 2세를 '건국의 아버지'로 예우하고,

수도 소피아 한복판에 동상을 세워 그를 기리고 있다.

또 루마니아 지역에는 원래 다키아족이 살았는데 로마 제국의 트라야누스 황제가 이 땅을 정복한 뒤 로마인들이 이주했다. 루마니아라는 이름도 '로마인의 땅'이라는 뜻이다.

발칸 전쟁, 그러나 불씨는 꺼지지 않았다

1912년 불가리아, 세르비아, 몬테네그로, 그리스 4개국이 발칸 동맹을 결성하고 오스만 제국을 공격하며 제1차 발칸 전쟁이 일어났다. 당시 오스만 제국은 러시아의 남진 정책으로 거의 빈사 상태였다.

이후 1913년 6월 불가리아가 세르비아와 그리스를 공격해 제2차 발칸 전쟁이 일어났다. 하지만 불가리아는 연전연패했다. 제2차 발칸 전쟁의 결과 세르비아와 그리스의 영토가 크게 확장되었다. 불가리아는 제1차 발칸 전쟁에서 얻은 영토를 모두 잃어 세르비아에 대해 원망을 품게 되고 러시아와도 사이가 나빠져, 제1차 세계대전에서 독일과 오스트리아 편에 서게 되었다. 세르비아가 발칸 전쟁에 적극적으로 가담한 이유는 아드리아 해안으로의 진출이 오랜 숙원이었기 때문이다. 이들은 결국 전쟁을 통해 알바니아 지역을 얻었지만 오스트리아 - 헝가리 제국이 세르비아를 견제하기 위해 알바니아를 독립국가로 만들어 세르비아를 다시 내륙 국가로 만들어 버렸다. 사실 그 얼마 전에도 세르비아가 원하던 보스니아를 오스트리아 - 헝가리 제국이 차지하면서 분노에 쌓인 상황이었는데 알바니아까지 잃자 세르비아의 인내심은 거의 폭발 수준이었다. 이에 1914년 6월 28일, 세르비아의 비밀 민족 조직의 한 청년이 오스트리아 - 헝가리 제국의 황태자 부부를 저격해 제1차 세계대전

**제2차 발칸 전쟁 이전과
이후의 발칸반도**

이 발발했다.

청년의 총, 온 세계를 전쟁으로 몰아넣다

1914년 6월 28일 일요일, 보스니아의 사라예보에서 황태자 부부가 탄 차량에 세르비아의 한 청년이 던진 폭탄이 날아들었다. 하지만 황태자 부부는 무사했고 수행원들만 부상을 입었다. 이 사건으로 시청에서 개최될 예정이던 환영식이 취소되었고, 황태자 부부는 부상자를 위로하기 위해 병원으로 향했다. 이때 다른 세르비아 청년이 쏜 두 발의 총성이 울렸다. 먼저 황태자비 조피가 황태자의 가슴에 쓰러졌고 곧이어 황태자의 입에서도 피가 흘러나왔다. 차 바닥은 피로 흥건해졌다. 바로 사라예보 사건이다. 범인은 19세의 세르비아인 프린치프였다. 이날 암살을 시도한 두 세르비아인 모두 체포되었지만 미성년자였기 때문에 사형을 면하고 20년형을 선고받았다. 그중 프린치프는 제1차 세계대전 중에 폐결핵으로 사망한다.

오스트리아-헝가리 제국의 황제는 암살이 발생한 지 한 달 뒤인 1914년 7월 28일, 세르비아에 선전포고를 했다. 이에 같은 슬라브족 국가, 즉 범슬라브주의를 내세우는 러시아가 오스트리아-헝가리 제국에 선전포고를 했다. 러시아가 선전포고를 한 데에는 범슬라브주의 외에 다른 이유도 있었는데, 오스트리아-헝가리 제국이 발칸반도로 진출하면 흑해와 지중해로 진출하려던 자신들의 계획에 차질이 생기기 때문이었다.

범게르만주의를 내세우는 독일도 러시아에 선전포고를 했다. 독일 내부에서는 전쟁을 결정하기 전에 잠시 논쟁이 있었다. 그러나 앞으로 얼마나 강해질지 모를 러시아를 지금 눌러 놓는 것이 좋다는 주장에 힘이 실렸다. 또 그들은 영국이 참전하지 않을 것이라 생각하고 있었다. 물론 오판이었다. 3국 협상에서 논의된 내용에 따라 프랑스와 영국은 독일

사라예보 사건

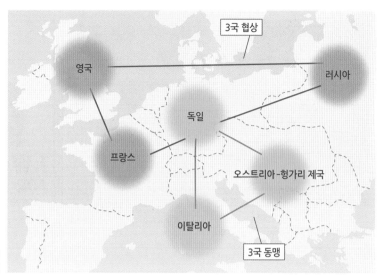

**제1차 세계대전 발발 당시
유럽 주요국 동맹 관계**

을 상대로 선전포고를 했다. 이렇게 제1차 세계대전은 발칸반도에서 벌어지던 오스트리아-헝가리 제국과 세르비아의 대립이 범게르만주의 대 범슬라브주의, 3국 동맹 대 3국 협상의 구도 아래 폭발한 전쟁이었다.

축제

전쟁이 시작되자 의외의 현상이 나타났다. 참전국의 국민들이 나라를 위해 자발적으로 군에 입대한 것이다. 물론 지도층에서 전쟁 참여를 독려하는 포스터 등 홍보 활동을 하긴 했지만 이 같은 대규모 참전은 예상 못한 사태였다. 심지어 사회주의자들도 잠시 사회주의 운동을 중단하고 전쟁에 참여했다. 서유럽에서만큼은 민족주의가 사회주의를 압도했던 것이다.

프랑스 국민들은 프랑스 혁명 때 유행했던 국가 「라 마르세예즈」를 부르며 전쟁에 참여했으며, 여자들은 이들의 목에 꽃다발을 걸어 주고 키스하며 이들의 민족주의 정신을 극찬했다. 다른 나라에서도 마찬가지였다. 니체는 "지금까지 일어난 적이 없는 전쟁이 발발할 것이다"라고 예언했는데 적중한 셈이었다.

제1차 세계대전 당시
모병 포스터
왼쪽부터 독일, 영국, 미국이다.

슐리펜 계획

당시 독일의 슐리펜(1833~1913) 장군은 프랑스 파리를 빠르게 점령해 프랑스의 항복을 받고 군대를 재빨리 동부전선으로 이동시켜 러시아의 항복을 받는다는 계획을 세웠다. 이 작전의 성패는 얼마나 빨리 서부전선을 정리하느냐에 달려 있었다. 이를 위해 필요한 것은 속도전이었다.

1914년 8월 4일, 독일이 벨기에를 침공하며 서부전선의 전쟁이 시작되었다. 슐리펜 계획에서는 이 전쟁을 6주일의 단기전으로 계산하고 8분의 7을 서부전선에, 8분의 1을 동부전선에 배치하기로 했다. 철도망이 제대로 갖춰지지 않은 러시아가 독일까지 오려면 8주는 걸릴 것이라 예상했기 때문이다. 과거 프랑스의 나폴레옹은 공격이 최선의 방어라고 생각하며 공격 위주의 전쟁을 펼쳐 유럽의 패자가 되었다. 이를 기억하고 있는 프랑스는 방어가 아닌 공격에 전쟁의 승패를 걸었다. 이리하여 프랑스군은 눈에 잘 띄는 붉고 푸른 군복을 입은 채 총에 칼을 꽂고 독일군의 기관총 앞으로 돌진했다. 결국 이들은 적군의 얼굴도 보지 못하고 전멸했다.

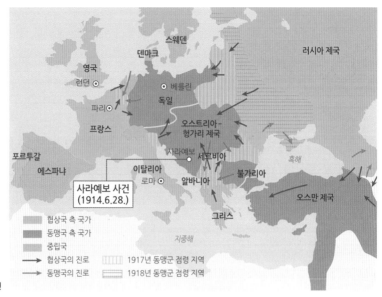

제1차 세계대전

동부전선

그런데 러시아군은 독일의 예상보다 일찍 동부전선에 군대를 집중시켰다. 러시아군이 동프로이센으로 진격하자 슐리펜의 뒤를 이은 몰트케 장군은 서부전선의 군대 일부를 동부전선으로 이동시켜야 했다. 슐리펜 작전은 첫 단추부터 어긋나기 시작했다. 몰트케는 서부전선에서 우익을 강화하라는 슐리펜 계획을 수정해 서부전선 우익의 2개 군단을 동부전선으로 이동 조치했는데, 이것이 패전의 한 원인이 되었다. 물론 더 큰 원인은 러시아의 빠른 공격이었다.

1914년 8월 26일부터 30일까지 전개된 타넨베르크 전투의 승자는 독일이었다. 당시 러시아군은 두 개로 나누어져 있었는데 지휘관들이 서로 반목하는 관계였다. 독일군은 그중 한쪽이 보는 앞에서 병력이 많은 것처럼 위장한 뒤 실제로는 다른 한쪽 부대를 집중 공격했다. 공격을 받은 부대는 다른 부대에 구원을 요청했지만 독일군의 위세에 기가 눌린 다른 부대가 이를 거절했다. 결국 러시아군에서 10만 명의 전사자와 10만 명의 포로가 발생했다. 이 전투는 서부전선 우익의 2개 군단이

동부전선에 도착하기도 전에 벌어진 것이다. 즉, 서부전선의 병력을 너무 빨리 뺀 것이다. 1915년 8월 4일 독일군은 폴란드의 수도 바르샤바를 점령했고 8월 중순에는 인구 2,000만 명의 폴란드를 수중에 넣었다.

서부전선

러시아군과의 전쟁으로 독일의 프랑스 공격은 지체되었다. 독일군은 그들이 예상한 것보다 훨씬 늦게 파리 동쪽의 마른강에 도착했다. 프랑스군은 영국의 지원을 받으며 방어벽을 준비했다. 독일군은 더 이상 진격할 수가 없었고, 급기야 영국군의 공격도 받게 되었다. 영국은 전쟁에 참여하지 않을 것이라는 독일의 판단이 틀렸던 것이다. 프랑스·영국 연합군과 독일군 사이의 서부전선에서는 이때부터 지루한 참호전이 전개되었다. 병사들은 적이 폭격할 때 참호 속에 숨어서 기다리다가 폭격이 끝나면 총에 칼을 부착하고 적의 진지로 돌진해 적의 기관총 세례를 받았

참호의 모습

다. 양쪽 모두 이런 참호전을 되풀이하면서 희생자만 계속 늘어났다. 중간 지대에는 시체가 산처럼 쌓였다.

1916년 2월 영국에게 해상 봉쇄를 당한 독일은 베르됭 공격에 사활을 걸었지만 프랑스의 페탱은 콘크리트로 이루어진 요새를 구축해 방어했다. 이곳의 전투는 1916년 2월 21일부터 12월 18일까지 지속되었는데, 겨우 5제곱킬로미터에 지나지 않는 이 좁은 지역에서 독일군 약 14만 명, 프랑스군 약 16만 명이 목숨을 잃었다. 물론 어느 쪽도 영토를 넓히지는 못했다.

1916년 7월 1일, 영국과 프랑스는 솜강에서 대반격에 나서 제1차 솜 전투가 시작되었다. 이 전투에서는 영국이 처음으로 개발한 전차가 투입되었다. 영국은 이 신무기의 비밀을 지키기 위해 처음에는 물을 넣어 두는 탱크로 위장했다. 그래서 탱크라는 이름이 붙여졌다. 이후 독일도 나포한 영국의 전차를 모방해 탱크를 제작했다.

영국군과 프랑스군은 독일이 점유하던 솜강을 5일 연속 공격해 마침내 독일의 철조망까지 다다랐다. 하지만 그 뒤에서 기다리던 것은 독

영국의 마크4 탱크

일군의 총검이었다. 결국 영국군과 프랑스군은 또 한 치의 땅도 얻지 못한 채 60만 명의 사상자만 냈다. 참호전으로 사상자가 늘어나자 군대 통솔이 불가능해질 정도였다.

전쟁 발발 당시만 해도 비행기는 정찰용이었다. 비행기끼리 스칠 때 상대국 조종사들이 손수건을 흔들며 인사를 나눌 정도였다. 하지만 이후 비행기에 기관총이 장치되면서 하늘도 전장이 되었고, 솜 전투에서처럼 비행기가 지상전에 참여하거나 도시를 공습하기도 했다. 제1차 세계대전 중 공습으로 사망한 영국인의 수는 약 5,500명이다. 얼마 전까지 여자들의 키스를 받으며 자발적으로 참여했던 프랑스의 청년들은 전장에서 이탈하기 시작했으며 상관의 명령에도 불복종하기 시작했다. 더 나아가 전쟁 반대를 외치기 시작했다.

동남부전선

이탈리아는 3국 동맹의 일원이었지만 전쟁이 발발하자 중립을 지키고 있었다. 그러다가 1915년 연합군이 오스트리아-헝가리 제국이 점유하고 있던 땅, 과거 이탈리아 통일 운동 때 회복하지 못했던 이탈리아의 영토를 준다고 약속하자 연합군의 일원으로 참전했다. 하지만 군사력이 약해 오히려 독일과 오스트리아-헝가리 제국 연합군에 패배했다.

독일은 서부전선과 동부전선만 신경 쓰고 있었는데 예상치 못한 상황이 또 전개되었다. 동맹국인 오스트리아-헝가리 제국이 러시아와 세르비아의 공격으로 수세에 몰리기 시작한 것이다. 오스트리아-헝가리 제국은 세르비아를 선제공격했지만 실패했고, 오히려 러시아의 공격으로 갈리치아(지금의 우크라이나 서부와 폴란드 남동부) 지역을 상실했다. 이에 독일은 또다시 군대의 일부를 남쪽으로 이동시켜야 했다. 이로 인해 독일의 동부전선은 동남부전선으로 확대되었다. 루마니아는 1916년 10월 루마니아의 영토를 보장받고 영국·프랑스·러시아 편에 서서 싸웠으나, 오히려 독일·오스트리아 – 헝가리 제국·불가리아에게 점령당했다.

독일은 비록 계속해서 러시아를 이겼지만 그 과정에서 관리해야 할 전선이 너무 넓어져버렸다. 또 러시아군의 후퇴 속도가 너무 빨라 도무지 섬멸할 수도 없었다. 나폴레옹의 러시아 원정 때와 똑같은 상황이었다. 게다가 러시아가 워낙 후진적인 나라이다 보니 철도가 제대로 설치되지 않아 독일군은 러시아의 광대한 영토를 점령하고도 군수품을 제때 보급받을 수 없었다. 러시아 측의 기록에 당시 독일군의 어려운 상황이 잘 기록되어 있다. "많은 병사는 신을 군화가 없고, 동상에 걸려 있다. 병사들은 외투가 없어 심한 감기에 걸려 있다." "병사들이 투덜댔다. '왜 우리는 장화도 없고 굶주림과 추위에 시달려야 하는가?'"

지중해 전선과 아시아 전선

범슬라브주의를 내세워 전쟁에 참여한 러시아가 실질적으로 노리고 있었던 것은 흑해와 지중해 진출이었다. 러시아가 흑해를 완전히 장악하고 지중해로 진출하려면 오스만 제국의 영토인 다르다넬스 해협을 차지해야 한다. 이에 오스만 제국은 러시아를 견제하기 위해 독일과 오스트리아 – 헝가리 제국 편에서 전쟁에 참여했다.

러시아의 동맹국인 영국은 러시아의 지원 루트를 확보하기 위해 자국의 군대와 영국 연방에 속한 오스트레일리아와 뉴질랜드의 군대, 그리고 프랑스 군대로 연합군을 편성해 1915년 3월 이스탄불(과거 콘스탄티노폴리스)을 점령할 계획을 세웠다. 이때 훗날 영국의 수상이 되는 윈스턴 처칠도 참전했다. 하지만 이때 연합군은 다르다넬스 해협에 설치된 수뢰로 인해 큰 피해를 입었다. 그 후 갈리폴리반도를 공격했으나 이번에는 무스타파 케말이 이끄는 오스만 제국의 군대에 패배해 약 25만 명이 전사했다. 그러던 중 1916년 9월, 그리스 수상이 독일을 지지하던 왕을 몰아내고 임시정부를 세워 연합군 편에 섰다.

제1차 세계대전은 오스만 제국도 참전했기에 당연히 서아시아에서도 전선이 전개되었다. 이때 이집트 주재 영국 관리였던 맥마흔이 아랍의 지도자 후사인에게 자신들을 지원해주면 전쟁이 끝난 후 영국은 아랍인의 독립국가 건설을 지지하겠다고 약속했다. 이것이 1915년의 후사인·맥마흔 협정, 맥마흔 선언이다. 하지만 영국은 아랍인들 몰래 프랑스와도 비밀 협상을 맺었다. 전쟁이 끝나면 시리아는 프랑스, 메소포타미아는 영국이 차지한다는 내용이었다. 그리고 1917년에는 밸푸어 선언이 발표되었다. 밸푸어 선언에서 영국은 유대인들에게 유대 국가 건설을 약속했다. 한 지역에 대해 두 가지 약속을 한 것이다. 하지만 이스라엘은 제2차 세계대전 이후인 1947년에야 건국되었으니 사실상 영국은 밸푸어 선언도 지키지 않은 셈이다. 이뿐만이 아니었다. 영국인은 인도인에게도 전쟁에 참여하면 독립시켜 주겠다고 약속했다. 제1차 세계대전 당시 인도군은 전체 영국군의 13퍼센트를 차지했다. 하지만 이 약속 역시 지켜지지 않아 이후 간디가 비폭력, 불복종 운동을 전개했다.

제1차 세계대전은 동아시아에서도 치러졌다. 독일은 일본이 자신과 손을 잡고 러시아와 전쟁을 벌일 것이라고 생각했다. 그러나 일본은 독일이 차지하고 있던 중국 산둥반도를 8일 만에 점령했다.

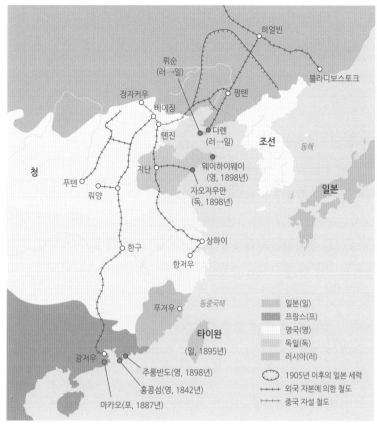

**19~20세기경
열강의 중국 침략**

산둥반도를 빠져 나간 독일의 동양 함대는 아르헨티나의 포클랜드 앞바다에서 영국군 함대에게 격파됐다. 이로써 독일은 제해권을 상실하며 식민지와의 연결이 끊어졌고, 이는 경제적 봉쇄라는 결과로 이어졌다. 한편 영국은 일본에 육해군을 유럽에 파견해 달라고 요청했지만 일본은 이를 거절했다. 일본의 목표는 산둥반도를 차지하는 것이었기 때문이다. 이때 일본은 같이 연합군에 가담했던 중국 정부에 산둥반도를 자신들에게 넘길 것을 요구하는 '21개조 요구'를 보냈다. 나중에 이 사실을 알게 된 중국인들은 격분했고, 제1차 세계대전 종전 후 여기에 반대하는 5·4운동이 전개됐다.

무제한 잠수함 작전

1916년 5월 31일 유틀란트 앞바다(덴마크 근해)에서 독일과 영국의 해군이 결전을 벌였다. 당시 독일의 배는 21척, 영국의 배는 37척이었지만 독일은 거함이었고 영국은 순양함이어서 전력에서는 영국이 열세였다. 그러나 영국 함대는 태양을 등지고 싸웠기 때문에 결국 이 전투는 독일의 패배로 끝났다. 하지만 당시 이 같은 전면전은 예외적인 경우였다. 대개의 경우, 독일은 영국의 봉쇄 작전으로 인해 좀처럼 바다로 나가지 못했다. 제해권을 장악한 영국 때문에 독일은 외부로부터 제대로 된 지원을 받지 못한 반면, 영국은 광대한 식민지와 미국으로부터 풍부한 물자를 공급받았다.

이 같은 불리함을 타파하기 위해, 독일은 잠수함을 써서 영국을 지원하는 배를 공격하기로 했다. 그런데 이때 국제 관례에 의하면 잠수함이 상선을 공격할 경우에는 먼저 해수면 위로 떠올라 적국의 배인지 중립국의 배인지를 확인해야 했다. 급박한 전투 중에는 사실상 불가능한 일이었다. 잠수함이 해수면 위에 올라가는 순간 역으로 공격당할 수 있기 때문이다. 독일은 자국의 배가 아닌 모든 배들을 닥치는 대로 공격했다. 그 과정에서 1915년 5월, 영국 상선 루시타니아호가 격침되면서 그 안에 타고 있던 중립국 미국 시민 128명이 사망하는 일이 벌어졌다. 하지만 이때까지만 해도 미국은 전쟁에 발을 들이지 않았다.

그 뒤로도 미국은 영국에 군수품을 팔아 이득을 챙겼다. 독일로서는 이를 차단해야 했다. 1917년 1월 31일, 독일은 공식적으로 무제한 잠수함 작전을 전개했다. 이는 영국 등 연합국을 돕는 중립국의 상선까지도 경고 없이 공격하는 작전이었다. 미국이 항의할 것이 뻔했지만 독

일은 미국을 위협적으로 여기지 않았다. 2년 전 미국의 시민들이 죽었
을 때도 미국 정부가 군사적인 행동을 하지 않았기 때문이다. 설령 미국
이 참전하더라도 대서양 너머에서 유럽 대륙까지 군대를 보내기는 어려
울 것이라는 것이 독일의 계산이었다.

신대륙의 군대가 구대륙으로 향하다

당시 미국은 1914년부터 국내 산업이 침체기로 접어든 와중에 제1차
세계대전이 터지면서 군수품 산업을 중심으로 경제가 활성화되던 중이
었다. 그런데 독일의 무세한 잠수 작전이 전개되면서 영국에 군수품을
팔 루트가 막혀버리자 미국 자본가들의 발등에 불이 떨어지고 말았다.
그들의 압박을 받은 미국의 지도층은 여론전을 벌이며 미국의 전쟁 참
여를 독려했다. 그들은 영국과 프랑스가 미국과 같은 민주주의 체제인
반면 독일은 그 반대인 군국주의 국가라고 외쳤고, 독일군은 엄청나게
잔혹해 영국과 프랑스 국민들을 학살하고 있다고 선전했다.

영국 역시 미국의 참전을 하루라도 앞당기려고 독일이 멕시코에게
'미국을 공격하면 멕시코가 미국에게 빼앗긴 텍사스, 뉴멕시코, 애리조
나주를 되찾을 수 있게 해주겠다'라고 제안한 일(멕시코는 현실성이 없다고
거절)을 미국에게 알렸다. 이에 미국 국민들의 증오심이 폭발했다.

미국은 결국 전쟁 참여를 결정하고 1917년 4월 6일 독일에 선전포
고를 했다. 사실 이 전쟁에서 미국은 군사적인 분야보다는 연합군에 대
한 경제 원조 분야에서 더 큰 역할을 했다. 그들의 주된 목적은 영국에
군수품을 지속적으로 파는 데 있었지만 이를 솔직하게 밝힐 수는 없는
노릇이었다. 미국 대통령 윌슨은 "미국은 전 세계의 민주주의를 보호하

기 위해 십자군으로 참전한다"라고 연설했다.

제1차 세계대전의 종결

미국이 제1차 세계대전에 참전하기 직전, 러시아에서는 3월 혁명(러시아 구력으로 2월 혁명)이 일어나 로마노프 왕조가 붕괴되었다. 그리고 온건파 사회주의자인 케렌스키를 중심으로 한 임시정부가 수립되어 전쟁 지속을 결정했다. 이에 독일은 스위스에 망명 중이던 강경파 사회주의자 레닌이 러시아로 돌아갈 수 있도록 도와주었다. 레닌을 이용해 러시아가 전쟁에서 빠지도록 하려는 의도였다. 러시아로 돌아간 레닌은 11월 혁명(러시아 구력으로는 10월 혁명)을 성공시켜 정권을 잡았다. 이로써 러시아는 소비에트 연방, 즉 소련이 되었다. 레닌은 외부의 적보다 내부의 부르주아지 세력을 소탕하고 진정한 사회주의 국가를 건설하는 것이 급선무라고 생각했다. 이에 그는 독일과의 굴욕적인 강화조약에 과감히 서명하고 러시아를 전선에서 이탈시켰다.

러시아가 이탈하자 독일은 동부전선의 군대를 서부전선에 집중시킬 수 있었다. 미국이 참전하기 전에 전쟁을 종결시키려던 독일군 사령관 루덴도르프는 프랑스에 대한 총공세를 시작했다. 1918년 5월 말에는 파리 부근 60킬로미터까지 진출해 미국이 파리 함락을 기정사실화했을 정도였다. 하지만 독일군은 보급이 두절된 상태에서 휴식 없이 전진해 기력을 상실했고, 그 무렵 미군이 유럽 전선에 상륙했다. 파리를 눈앞에 둔 독일군은 암흑의 날이라고 불리는 8월 8일 후퇴했다.

독일은 프랑스뿐 아니라 시리아, 팔레스티나, 마케도니아, 이탈리아 전선에서도 패배했다. 1918년 9월에는 불가리아가 연합국과 휴전을 선언했고, 10월에는 오스만 제국이 항복했으며, 11월에는 혁명이 일어난 오스트리아 – 헝가리 제국이 연합국에 항복했다. 악화일로의 상황에서 독일에서는 '킬 군항의 반란'이 일어났다. 1918년 10월, 독일 해군은 영국해협에서 결전을 준비했다. 하지만 킬 군항의 수병들은 출동 명령을 거부했다. 형편없는 식사, 고달픈 근무, 장교들의 체벌 때문이었다. 처음에는 이런 문제들을 개선해 달라는 요구에서 시작된 반란은, 이후 엄청난 파급 효과를 일으켰다.

수많은 군인들이 이에 동조한 것이다. 군은 진압 명령을 내렸지만 오히려 진압군마저도 이들과 동조했다. 결국 1918년 11월 9일 독일 세2제국의 황제가 퇴위했고, 11월 11일에는 사회민주주의자가 장악한 공화국이 수립되었다. 그리고 이 공화국은 독일의 항복에 서명했다.

킬 군항의 수병들

사회주의 국가의 탄생, 그리고 새로운 제국

거대 제국의 추태

시베리아 횡단철도는 모스크바에서 '동방을 지배하라'라는 뜻을 가진 블라디보스토크까지 총 9,300킬로미터의 길이로 이어져 있다. 1891년에 착공된 이 철도는 무려 25년이 지난 1916년에 완공되었다. 동아시아에서 러시아와 패권을 다투던 일본은 이 철도가 완성되면 러시아 육군이 신속하게 동아시아로 올 것이라 예상하고 그전에 러시아를 격파하기로 결심했다. 이에 1904년, 일본이 러시아의 조차지인 뤼순 항을 기습 공격함으로써 러·일 전쟁(1904~1905)이 시작되었다.

당시 난공불락이라 일컬어지던 뤼순이 함락되고 한 달쯤 뒤인 1905년 1월 22일, 러시아의 수도 페트로그라드(지금의 상트페테르부르크)에서는 수십만의 민중이 궁궐을 향해 시위행진을 하고 있었다. 이들은 황제에게 다음과 같은 청원서를 보냈다. "정의와 보호를 얻기 위해 황제 폐하를 찾아왔습니다. 전제정치와 학정으로 인해 숨이 막힐 것 같습니다. 이 참기 어려운 고통이 계속된다면 죽는 것만 못합니다." 황제는 이에 대해 군대의 발포로 응답했다. 그날 약 1,000명의 사람들이 사망했다. 이것이 '피의 일요일 사건'이다. 사건 이후 황제는 발포자의 행동을 용서한다고 선언해 민중들을 한층 더 격분시켰다.

이처럼 국내 상황이 뒤숭숭한 와중에 1905년 3월 봉천 전투(선양 전투)에서 러시아군이 일본군에 대패하고 천하무적을 자랑하던 발틱 함대조차 5월 말 쓰시마와 독도에서 섬멸당하는 일이 벌어졌다(이후 일본은 블라디보스토크를 견제하기 위해 독도를 강탈). 결국 미국의 중재로 1905년 맺어진 포츠머스 조약에서 러시아는 패배를 인정해야 했다. 이 전쟁으로 일본은 사할린 남부를 차지하게 되었다.

내우외환이 이어지자 러시아 황실은 국민들을 진정시키기 위해

1906년 최초의 의회를 소집했다. 하지만 이 의회 또한 지주 귀족들의 이익만 대표했고, 정부의 시녀에 불과했다. 그러던 중 사라예보 사건이 발생하자 러시아 내부에서는 전쟁 참여를 두고 격론이 벌어졌다. 당시 지도층 사이에서는 러시아가 아직 산업화가 덜 됐고, 철도도 충분히 확보되지 않았기 때문에 함부로 전쟁에 발을 들여서는 안 된다는 목소리가 컸다. 게다가 군대를 외부로 돌릴 경우 민중 반란이 일어났을 때 이를 진압하기 어렵다는 우려도 있었다. 하지만 로마노프 왕조의 니콜라이 2세는 끝내 전쟁 참여를 결정하고 만다.

제1차 세계대전 초창기만 해도 러시아 국민들은 범슬라브주의라는 민족주의에 심취되어 환호했다. 하지만 근대화되지 못한 장비, 무능한 지휘, 철도 부족으로 인한 기동력 상실 등으로 러시아군은 독일에 연전연패하며 내륙 깊숙이 후퇴해야 했고, 1915년 여름까지 총 400만 명이 희생되는 참사까지 벌어졌다. 게다가 전장에 나선 니콜라이 2세를 대신해 내정을 주도하던 황후는 수도사 라스푸틴의 말에 따라 정부를 좌지우지하고 있었다. 당시 혈우병을 앓던 황태자의 병세를 호전시켜 황제 부부로부터 신임을 얻은 라스푸틴은 이후 권력을 휘두르며 러시아를 병들게 했다. 결국 그는 암살되었지만 러시아는 이미 내부적으로 썩어 가고 있었다.

레닌, 사회주의의 거대한 실험을 시작하다

1917년 3월 8일, 러시아에서 9만 명의 노동자가 파업에 돌입했다. 최초에는 빵을 달라고 외치던 이들은 갑자기 전제정치 타도와 전쟁 반대를 외치기 시작했다. 이들을 진압해야 할 군인들까지 시위에 합세하면서

3월 혁명의 기세는 점점 더 거세졌다. 이에 러시아의 로마노프 왕조는 붕괴되었고, 온건파 사회주의자 케렌스키를 중심으로 한 임시정부가 수립되었다. 임시정부는 전쟁을 지속한다는 결정을 내렸다. 이때 스위스에 망명 중이던 레닌이 독일의 지원을 받아 러시아로 귀국했다. 그의 본명은 블라디미르 일리치 울리야노프이며, 측근으로는 트로츠키와 스탈린이 있었다. 트로츠키는 유대인으로 학식이 뛰어났으며, 스탈린은 구두 수선공의 아들로 태어난 지략가였다. 러시아로 돌아온 레닌은 이들의 도움으로 힘을 키워 나갔다.

케렌스키를 수반으로 한 임시정부는 전쟁에 반대하는 시민들의 시위가 계속되면서 입지가 불안해졌다. 급진파 볼셰비키의 견제에 보수파인 군부의 견제도 만만치 않았다. 이런 상황 속에서 레닌은 11월 혁명을

레닌과 트로츠키
중앙에서 연설하고 있는 인물이 레닌이고 연단의 오른쪽에 서 있는 인물이 트로츠키이다.

소련 국기

일으켰다. 3월 혁명과 달리 11월 혁명은 하루 만에, 피를 흘리지 않고 성공했다. 레닌이 이끄는 볼셰비키 지도하의 군대는 우체국, 은행, 발전소, 전화국을 손쉽게 점령하고 다음 날 낮에 임시정부를 포위했다. 이를 본 케렌스키가 도망치면서 임시정부는 무너졌다.

혁명 이후 소련은 1918년 3월 3일 독일과 브레스트 - 리토프스크 강화조약을 맺어 핀란드, 폴란드 등을 포기하고, 우크라이나로부터 병력을 철수시키며, 60억 마르크의 배상금을 지불한다는 조건에 동의했다. 레닌이 이같이 일방적으로 불리한 조약에 서명한 것은 국내의 반혁명 세력을 물리치는 것이 우선이라고 여겼기 때문이다.

러시아 혁명 이전 러시아의 사회주의자들은 소수파라는 뜻인 온건파 멘셰비키와 다수파라는 뜻인 급진파 볼셰비키로 양분되었다. 과거 마르크스는 자본주의가 가장 성숙한 나라에서 사회주의 혁명이 가장 먼저 일어날 것이라고 예언한 바 있다. 자본주의가 성숙해져야 노동자의 수도 많아지기 때문이다. 그래서 멘셰비키는 자유주의적인 자본주의 체제가 사회주의 사회를 건설하는 데 필요한 전제라고 생각했다. 하지만 러시아는 산업화가 뒤떨어져 자본주의가 제대로 정착하지 못했고 노동자의 수도 적었다. 이에 레닌은 노동자 중심의 혁명 이론에서 탈피해 농민 중심의 혁명 이론을 강조했다. 러시아 혁명은 레닌의 주장으로 자본주의 체제를 제대로 거치지 않은 채 농민과 노동자 중심의 혁명이 되었다. 이에 소련의 국기는 노동자를 상징하는 망치와 더불어 농민을 뜻하는 낫을 같이 넣었다. 이 농민 중심의 혁명 이론은 후에 중국의 마오쩌둥에게도 영향을 주었다.

소비에트 사회주의 공화국 연방의 수립

1918년 3월 독일과 브레스토 - 리토프스크 강화조약을 맺은 소련은 우크라이나, 폴란드, 핀란드, 발트 3국의 분리를 인정했다. 하지만 1920년대에 접어들면서 다시 러시아, 우크라이나, 벨라루스, 자카프카스(현재의 아제르바이잔, 아르메니아, 조지아)의 4개 공화국으로 구성된 소비에트 사회주의 공화국 연방, 즉 소련이 수립되었다. 이후 중앙아시아의 국가들을 합쳐 소련 휘하의 공화국은 15개국으로 늘어났다.

발트 3국

발트 3국이란 에스토니아, 리투아니아, 라트비아를 지칭한다. 이 중 신교 국가인 에스토니아의 언어는 핀란드어와 같은 우랄어족에 속한다. 한편 라트비아와 리투아니아는 민족, 언어 등이 유사하지만 라트비아가 에스토니아와 같은 신교 국가인 반면 리투아니아는 폴란드와 같은 가톨릭 국가이다. 라트비아는 튜턴 기사단에 의해 개척되었고, 폴란드 - 리투아니아의 지배를 받다가 폴란드 분할 이후로는 러시아의 지배를 받게 되었다.

러시아의 지배를 받던 발트 3국은 제1차 세계대전이 끝나고 잠시 독립했다가 제2차 세계대전 때 스탈린에 의해 다시 소련에 흡수된다.

그 뒤 오랜 시간이 흐른 1989년, 발트 3국의 시민 100만 명이 620킬로미터의 인간 사슬을 만들어 독립, 반소 평화시위를 벌였다. 결국 이들은 1991년 소련으로부터 독립했다.

우크라이나

'우크라이나'는 변방, 국경지대라는 뜻이다. 키예프 공국이 멸망한 뒤 이 땅은 폴란드 – 리투아니아의 지배를 받았다. 이후 18세기 말 폴란드 분할 때 함께 분할되어 러시아와 오스트리아의 지배를 받았다. 제1차 세계대전 때는 독일에 점령되었다가 1917년 11월의 볼셰비키 혁명으로 러시아 공산주의 정부가 우크라이나 소비에트 사회주의 공화국을 세웠다. 1922년 12월, 우크라이나 소비에트 사회주의 공화국은 소련의 일원이 되었고, 1990년대 소련이 붕괴되면서 독립했다. 최근 우크라이나의 크림반도는 러시아의 영토가 되었다.

벨라루스

'벨라'는 흰, '루스'는 러시아를 가리킨다. 따라서 '백러시아'라고도 한다. 이 같은 이름은 몽골의 지배를 받던 러시아를 흑러시아라고 하고 자신들은 백러시아라고 한 데서 유래했다. 중국 관습에 따르면 북쪽은 검은색, 서쪽은 흰색을 의미하기 때문이다. 국민의 82.7퍼센트가 러시아어를 사용하고 있다. 폴란드 분할 때 러시아의 영토가 되었다가 1919년 러시아 혁명을 통해 벨라루스 사회주의 공화국이 건국되었으며, 1922년 12월 소련을 구성하는 공화국이 되었다. 1991년 소련이 해체되면서 독립했다.

폴란드

슬라브 계통의 폴족이 세운 폴란드는 슬라브어로 '평원' 혹은 '초원'을 의미한다. 역사적으로 중요한 인물을 꼽자면 가톨릭을 도입하고 중세 폴란드 왕조를 구축한 미에슈코 1세(재위 963~992)를 들 수 있다. 그의 아들인 볼레스와프 1세는 모라비아 지역(지금의 슬로바키아)의 슬라브족을 장악하고 우크라이나의 수도 키예프를 점령하는 등 폴란드의 영토를 크게 확장했다.

이후 폴란드는 리투아니아와 합쳐져 폴란드-리투아니아가 되었다가 프로이센, 오스트리아, 러시아에 의해 분할되었다. 나폴레옹 전쟁 시 잠시 바르샤바 공국이 등장했지만 나폴레옹이 몰락하면서 러시아의 지배를 받았다. 제1차 세계대전 이후 독립했다가 히틀러와 스탈린에게 재차 분할 점령되었다.

키예프에 입성하는 볼레스와프 1세

체코와 슬로바키아

윌슨의 민족자결주의 영향으로 오스트리아-헝가리 제국이 해체되고 체코슬로바키아와 헝가리가 독립했다. 체코와 슬로바키아는 같은 슬라브족으로 833년 대모라비아 왕국을 건설했다. 체코는 헝가리의 침략을 물리치고 독자적인 역사를 만들어간 데 비해 슬로바키아는 1,000년간 헝가리의 지배를 받아 같은 민족이지만 성격이 달라지기 시작했다. 이후에는 모두 오스트리아의 지배를 받게 되는데 제1차 세계대전으로 1918년 체코슬로바키아로 독립했고 1993년 체코와 슬로바키아로 나누어졌다.

유고슬라비아

제1차 세계대전에서 세르비아는 승전국의 일원이었기 때문에 전쟁이 끝난 뒤 세르비아를 중심으로 유고슬라비아가 만들어졌다. 유고는 슬라브어로 '남쪽'이란 뜻이니 '남쪽에 있는 슬라브족의 국가'라는 뜻이다.

크로아티아와 슬로베니아는 가톨릭이 다수이고, 세르비아는 그리스 정교가 다수이다. 몬테네그로는 세르비아 민족과 유사한 민족이고 그리스 정교가 다수이다. 지금의 마케도니아는 알렉산드로스의 마케도니아와는 다르다. 알렉산드로스의 마케도니아는 그리스계 민족이었지만 현재의 마케도니아는 이후 이 지역으로 이주한 슬라브족으로 구성되어 있다. 이 때문에 나중에 마케도니아가 독립해 국명을 마케도니아로 할 때 그리스가 우려를 표명했다. 보스니아-헤르체고비나는 인구의 절반을 차지하는 보스니아인이 이슬람교를, 35퍼센트가량을 차지하는 세르비아인이 크리스트교(세르비아 정교)를 믿는다. 유고슬라비아 옆의 알바니아는 고대 일리리아인의 후손으로 계속 이 지역에서 살아왔다. 많

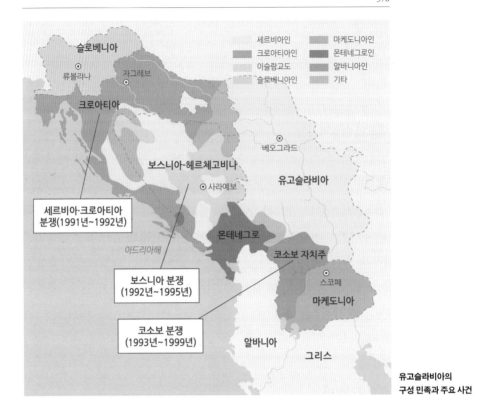

세르비아인   마케도니아인
크로아티아인   몬테네그로인
이슬람교도   알바니아인
슬로베니아인   기타

슬로베니아
류블랴나
자그레브
크로아티아
세르비아·크로아티아
분쟁(1991년~1992년)
보스니아-헤르체고비나
사라예보
베오그라드
유고슬라비아
아드리아해
몬테네그로
코소보 자치주
보스니아 분쟁
(1992년~1995년)
코소보 분쟁
(1993년~1999년)
스코페
마케도니아
알바니아
그리스

**유고슬라비아의
구성 민족과 주요 사건**

은 국민이 오스만 제국의 지배를 받은 영향으로 이슬람교도이다. 알바니아인들은 세르비아의 코소보 자치주에도 분포해 있다.

이처럼 발칸반도의 국가들은 민족도 다양하고 종교도 다양함에도 불구하고, 단지 같은 슬라브족이라는 이유로 승전국 세르비아의 의향에 따라 유고슬라비아가 만들어진 것이다. 그나마 크로아티아 출신인 티토가 등장해 유고슬라비아를 잘 이끌긴 했지만, 그가 죽고 1990년대에 이르러 유고슬라비아는 여러 나라로 갈라졌다. 2000년대에 몬테네그로와 세르비아가 갈라지는 것을 끝으로 분열은 마무리됐지만, 문제는 각 나라들이 하나의 나라로 지낸 기간이 길어 세르비아인들이 다른 지역에도 많이 살았다는 것이다. 1992년 보스니아-헤르체고비나가 독자 정부를 세우고 보스니아 내의 이슬람교도에 대한 인종 청소를 시작하면서 1994년까지 30만 명의 보스니아인이 죽었고, 280만 명의 이슬람교도

들이 고향에서 쫓겨났다. 그리고 세르비아 내의 코소보 자치주도 문제
였다. 이 지역은 이슬람교도인 알바니아인들이 거주하는 지역으로, 이
지역에서 독립운동이 전개되자 세르비아가 주민들을 무참히 학살한 것
이다.

서아시아

오스만 제국은 제1차 세계대전에서 독일 편에 가담했다가 패배해 많은
영토를 잃었다.

전쟁 이후 소아시아의 서부를 원하는 그리스와도 전쟁을 해야 했
다. 이때 터키의 국부, '아타튀르크(튀르크인의 아버지)'로 숭상받던 케말
파샤의 활약으로 소아시아의 육지를 오스만 제국이 차지하게 되면서 현
재의 영토가 되었다. 그리스와의 전쟁 종결로 오스만 제국에 거주하던

오스만 제국의 쇠퇴

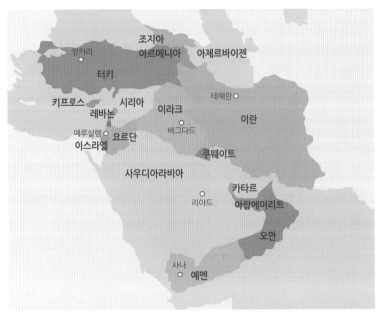

현재의 서아시아

150만 명의 그리스인과 그리스에 살던 오스만 제국인 40만 명이 강제 이주했다. 오스만 제국에서는 1922년 술탄제도가 폐지되고, 1923년 터키 공화국이 선포되었다. 초대 대통령은 청년튀르크당의 케말 파샤였다.

페르시아에서는 제1차 세계대전 종결 이후인 1925년 카자르 왕조가 붕괴되고 팔레비 왕조가 등장해 1935년 국호를 이란으로 바꾸었다. 팔레비 왕조는 1979년까지 지속되었다. 아라비아반도에서는 18세기 중엽 초기 이슬람교 정신으로 돌아가자는 와하브 운동이 전개되어 잠시 와하브 왕국이 등장했으나 오스만 제국의 공격으로 멸망했다. 이후 와하브 운동을 지원했던 이븐 사우드가 1926년 네즈드-헤자즈 왕국을 세운 뒤 1932년 국명을 사우디아라비아로 바꾸었다.

이집트는 1881년 아라비 파샤를 중심으로 반영운동을 벌였으나 영국군에게 진압당했다. 이후 1922년에 독립했고, 1956년에 나세르가 수에즈 운하를 국유화시켰다.

여전히 남은 위협

파리 강화회의와 베르사유 체제

1914년 7월 28일부터 1918년 11월 11일까지 전개된 제1차 세계대전은 세계 인구의 4분의 3이 살고 있는 국가들이 약 6,800만 명의 병력을 동원해 싸운 전쟁이다. 이로 인해 약 940만 명이 전사했고, 2,250만 명가량이 부상을 당했다.

전쟁이 끝나고 1919년 파리에서 강화회의가 열렸다. 이 자리에서 미국 대통령 윌슨이 주장한 14개조 평화원칙에는 민족자결주의가 포함되어 있었다. 각 민족의 운명은 그 민족 자신들이 결정해야 한다는 이 선언에 식민지 압제로 고통받던 많은 국가들이 자극을 받았다. 여기에 더해 11월 혁명에 성공한 레닌이 강대국의 지배를 받고 있는 약소국의 해방 운동을 지원하겠다고 선언했다. 레닌과 윌슨의 영향을 받아 우리나라에서는 1919년 3·1운동이 일어났고, 중국에서는 5·4운동이 일어났으며, 인도에서는 간디의 비폭력, 불복종 운동이 전개되었다.

하지만 결과적으로 바뀐 것은 없었다. 실제로 파리 강화회의에서는 모든 것이 승전국의 이해관계에 따라 결정되었기 때문이다. 민족자결주의 역시 패전국의 식민지에만 적용되었다.

파리 강화회의 이후 베르사유 조약이 맺어져 이를 베르사유 체제라고 한다. 윌슨은 패전국에 가혹하게 보복해서는 안 된다고 주장하며 승리 없는 평화를 주장했으나 이는 실현되지 않았다.

1919년 6월 28일 독일이 서명한 베르사유 조약은 너무나 가혹한 내용을 담고 있었다. 비스마르크가 나폴레옹 3세를 격파하고 얻은 알자스, 로렌 지방은 다시 프랑스에 환원되었고, 독일의 라인란트 지방에는 수비대를 둘 수 없게 되었다. 독일은 폴란드 회랑을 잃었을 뿐 아니라 해외에 있는 모든 식민지를 상실했다. 군대의 수는 10만 명을 넘을 수 없

베르사유 체제하의 유럽
■ 독일이 상실한 지역
▨ 러시아가 상실한 지역
□ 오스트리아가 상실한 지역
[국명] 신생 독립국가

노르웨이
스웨덴
핀란드
에스토니아
라트비아
덴마크
리투아니아
소련
영국
네덜란드
독일
폴란드
벨기에
체코슬로바키아
프랑스
오스트리아
스위스
헝가리
루마니아
유고슬라비아
불가리아
포르투갈
에스파냐
이탈리아
그리스
오스만 제국

제1차 세계대전 이후의 유럽

었고, 중화기인 전투기, 전차, 잠수함을 소유할 수도 없었다. 무엇보다 엄청난 배상금이 문제였다. 그나마 독일에게 다행이었던 것은 자르 탄광을 달라는 프랑스의 요구가 묵살되었다는 점이다.

이후 제1차 세계대전과 같은 대규모 전쟁을 막고자 1920년 월슨의 주장으로 국제연맹이 만들어졌다. 하지만 정작 미국은 여기에 참여하지 못했다. 당시 미국 의회가 고립주의를 주장하는 의원들에게 장악되었기 때문이다. 여기에 전범국 독일과 중간에 이탈한 소련도 제외됐고, 국제연합(UN)의 평화유지군 같은 군사적 제재 수단도 없었기에 국제연맹은 많은 한계를 지니고 있었다. 그래도 국제연맹 창설 이후 각국의 군비를 축소하고 전쟁을 포기하자는 회의가 이루어졌다. 대표적인 것이 1921년 해군력 축소를 합의한 '워싱턴 회의'이다.

바이마르 공화국

제1차 세계대전이 종결되고 1919년 2월 바이마르에 소집된 국민의회에서 새로운 헌법이 제정되면서 바이마르 공화국이 수립되었다. 이들은 급진적 사회주의자와 부르주아지 세력 모두에게 비난받던 온건파 사회주의자들로 구성되었다.

　　제1차 세계대전의 패배로 독일은 엄청난 배상금에 시달려 경제가 말이 아니었다. 바이마르 공화국은 이를 해결하기 위해 화폐를 대량으로 찍어냈고, 이로 인해 화폐 가치가 급락했다. 농담 삼아 성냥 대신 불붙인 지폐로 담배를 피우며 절약했다는 말이 퍼질 정도였다. 독일 시민들은 담배 한 갑도 사지 못할 지경이었다. 이에 미국을 중심으로 한 연합국은 독일의 경제 상황을 고려해 배상액을 내렸고, 1923년 1월 배상금 지불이 늦어진다는 이유로 프랑스·벨기에 연합군이 점령했던 루르(독일 북서부 지역)에서 프랑스를 설득해 철수하게끔 했다. 1924년부터 독일은 다시 경제 호황을 맞았다. 1929년에는 제1차 세계대전 직전의 상황을 넘어설 정도의 경제 성장을 이루었다.

11월 혁명 이후의 소련

레닌은 귀족의 아들로 태어나 법률가 교육을 받았지만 부르주아지의 착취를 없애려면 혁명이 필요하다고 여겨 젊은 시절부터 혁명을 준비했다. 그는 러시아만의 혁명이 아니라 세계 혁명을 꿈꾸었다. 전 세계의 노동자와 농민을 부르주아지의 착취에서 해방시키는 것이 레닌의 궁극적 목표였다. 이 원대한 꿈을 위해 독일의 지원을 받으며 러시아로 귀환했던 것이며, 독일과의 굴욕적인 조약에도 서명했던 것이다.

　　제1차 세계대전 중 러시아의 레닌은 내부의 적들을 물리치기 위해 1918년 3월 독일과 브레스트 - 리토프스크 조약을 체결했다. 레닌의 예상은 적중했다. 조약 체결 이후 과거 러시아 귀족들을 중심으로 반소비에트 군대가 조직된 것이다. 이러한 반소비에트군을 '백군'이라고 하고 소비에트 군대를 '적군'이라고 부른다. 백군은 러시아 귀족뿐만 아니라 온건파 사회주의자도 가담했다. 영국, 프랑스, 미국, 일본도 백군을 지원했다. 사회주의 세력을 진압하지 않으면 자국에서도 사회주의 혁명이 일어날 수 있다고 판단했기 때문이다.

레닌은 백군 세력을 무력화하기 위해 1918년 7월 폐위된 니콜라이 2세와 그의 가족들을 처형하고 적군의 힘을 강화했다. 그 뒤 제1차 세계대전이 종결되자 1919년 레닌은 세계 혁명을 위해 자신이 주도하는 코민테른을 결성하고 세계 혁명을 선언했다. 이는 레닌의 꿈이기도 했지만 전 세계의 노동자와 농민들에게 보내는 지원 요청이기도 했다. 이때 일본은 백군을 지원하기 위해 시베리아로 출병했고, 한국의 독립군 가운데 김좌진, 홍범도, 지청천 등의 대한독립군단은 청산리 대첩 직후 적군을 지원하기 위해 소련의 자유시로 갔다가 자유시참변을 겪었다. 대한독립군단이 사회주의 세력이었기에 적군을 지원했던 것은 아니다. 일본이 백군을 지원하니 그 반대편인 적군을 지원했던 것이고, 여기에 더해 레닌이 소수민족의 해방을 주장하며 민족자결주의를 주장했기 때문이다.

1919년 봄, 백군 세력이 모스크바까지 진격했으나 영국, 프랑스, 미국이 백군을 지원하지 않아 적군이 주도권을 잡기 시작했다. 1920년 11월, 백군의 최후 거점인 크림반도가 적군에게 넘어가면서 내전은 끝이 났다. 소련에서는 1921년 신경제정책(NEP)이 추진되어 소규모 자본주의 체제를 도입, 농민들의 사적 소유와 판매가 일부 허용되어 경제 성장을 이룩했다.

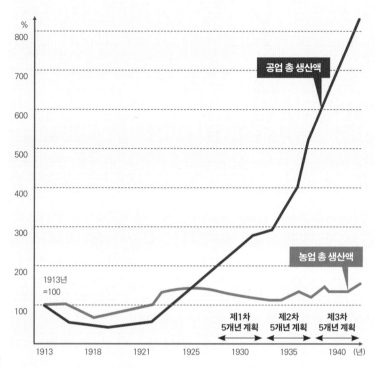

%
800
700
600
500
400
300
200
100

공업 총 생산액

농업 총 생산액

1913년
=100

제1차
5개년 계획

제2차
5개년 계획

제3차
5개년 계획

1913   1918   1921   1925   1930   1935   1940 (년)

**신경제정책으로 인한
소련의 성장**

스탈린의 등장

이오시프 스탈린

레닌 이후 그의 후계자는 트로츠키와 스탈린 두 명으로 압축되었는데 그중 스탈린이 트로츠키 일파를 숙청하고 권력을 장악했다.

레닌과 트로츠키와 달리, 스탈린은 세계 혁명이 아니라 소련의 산업화가 급선무라고 주장하며 일국 사회주의를 주장했다. 권력을 장악한 스탈린은 신경제정책을 폐지하고, 중화학공업에 중점을 두는 경제개발을 시작했다. 신경제정책 당시 인정되었던 사적 소유도 폐지되면서 집단 농장 체제가 구축됐다. 농지와 가축을 모두 집단화시키자, 가축을 전부 빼앗길 처지에 놓인 농민들은 가축을 잡아 먹어 소련 전역에서 사육제가 펼쳐졌다. 이때 소련의 가축 수가 2분 1로 줄어들었고 농업 생산력도 현저하게 위축되어 수백만 명이 굶어 죽었다. 많은 자들이 스탈린의 정책에 반대를 했지만 스탈린은 반대자들을 무참히 학살했다.

전체주의

사회주의는 자본가를 없애고 모두 평등하게 사는 체제이다. 한편 수정 자본주의는 자본가에게 세금을 더 내게 해 노동자를 위한 복지 정책을 펴는 체제이다. 원래 노동자의 복지는 사회주의에서 다뤘던 주제이다. 그런데 자본주의에 이 같은 사회주의 정책을 혼합했으니 수정자본주의는 혼합경제라고도 불린다. 마지막으로 전체주의는 자본주의 정책을 유지하고 봉기를 일으킬 수 있는 노동자를 억압하는 체제이다.

즉, 전체주의가 가장 경계하는 사상은 사회주의이다. 애초에 전체주의는 경제공황으로 사회주의가 확산되자 이를 차단하기 위해 등장한 체제이다. 당연히 이탈리아, 독일, 일본의 부르주아지들은 이 전체주의를 지지했다. 또한 전체주의는 내부의 불만을 억압하며 그리스의 페리클레스처럼, 로마의 카이사르처럼, 프랑스의 나폴레옹처럼 밖으로 팽창하는 체제이기도 했다. 이탈리아의 전체주의는 파시즘, 독일의 전체주의는 나치즘이라고 한다.

제1차 세계대전이 제국주의와 제국주의의 전쟁이었다면, 제2차 세계대전은 전체주의와 수정자본주의(미국, 프랑스 등)의 대립이었다. 역

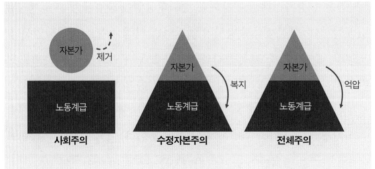

사회주의와 수정자본주의,
전체주의

설적이게도 제2차 세계대전 때는 전체주의와 가장 대립되는 사회주의 국가(소련)가 미국과 손을 잡았다. 이후 전체주의가 패배해 수정자본주의와 사회주의만 남았는데, 이들의 대립이 냉전이다.

무솔리니

이탈리아의 전체주의를 파시즘이라고 한다. 파시즘이란 말은 라틴어 파스케스(fasces)에서 나왔는데 이는 '속간(束桿)'을 의미한다. 속간은 도끼를 나무 막대기 여러 개로 둘러싸 묶되 도끼날이 밖으로 튀어나오도록 만든 물건으로, 고대 로마에서는 집정관의 권위를 상징했다. 이 속간은 집정관을 수행하는 부하들이 들고 다녔으며 정무관의 명령에 따라 체벌이나 사형에 쓸 수도 있었다. 또한 속간은 '통합을 통한 힘'을 뜻하기도 한다. 나무 막대기 하나는 쉽게 부러지지만 여러 개가 묶여 있으면 잘 부러지지 않기 때문이다. 독일의 전체주의는 1929년 대공황으로 등장했지만, 이탈리아의 전체주의는 대공황 이전에 이미 등장했다. 이는 이탈리아 경제가 불안정했기 때문이다.

　제1차 세계대전에서 이탈리아는 약 50만 명이 사망했고, 약 100만 명이 부상당했다. 이탈리아는 승전국이었으나 국내 분위기는 패전국이나 다름없었다. 물가 폭등, 대규모의 실업, 식량 부족, 노동자 파업 등이 발생했다. 부르주아지 세력은 러시아처럼 이탈리아에서 사회주의 혁명이 일어날까 봐 무서웠다. 초등학교 교사 출신인 무솔리니는 제1차 세계대전에 자원해 입대했으며 웅변술이 뛰어났다. 무솔리니는 파시스트 조직인 '검은 셔츠'단을 조직해 사회주의자들을 습격하고 폭행했다. 이에 사회주의자들도 '붉은 셔츠'단을 조직해 대응했다. 부르주아

**속간이 들어간 미국
국세심판소의 문장**

지 세력은 무솔리니가 이탈리아에서 사회주의 혁명을 제거해 줄 것이라고 믿고 자금을 대고 지원했다. 세력이 커진 무솔리니는 1922년 로마로 진군했는데 이때 그가 이끈 병력은 소총병 2만 명에 불과했지만 이탈리아 황제 비토리오 에마누엘레 3세는 그를 수상으로 임명했다. 황제도 무솔리니가 사회주의 세력을 제거해 줄 인물이라 믿었던 것이다. 심지어 교황도 무솔리니를 지지했다. 사회주의자들은 대개 무신론자여서 교황 입장에서도 사회주의 세력을 견제해야 했기 때문이다. 무솔리니는 연설할 때 항상 강철 투구를 쓰고 번쩍거리는 군복을 입어 민중들로 하여금 카이사르를 연상케 했다. 이탈리아를 과거 로마 제국으로 만들어 주겠다는 믿음을 갖게 한 것이다.

대공황의 발생

1929년 대공황이 전 세계를 강타했다. 산업혁명 이후 인류는 자유방임주의에서 강조한 작은 정부를 채택하고 있었다. 작은 정부란 대공황 이후에 등장하는 큰 정부와 반대되는 개념으로, 정부가 복지에 개입하지 않고 시장에도 개입하지 않는 것이다. 그런데 정부의 시장 불개입으로 기업은 시장의 수요보다 훨씬 많은 상품을 생산해버렸고, 이것이 팔리자 않자 도산했다. 기업이 도산하자 실업자가 크게 늘어 구매력이 떨어졌고, 이는 다른 기업들의 도산으로 이어지면서 결국에는 기업에 돈을 대출해 준 은행까지 망했다. 이와 같은 일련의 경제 재앙을 대공황이라 부른다.

대공황 당시 구직자의 모습
등에 붙인 종이에는 '저는 세 가지 기술을 익혔고, 3개 국어를 할 수 있으며, 3년 동안 (제1차 세계대전에서) 싸웠고, 세 명의 아이를 두고 있으며, 3개월간 일을 하지 못했습니다. 하지만 제가 원하는 것은 단 하나의 일자리입니다'라고 적혀 있다.

1929년 대공황이 발생하기 직전까지 미국 주식시장의 주가는 계속 치솟고 있었다. 주식 투자로 돈을 번 자들이 셀 수도 없어 누구나 돈을 벌면 주식을 샀다. 하지만 1929년 10월 24일 뉴욕주식거래소에서 주가가 수직으로 떨어졌다. 이 주가 폭락이 대공황의 발단이 되었다. 대공황으로 미국 전체 노동 인구의 4분의 1이 실업자가 되었다. 국민들은 은행에 빚진 돈을 갚지 못했고, 기업들도 은행에서 빌린 대출금을 갚지 못해 파산했으며, 종국에는 은행들도 파산했다. 주식이 아니라 은행에 안정적으로 저금해 둔 국민들도 은행이 파산하며 하루아침에 거지가 되었다. 미국에서 시작된 대공황은 전 세계로 퍼져 나갔다. 1933년 프랭클린 루스벨트가 대통령으로 취임했을 때 미국의 실업자는 1,300만 명이 넘었다.

　　루스벨트는 대통령으로 취임하자마자 뉴딜 정책을 추진했다. 이 정책의 핵심은 국가가 대규모의 공공사업을 일으켜 실업자를 고용하고, 이들에게 월급을 지급해 경제를 활성화하는 것이다. 이는 미국이 애덤 스미스의 '보이지 않는 손'으로 대표되는 자유방임주의를 포기하고 국

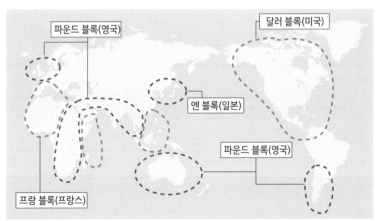

**대공황 당시 각국의
블록 경제**

가가 노동자의 삶을 책임지는 수정자본주의를 채택했다는 의미이다.

애초에 미국은 지하자원도 풍부했고, 제1차 세계대전 때 영국과 프랑스에 상당량의 군수품을 팔아 자본을 축적해둔 상태였다. 여기에 루스벨트의 뉴딜 정책이 더해지면서 미국은 비교적 쉽게 대공황을 해결할수 있었다.

한편 많은 식민지를 가지고 있었던 영국과 프랑스는 블록 경제를 구축했다. 자국과 식민지로 이루어진 폐쇄적인 경제 블록을 만들고 식민지에 강제로 잉여 생산물을 팔아 기업의 도산을 막는 전략이었다. 이를 위해 영국은 파운드 블록을, 프랑스는 프랑 블록을 만들었다. 하지만식민지가 없거나 미미했던 이탈리아, 독일, 일본은 막막한 상황이었다.

세계 최악의 전쟁, 제2차 세계대전

히틀러의 등장

아돌프 히틀러는 오스트리아 하급 공무원의 넷째 아들로 태어났다. 어렸을 때부터 미술에 관심이 많았던 그는 빈 예술학교에 여러 번 입학하려 했으나 번번이 떨어져 그림 엽서를 그리며 생활했다. 하지만 부모가 재산을 남겨 경제적으로는 빈곤하지 않았다. 히틀러는 역사, 예술, 군사에 관한 책들을 섭렵했다.

바그너의 오페라를 좋아했던 히틀러는 인종학에도 관심이 많았다. 그는 푸른 눈을 가진 금발의 아리아인이 가장 뛰어난 인종이며, 이 인종은 다른 인종과 피가 섞여서는 안 된다고 생각했다. 인종주의에 심취한 히틀러는 후에 유대인들을 학살했고, 독일군이 유대인 여인과 잠자리만 같이해도 피를 더럽혔다는 이유로 총살시켰다고 한다.

히틀러가 그림 엽서를 그리며 독서에 심취하고 있을 무렵, 제1차 세계대전이 일어났다. 히틀러는 전쟁에 참여해 무공훈장인 철십자훈장을 두 번이나 받았다. 이때 히틀러는 자신에게 군인의 자질이 있다는 사실을 알게 되었고, 군대의 조직 생활을 전 국민에게 적용시켜야겠다고 생각했다. 이후 킬 군항의 반란을 계기로 독일이 전쟁에서 패하자 히틀러는 '승리를 도둑맞았다'고 주장하며 사회주의자들을 비판했다.

1919년 독일노동자당에 가입한 히틀러는 그곳에서 뛰어난 웅변술로 지도자가 되었고, 이후 당의 이름을 '국가 사회주의 노동당(NAZI)'이라고 바꾸었다. 무엇보다도 사회주의를 증오하는 정당이 자신들의 이름에 사회주의라는 단어를 넣은 것은 역사의 아이러니라 할 수 있다.

당초 독일에 있던 70개 정당 중 하나에 불과했던 나치당은 히틀러의 웅변술과 카리스마로 급격하게 성장했다. 히틀러도 무솔리니처럼 화려한 군복과 휘장으로 자신을 꾸몄다. 두 주먹을 꽉 쥐며 몸을 떠는 히틀러의 요란한 자세는 국민들을 열광시켰다. 여기에 더해 청렴하고 추문이 없으며, 매우 성실했던 히틀러 개인의 행실도 그의 인기를 드높이는 데 기여했다.

1929년 대공황이 벌어지자 수많은 독일 국민들이 실업자가 되었다. 상황이 이렇게 되자 독일에서도 사회주의 혁명이 일어날 조짐이 보였다. 독일의 부르주아지들은 사회주의 세력을 증오하고 이들을 공격하는 히틀러의 나치당에 의지하기로 했다. 부르주아지가 아닌 일반 시민들 역시 히틀러가 이 국가적 위기 상황을 극복해주길 기대했다. 이로 인해 히틀러의 나치당은 결국 독일의 집권당이 되었다.

나치즘에 물드는 독일

1933년 마침내 독일의 수상이 된 히틀러는 곧바로 사회주의 세력을 탄압했으며 수상이 의회의 동의 없이도 법을 제정할 수 있도록 했다. 이제 독일은 히틀러의 손아귀에 들어온 것이나 다름없었고, 그는 독일 민족의 신처럼 추앙받았다. 히틀러는 독일 국민들에게 무조건적인 충성을 요구했다. 이를 바탕으로 경제를 안정화시키는 데 성공한 히틀러는 군사력 강화에 초점을 두었다.

이 시점에서 유대인에 대한 증오, 이른바 반유대주의는 이미 유럽 전역으로 확산되고 있었다. 영국과 프랑스에서도 반유대주의가 강할 정도였다. 유럽인들은 유대인을 사탄의 후예라고 생각했다. 비록 예수가 유대인으로 태어났지만 그 예수를 죽인 것도 유대인이었기 때문이다. 히틀러는 사회주의와 함께 유대인을 독일의 적으로 삼았다. 나치는 원칙상 크리스트교를 배제했지만 그럼에도 독일에 크리스트교를 믿는 자

나치의 문장, 하켄크로이츠
하켄크로이츠는 '갈고리
십자가'라는 뜻으로
원래는 고대 게르만족의
상징이었다. 오른팔을
들고 높이 손을 뻗는
경례법도 원래는 고대 로마
제국이 사용하던 것으로
무솔리니가 먼저 채용한 뒤
히틀러가 채택했다.

들이 많아 히틀러는 예수를 유대인이 아닌 북유럽의 영웅으로 조작하기
까지 했다.

히틀러의 집권으로 일상생활의 인사법도 바뀌었다. 사람들은 '안
녕하세요'라는 뜻인 'Guten Tag' 대신에 '히틀러 만세'라는 뜻인 'Hail
Hitler'를 외치게 되었다. 히틀러는 또한 1925년 젊은이들을 뽑아 무장
친위대(SS)를 조직했다. 이들은 국민들을 선동하며 사회주의자들에게
폭력을 행사하는 집단이었다. 히틀러는 무장 친위대 대원들을 세뇌해
그들이 니체가 꿈에 그리던 초인이라고 믿게끔 했다. 평범한 인간의 도
덕과 윤리는 '굴종의 윤리'로, 니체가 말하는 '초인의 윤리'와는 다르다
고 교육받은 무장 친위대는 히틀러를 위해 강제 수용소의 정치범과 유
대인 등을 학살했다. 독일 시민들은 무장 친위대에게 체포되면 어떤 이
유로 체포되었는지도 모른 채 살해되었기 때문에 이들을 두려워했다.

보통 전체주의의 사례로 독일의 나치즘과 이탈리아의 파시즘이 자
주 언급된다. 그중 파시즘은 인종주의적 성격이 약하다. 이탈리아인은
게르만족의 대이동 이후 여러 민족이 혼합되면서 형성된 민족이기 때문
이다. 반면 독일은 역사적으로 게르만족 외에 다른 민족이 유입되는 일
이 거의 없었기 때문에 인종주의적 성격이 강했다.

에스파냐 내전

에스파냐에서는 1931년 왕정을 반대하는 세력이 선거에서 승리하며
국왕이 해외로 망명했다. 새로 수립된 공화정 정부는 대토지를 몰수하
고 군대 장교의 수를 줄였으며, 예수회를 해체해 보수 세력의 거센 저항
을 받았다. 여기에 더해 카탈로니아(카탈루냐, 지금의 바르셀로나 일대) 분리

주의자들의 독립운동도 전개되었다.

1936년에는 급진적 사회주의자들이 '인민전선'을 조직해 집권하자 에스파냐령 모로코에 주둔해 있던 프랑코 장군이 반란을 일으켜 권력을 장악했다. 이 세력은 파시스트 세력으로 이루어져 있었다. 이리하여 1936년부터 사회주의자들이 이 정부에 저항해 에스파냐 내전이 전개되었다. 같은 전체주의 국가인 독일과 이탈리아는 프랑코 정권을 지원했지만 인민전선에 대한 영국과 프랑스 등의 지원은 미약한 수준이었다. 다만 지식인들이 인민전선을 지원하기 위해 참전했다. 대표적인 인물로는 『무기여 잘 있거라』를 쓴 미국의 작가 헤밍웨이가 있다.

폭풍 전야

일본은 1931년 만주사변을 일으키고 국제연맹에서 탈퇴했다. 독일의 경우 바이마르 공화국 시절 국제연맹에 가입했지만 1933년에 프랑스와 영국이 군비 증강을 제한하려 하자 마찬가지로 탈퇴했다. 더 나아가 1935년에는 베르사유 조약을 무시하고 공식적으로 군비 증강을 선언한 뒤 비무장지대로 설정된 라인란트로 진군하기까지 했다. 하지만 국제연맹은 그 어떤 제재도 취하지 못했다.

히틀러와 무솔리니

국제연맹이 무기력한 모습을 보이자 이탈리아의 무솔리니는 1935년 10월 에티오피아를 침공했다. 이후 1936년 에스파냐 내전에서 함께 프랑코를 지원한 이탈리아의 무솔리니와 독일의 히틀러는 점차 사이가 가까워졌다.

이들은 급기야 자유주의와 공산주의를 탄압하기 위해 손을 잡았고, 이로써 1936년 10월 베를린·로마 추축이 형성되었다. 이어 독일은 일본과도 공산주의를 방지한다는 방공 협정을 체결해 독일, 이탈리아, 일본으로 구성된 추축국이 형성되었다.

히틀러는 1938년 오스트리아를 합병했다. 히틀러 자신이 오스트리아 출신이었기에 그는 양쪽 국민의 지지를 받을 수 있었다. 이때 오스트리아의 전통 귀족들은 나치를 피해 오스트리아를 탈출했는데 영화 〈사운드 오브 뮤직〉이 바로 이를 다룬 내용이다.

1938년 9월에는 체코슬로바키아의 수데텐 지역을 관리하던 총재가 독일로 귀속되고 싶다는 의사를 밝혔고, 이를 받아들인 히틀러는 체코슬로바키아에 해당 지역의 양도를 요구했다. 이때 열린 것이 영국·프랑스·이탈리아·독일이 한자리에 모인 '뮌헨 회담'이다. 이 회담에서 영국과 프랑스는 히틀러가 더 이상 다른 영토를 요구하지 않는다는 조건으로 독일의 수데텐 합병을 승인했다. 이때 영국 수상 체임벌린은 자신의 노력으로 유럽의 평화가 이루어졌다면서 개선장군처럼 귀환했다. 하지만 그로서는 창피스럽게도 1939년, 히틀러는 체코슬로바키아 전 지역을 정복한다.

이어서 독일은 1939년 8월 독·소불가침 조약을 맺었다. 이는 전 세계에 충격을 주었는데, 사회주의 타파를 가장 중요한 과제로 삼는 전체주의 국가가 사회주의 국가와 조약을 맺었기 때문이다. 그동안 서구 국가들이 독일의 재무장과 영토 확장을 묵인했던 이유 중 하나는 독일이 소련과 사회주의의 확장을 차단해줄 거라 기대했기 때문이다. 서구의 자본주의 입장에서 보면 전체주의보다 사회주의가 더 이질적이었던 것이다.

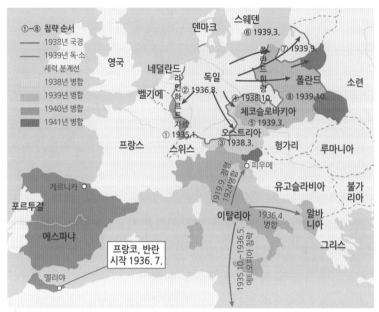

①~⑧ 침략 순서
1938년 국경
1939년 독·소
세력 분계선
1938년 병합
1939년 병합
1940년 병합
1941년 병합

스웨덴
덴마크
⑥ 1939.3.
⑦ 1939.9.
영국
네덜란드
폴란드
소련
벨기에
독일
폴란드
라인
② 1936.8.
하
⑧ 1939.10.
르
④ 1938.10.
트
체코슬로바키아
자르
① 1935.1.
⑤ 1939.3.
프랑스
스위스
오스트리아
③ 1938.3.
헝가리
루마니아
피우메
유고슬라비아
불가
리아
게르니카
알바
니아
포르투갈
이탈리아
1936.4.
병합
에스파냐
그리스
프랑코, 반란
시작 1936. 7.
멜리야

추축국의 팽창

제2차 세계대전의 발발

1939년 9월 1일, 독일은 선전포고도 없이 폴란드를 침공했다. 나치스의 친위부대를 폴란드 병사로 위장시키고, 그들로 하여금 독일을 공격한 것처럼 조작해 이를 빌미로 침공한 것이다. 이때까지만 해도 영국에 비해 해군력이 약했던 독일은 영국, 프랑스와 같은 강대국들과 대결할 생각이 없었다.

　슈투카라는 이름으로 알려진 독일의 급강하 폭격기가 이틀 동안 폴란드 공군을 괴멸시키고 제공권을 장악했다. 기병대 중심으로 구성된 폴란드 육군 역시 독일의 현대화된 육군에 손쉽게 제압당했다. 이때 히틀러는 소련이 폴란드 공격에 동참해 주길 원했는데, 소련이 개입하면 서구 국가들이 폴란드 원조를 단념할 것이라고 생각했기 때문이다. 소련은 폴란드에 개입할 명분이 없어 독일에게 독일을 비난하는 성명을 해도 괜찮은지 물었고, 히틀러가 이를 거부하자 폴란드 내의 러시아인을 보호한다는 구실로 침공했다. 과거 프로이센, 오스트리아, 러시아에 점령되어 나라를 잃었던 폴란드는 제1차 세계대전 이후 독립했다가 다시 독일과 소련에 분할 지배당하는 신세가 되었다. 이때 영국의 수상 처칠은 즉각 독일과의 전쟁을 선포했다.

철혈재상의 악몽이 부활하다

프랑스와 독일 사이에 위치한 서부전선에 기묘한 정적이 흘렀다. 당시 서부전선에 배치된 독일군은 24개 사단에 불과했다. 만약 이때 영국과 프랑스가 독일을 공격했다면 독일은 심각한 위기에 처했을 것이다. 프랑스는 1930년 이후 독일과의 국경에 마지노선이라는 대규모 요새를 구축했다. 제1차 세계대전의 경험으로 공세를 먼저 취한 쪽이 진다는 것을 배웠기 때문이다.

히틀러는 1940년 4월 9일 육해공을 동원해 덴마크와 노르웨이를 침공했다. 이 지역을 손에 넣을 경우 영국을 공격하는 전진기지로 삼을 수 있는 데다 스웨덴산 철광석을 중개자 없이 직접 구입할 수 있었기 때문이다. 독일의 침공에 덴마크는 곧바로 항복했다. 영국과 프랑스는 남아 있는 노르웨이를 지원하기 위해 군대를 파견했으나 6월 10일 노르웨이마저 항복했다. 이제 히틀러의 눈은 프랑스로 향했다.

프랑스 공격을 앞두고, 히틀러의 참모들은 제1차 세계대전 때처럼 중립국인 네덜란드와 벨기에를 통과해 진격하자고 했다. 이에 히틀러는 네덜란드와 벨기에로 병력을 보내되, 적들이 여기에 신경을 쓰는 동안 그 남쪽에 있는 아르덴(벨기에와 룩셈부르크에 걸쳐 있는 고원 지대)으로 주력 병력을 진출시키기로 한다. 아르덴은 지형이 험난하기 때문에 적들이 예상하지 못할 것이라는 판단이었다. 이에 독일군은 아르덴을 거쳐 솜강의 하류로 나가 적의 배후를 공격, 적의 병력을 남북으로 가르는 작전

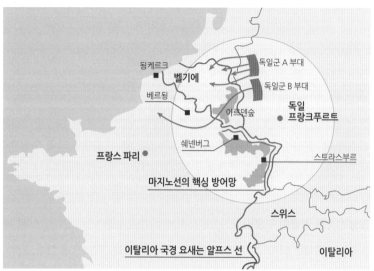

됭케르크
벨기에
베르됭
아르덴숲
독일군 A 부대
독일군 B 부대
독일
프랑크푸르트
쉐넨버그
프랑스 파리
스트라스부르
마지노선의 핵심 방어망
스위스
이탈리아 국경 요새는 알프스 선
이탈리아

독일의 전격전

을 펴기로 결정했다. 이 작전이 '초승달형 분단 작전'이다.

　노르웨이 점령이 거의 확실시된 5월 10일, 독일의 한 부대가 선전 포고도 없이 중립국인 네덜란드와 벨기에를 침공했다. 네덜란드는 불과 5일 만에 점령당했고, 네덜란드의 여왕은 런던으로 망명했다. 이 같은 침공에 영국과 프랑스의 이목이 집중되어 있는 동안 또 다른 독일 부대 가 아르덴 숲을 통과해 슈투카의 엄호를 받으며 북프랑스로 진격했다. 이들은 5월 21일 해안에 도착해 영국과 프랑스 연합군을 갈라놓는 데 성공했다.

　영국과 프랑스군은 벨기에의 됭케르크에서 포위되는데, 히틀러 가 갑자기 진격 중지 명령을 내려 영국과 프랑스의 34만 명이 구사일 생으로 철수할 수 있었다. 이때 동원된 선박이 군함과 민간 선박을 합쳐 850여 척이었다. 됭케르크를 앞두고 히틀러가 진격 중지 명령을 내린 이유는 지금도 미스터리로 남아 있다. 자신의 작전이 너무 잘 들어맞아 도리어 적의 함정이 아닐까 하는 불안에 사로잡혔기 때문이라는 설이 있는가 하면, 너무 빠른 진격 속도로 인해 프랑스 각지에 흩어져 있는 독 일 병력을 추스르기 위해서였다는 설 등이 있다. 이후 독일군은 파리를 공격해 6월 14일 점령했다.

발칸반도와 북아프리카 전선

1940년 6월 22일, 히틀러는 페탱 원수를 수반으로 하는 괴뢰 정부(비시 정부)를 세워 이들과 콩피에뉴 숲에서 휴전협정을 맺었다. 1918년 11월 11일, 제1차 세계대전의 휴전협정이 이루어진 바로 그 장소에서 승자와 패자의 위치가 바뀐 휴전협정이 맺어진 것이다. 협정의 내용은 프랑스 국토 3분의 2는 독일이, 나머지 지역은 비시 정권이 통치한다는 내용이었다.

　　하지만 프랑스의 장군 드골은 여기에 불복해 영국으로 망명했다. 그는 BBC 방송을 통해 다음과 같은 연설을 했다.

> 희망은 사라질 수밖에 없는가? 우리의 패배는 최종적인가? 그렇지 않다. 프랑스는 고립되어 있지 않다. 나 드골은 지금 런던에 있다. (중략) 어떤 상황에서도 프랑스 레지스탕스의 불꽃은 꺼져서는 안 되며 실제로 꺼지지 않을 것이다.

　　이때 히틀러는 프랑스가 항복했으니 영국도 강화에 나설 것이므로, 사실상 전쟁이 종결되었다고 판단해 독일 병력을 축소할 계획이었다. 하지만 영국의 처칠 내각은 강화에 응하지 않았다. 이에 독일은 영국 본토 상륙 작전을 준비했고 '물개 작전'이라는 이름을 붙였다. 물개 작전을 수행하려면 우선 제공권을 장악해야 했다. 독일 공군 총지휘자인 괴링은 일주일 안에 영국 전투기를 모조리 떨어뜨리겠다고 장담했지만 영국 전투기는 공중전을 피하고 독일 폭격기가 날아올 때만 이를 요격하는 전술을 취했다. 결국 독일 공군은 항공기지를 공격 대상으로 삼아야 했지만 원거리 폭격기가 없는 탓에 사실상 영국 본토 작전을 실행하지 못했다.

독일이 영국 및 프랑스와 전쟁을 시작하자 미국은 중립을 선언했다. 독일의 전황은 꽤 유리했다. 문제는 동맹국이었다. 이탈리아가 독일에 말 한마디 없이 1940년 10월 28일 그리스를 침공했다가 오히려 격퇴를 당하는 추태를 보인 것이다. 히틀러는 발칸 방면으로 군단을 파견하지 않을 수 없었다. 설상가상으로 이탈리아는 9월부터 식민지인 리비아에서 이집트 쪽으로 군대를 보냈다가 영국군에 큰 타격을 입었고, 독일은 북아프리카의 전선을 유지하기 위해 이번에도 병력을 쪼개야 했다.

소련 침공

독일과 소련은 1940년 2월 11일 경제 협정을 맺었다. 소련은 독일에 석유와 철광석을 수출하고, 반대로 독일은 소련에 공업 제품과 군수품을 수출한다는 내용이었다. 독일은 소련으로부터 석유를 안정적으로 공급받은 덕분에 전쟁을 지속할 수 있었다. 소련 입장에서는 자본주의 국가들이 전쟁으로 국력을 소모하는 것이 고마울 따름이었다. 하지만 전체주의자인 히틀러에게는 사회주의 국가 소련이야말로 가장 제거하고 싶은 상대였다. 비록 영국과 프랑스를 견제하기 위해 잠시 독·소불가침 조약을 맺긴 했지만, 조만간 소련을 정복할 생각이던 히틀러는 우선 동유럽을 먼저 점령했다.

사실 히틀러는 소련을 더 나중에 침공할 계획이었지만, 나폴레옹 때와 비슷한 일이 그에게도 벌어졌다. 나폴레옹은 영국을 견제하기 위

해 대륙봉쇄령을 내렸고, 이를 어긴 러시아를 공격했다. 히틀러 역시 소
련을 정복해 영국의 저항 의지를 꺾어버리기로 판단했다. 그가 보기에
영국이 항전을 이어가는 것은, 소련이 곧 독일과 전쟁을 벌이면서 불리
한 전황이 바뀔 것이라는 희망을 갖고 있기 때문이었다. 히틀러는 소련
을 굴복시켜 영국인들의 마지막 희망을 없애버리기로 했다. 게다가 히
틀러는 우크라이나의 곡창 지대와 캅카스(흑해와 카스피해 사이의 지역) 유
전 지대가 필요했다.

　1941년 6월, 독일 육군 300만 명과 전차 3,580대, 그리고 전투기
2,740대가 소련을 침공했다. 사회주의를 타도하는 선생이라는 깃발 아
래 프랑스에서 온 소수의 의용병도 있었다. 독일군은 소련군을 장난감
이라고 하며 3주 안에 레닌그라드를 점령할 것이라고 호언했다. 우크라
이나 사람들은 독일군이 공산주의의 압제에서 자신들을 해방시켜 주러
온 해방군이라 여겨 열렬히 환영했다. 그야말로 파죽지세였다. 14일간
연승하자 히틀러는 관심을 돌려 영국을 공격하기 위한 잠수함 건조와
공군력 확장에 군비를 쏟으려 했다. 그러는 동안 독일군은 11월 중순,
모스크바에서 30킬로미터 떨어진 지점까지 나아갔다.

　하지만 진흙으로 덮인 보급로는 체인을 감은 트럭만 다닐 수 있을
정도로 위험했고, 추위가 예상보다 일찍 와 병사들은 영하 30도의 공기
에 노출됐다. 겨울 준비를 제대로 하지 못한 독일군은 동상에 걸려 전투
불능 상태가 된 병사의 수가 전사자 수보다 많을 정도였다. 보다 못한 독
일은 결국 1941년 12월 8일 공격을 중지하고 방어 태세로 전환했다.

미국 참전

독일이 1940년 5월부터 압도적으로 승리하자 일본도 전쟁 참여를 결정했다. "시간에 늦지 않게 차에 오르자!" 이것은 일본 정권의 구호가 되었다. 1940년 3국 동맹 조약이 맺어져 독일, 이탈리아, 일본은 추축국이 되었다.

일본은 동남아시아를 식민지로 삼고 있던 프랑스, 네덜란드가 독일의 손에 떨어지자 두 나라의 식민지였던 곳으로 진출하기 시작했다. 이에 미국이 일본에 대한 석유 수출을 금지했고, 여기에 반발한 일본이 1941년 12월 7일 미국의 진주만을 공격하면서 태평양 전쟁이 시작되었다. 중립을 선언했던 미국은 이로써 제2차 세계대전에 발을 들이게 되었다.

사실 일본의 미국 공격은 히틀러에게 알려지도 않고 시작한 것이어서, 처음 이 소식을 접한 히틀러는 믿지 않았다고 한다. 적의 모략 선전이라고 여긴 것이다. 히틀러는 베를린 주재 일본 대사에게 "나는 어떻

제2차 세계대전 당시
미국의 전투기 생산 라인

게 하면 미국을 이길 수 있는지 방법을 모른다"라고 말할 정도였다. 하지만 그럼에도 히틀러는 일본이 소련의 배후를 공격해 줄 것이라 믿었고, 3국 동맹의 붕괴를 막기 위해 어쩔 수 없이 미국에 선전포고를 했다.

하지만 일본은 오히려 소련과의 중립 조약을 충실히 이행했다. 일본의 주 관심사는 소련이 아닌 동남아시아였고, 스탈린도 일본과의 전쟁을 피하고 싶었다. 스탈린은 일본 외교관에게 "우리는 모두 아시아 사람이니 서로 단결해야 합니다"라고 하며 일본을 달랬다. 결국 소련의 일본 침공은 1945년 8월 초순에 이루어진다.

독일과 미국의 전쟁은 독일 입장에서는 엄청나게 큰 타격이었다. 히틀러 지배하에 들어간 전체 지역의 연간 철 생산량은 4,500만 톤이었다. 이것은 영국이나 소련에 비교하면 많았지만, 두 나라를 합친 것과 비교하면 적은 숫자였다. 문제는 미국의 철강 생산량이 독일의 그것을 크게 뛰어넘는 수준이었다는 사실이다.

스탈린그라드 전투

스탈린그라드 전투는 1942년 8월 21일부터 1943년 2월 2일까지 이루어졌다. 원래 독일의 최초 계획은 군단을 두 개로 나누어 각각 북서쪽과 남서쪽에서 스탈린그라드를 공격하는 것이었는데, 히틀러가 갑자기 계획을 변경했다. 스탈린그라드만 공격하지 말고 카스피해의 바쿠 유전 등 여러 지역을 동시에 공격하라는 것이었다. 실로 무모한 계획이었다. 800킬로미터의 전선을 유지하던 병력으로 4,000킬로미터가 넘는 전선을 유지하라는 소리였으니까. 결국 이 결정이 독일의 패배 요인이 되었다.

1942년 9월부터 11월 중순까지 시가전이 전개되었고 중심부에서는 소련군이 완강하게 버텼다. 11월 19일부터 소련 측 지원군이 나타나 반격이 이루어지며 22만 명의 독일군이 완전 포위되었다. 총사령관이 히틀러에게 총 후퇴를 요청했으나 히틀러는 공군을 통해 보급품을 보내겠다며 후퇴를 허락하지 않았다. 하지만 미군의 지원을 받은 소련 전투기 때문에 보급품은 공급되지 않았다. 독일은 결국 1943년 2월 2일 항복했다. 병력은 9만 명으로 축소되어 있었다.

제2차 세계대전 당시 소련 측의 희생자는 2,000만 명이 넘었고 그중 870만 명이 병사였다. 독일 측은 700만 명(530만 명이 군인)인데 그중 3분의 2가 동부전선에서 사망했다. 한편 영국은 40만 명, 미국은 태평양 전쟁까지 합쳐 26만 명이 죽었다. 서부전선의 형성이 늦어졌기에 피해가 상대적으로 적었던 것이다. 스탈린은 미국과 영국이 일부러 서부전선을 만들지 않았다고 비판했다.

엘알라메인 전투

동쪽의 전기가 스탈린그라드 전투였다면 서쪽의 전기는 1942년 10월 23일 벌어진 북아프리카 엘알라메인 전투이다. 1941년 봄부터 롬멜 장군이 독일군과 이탈리아군을 거느리고 북아프리카에 진출했다. 그는 이미 프랑스 전선에서 용맹을 떨쳤고, 그의 전차 사단은 '요괴 사단'이라고 불리며 연합군의 두려움을 샀다. 그는 프로펠러가 달린 낡은 비행기 엔진을 트럭에 싣고 사막을 달리게 해 적군을 교란시키기도 했다. 모래 먼지가 일어나는 것을 본 영국군이 적의 대전차 부대가 온다고 착각하게 만든 것이다. 어떤 때는 영국군으로부터 빼앗은 전차를 타고 적의 한가운데에 나타나 '사막의 여우'라는 별명까지 생겼다. 이에 영국의 장군은 군인들에게 '롬멜은 초인이 아니다'라고 설교를 해야 할 정도였다.

1941년 봄부터 시작된 롬멜의 공세는 이집트 국경까지 도달했지만 지중해의 몰타섬에 근거지를 둔 영국 공군에 의해 지중해를 경유하는 보급로가 차단되어 철수할 수밖에 없었다. 10월 23일 몽고메리 원수가 지휘하는 영국군은 엘알라메인에서 반격했다. 이때 불리함을 깨달은 롬멜 장군은 후퇴를 요청했지만 지휘부에서는 한 걸음도 후퇴하지 말라는 명령이 내려왔다. 롬멜은 명령불복종을 각오하고 후퇴했지만 피해가 컸다. 1942년 11월 7일에는 아이젠하워가 이끄는 연합군이 북아프리카에 상륙해 이집트 방면에서 서쪽으로 진격하는 몽고메리 군대와 호응했다. 이에 롬멜이 지휘하는 독일·이탈리아 추축군은 포위되었다.

한편 소련의 스탈린은 미국과 영국에게 프랑스에 상륙해 서부전선을 형성해주길 거듭 요청했다. 그렇게 되면 동부전선에서 러시아와 싸우던 독일군 상당수가 서쪽으로 이동할 것이기 때문이다. 1943년 6월 24일, 스탈린은 프랑스 상륙이 이루어지지 않을 경우 소련이 연합군에서 이탈할 수도 있다고 경고하면서 미국과 영국의 소련 대사를 철수시켰다. 하지만 영국과 미국은 스탈린의 요청을 들어주지 않았다. 그 대신 1943년 7월에 패튼 장군이 이끄는 미군과 몽고메리가 이끄는 영국군이 남쪽 시칠리아섬에서 상륙 작전을 펼쳤다. 이에 이탈리아에서 정변이 일어나 무솔리니가 실각했다.

미국, 소련의 편을 들어주다

당시 영국의 수상 처칠은 한창 전쟁이 벌어지는 와중에도 종전 이후를 염두에 두고 있었다. 그가 가장 경계한 것은 소련 사회주의 세력 확대였다. 만일 주된 전장이 프랑스로 바뀌면 독일의 공세에서 벗어난 소련은 손쉽게 발칸반도로 진출하게 될 것이다. 이에 처칠은 스탈린의 요구대로 프랑스에 전선을 만들기에 앞서 발칸반도에 대한 영국의 패권을 확실히 해두기로 했다. 문제는 미국 루스벨트 대통령이 그와는 다른 생각을 품고 있었다는 점이다.

1943년 11월 말, 이란의 수도 테헤란에서 '테헤란 회담'이 열렸다. 이때도 처칠은 북프랑스에 서부전선을 구축해달라는 스탈린의 요구를 무시하며 동지중해 방면에 미·영 병력을 미리 배치해 발칸 문제에 대한 발언권을 확보하려 했다. 하지만 처칠의 그러한 의도는 관철되지 않았다. 스탈린이 반대했을 뿐 아니라 믿고 있던 루스벨트도 그를 지지해주지 않았던 것이다.

루스벨트는 처칠의 주장을 물리치고 북프랑스 상륙 작전을 결정했다. 그는 처칠과 대조적으로 프랑스 전선 구축에 적극적이었다. 소련

카이로 회담

의 세력 확대를 그리 경계하지 않았던 것이다. 이 테헤란 회담이 스탈린의 승리로 정리되면서 미·영·소 관계에 하나의 전기가 마련됐다. 루스벨트와 처칠은 테헤란으로 가기 전 카이로에 들러 중국의 장제스와 함께 '카이로 회담'을 열었다. 이들은 일본에게 무조건 항복과 함께 일본이 1914년 이후 얻은 영토를 반환하라고 요구했다. 그리고 한국의 독립을 약속했다.

노르망디 상륙 작전

1942년부터 히틀러는 연합군의 유럽 상륙을 막고자 대서양 방면에 '대서양의 벽'이라는 요새를 구축했다. 프랑스에서 네덜란드를 거쳐 독일까지 이어지는 이 기나긴 방어 요새 가운데 특히 히틀러가 힘을 쏟은 곳은 영국 본토와 가까운 칼레 인근이었다. 독일은 이곳에 콘크리트로 방벽을 쌓다시피 해 거의 난공불락의 요새를 만들었다. 하지만 1944년 6월 6일 새벽, 연합군의 대규모 병력을 실은 6,500여 척의 배가 향한 곳은 상대적으로 허술했던 북프랑스의 노르망디 앞바다였다.

　　노르망디 상륙 작전이 전개되자 허를 찔린 독일은 파리의 전차 사단을 노르망디로 이동시켜 줄 것을 요청했지만, 이 요청은 그날 오후에야 받아들여졌다. 전차 부대가 노르망디에 도착했을 때에는 피 튀기는 전투 끝에 승리한 연합군이 이미 진영을 갖춘 후였다.

기울어가는 독일

연합군이 파리를 공격하자 히틀러는 최후까지 파리를 사수하고 도시 전체를 폐허로 만들라고 명령했지만, 독일군은 그 명령을 따르지 않았다. 8월 말에 파리가 해방되고 9월에는 전선이 독일 국경에 다다랐다. 1944년 가을, 서부전선의 기후가 나빠져 연합군이 공중 공격을 제대로 하지 못해 전선이 교착 상태에 빠졌다. 히틀러에게는 마지막 기회였다. 독일군이 벌인 '가을 안개'라는 이름의 대반격 작전은 일시적으로 성공해 연합군은 잠시나마 후퇴했다. 이때 독일은 영어를 잘하는 병사에게 미군 군복을 입혀 연합군 안에 섞이게 했다. 이 때문에 연합군 내에 상당한 혼란이 발생했다. 연합군은 군인들에게 '올해 월드 시리즈는 어느 팀이 우승했는가?', '또는 당신이 태어난 주의 주도는 어디인가?' 등의 질문을 하며 국적을 확인해야 했다.

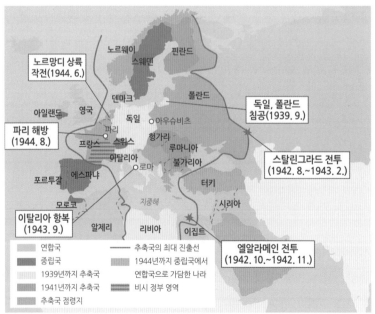

제2차 세계대전

연합군이 일시적으로 후퇴하긴 했지만 연료가 부족했던 독일군은 더 이상 진격할 수가 없었다. 독일군은 궁여지책으로 철도를 타고 이동 했지만, 그나마도 공습을 피해 야간에만 움직여야 했다. 12월 하순 기후 가 좋아지자 다시 연합군의 반격이 시작됐다. 설상가상으로 독일이 병력을 서부전선에 집중시키며 동부전선에 공백이 생기자 스탈린의 소련 군이 폴란드와 발칸반도로 빠르게 진격해왔다.

1945년 2월 4일 루스벨트, 처칠, 스탈린이 크림반도의 얄타에서 회담을 가졌다. 이때 루스벨트는 소련군의 대일 전쟁 참전을 약속받았다. 당시 미군은 일본의 전력을 과대평가해 소련군을 끌어들인 것이다. 그 대가로 소련은 동아시아에서의 이권(남사할린, 쿠릴 열도, 뤼순의 조차권, 다롄에 관한 권리, 남만주와 동차이나 철도 경영에 대한 참가권, 외몽골의 현상 유지 등) 을 약속받았다. 이 같은 내용은 당연히 중국의 장제스에게는 비밀이었고 미국 정부 내에서도 극소수만 알고 있었다. 그리고 여기에서 카이로 회담 때 약속되었던 한국의 독립이 재확인되었다. 이 얄타 회담으로 인해 제2차 세계대전이 종결된 후 소련의 영향력이 급격히 커졌다. 현대 인의 시각에서 보면 전후 상황에 대해 루스벨트보다는 처칠이 더 좋은 안목을 지니고 있었던 셈이다.

제3제국, 무너지다

전선이 독일로 축소되자 히틀러는 모든 국민에게 싸울 것을 명령하고 병사가 항복할 경우 가족들을 체포했다. 하지만 독일은 이미 제공권을 상실해 '지붕 없는 요새'나 다름없었다.

1945년 4월 25일, 서쪽에서 온 연합군과 동쪽에서 온 소련군이 엘베강에서 만났다. 히틀러의 참모 괴링은 이들의 분열을 노리고 서쪽 연합군에 휴전을 제의하며 소련과만 전쟁을 하겠다고 했지만 루스벨트 사후 미국의 새 대통령이 된 트루먼은 이를 거절했다.

4월 26일, 독일의 총통 관저를 중심으로 처절한 시가전이 벌어졌다. 4월 30일, 히틀러는 마침내 총독 관저의 지하 벙커에서 에바 브라운과 결혼식을 거행한 후 자살했다. 히틀러는 피스톨로, 에바는 독약으로 목숨을 끊었다. 1945년 5월 7일, 독일이 정식으로 항복하면서 유럽 쪽의 전쟁은 끝났다.

히틀러의 전쟁으로 수많은 사람이 죽었다. 무엇보다 유대인들의 희생이 컸다. 나치 독일은 유대인을 잡아다 처음에는 강제노동을 시켰고, 그 뒤에는 아우슈비츠 수용소에서 대량으로 학살했다. 제2차 세계대전 당시 유대인 400만 명 정도가 학살되었는데 폴란드의 유대인만 200만 명이 넘었다.

폐허 위에 세워진 새로운 질서

국제연합의 창설

1941년 8월 14일, 루스벨트와 처칠은 공동으로 「대서양 헌장」을 발표했다. 승전국인 두 나라는 앞으로 영토를 확대하지 않으며, 군비를 축소하고, 평화기구를 재건한다는 내용이다. 1942년 1월 1일에는 미·영·소를 비롯해 추축국과 교전 중인 26개국 대표가 워싱턴에 모여 '국제연합의 성명'이라는 공동선언에 서명했는데, 이 성명은 「대서양 헌장」의 원칙에 대한 지지였다. 루스벨트는 이 공동선언에서 추축국을 상대로 싸우는 나라들을 국제연합이라 부를 것을 제의하는데, 여기에서 오늘날의 국제연합(The United Nations), 즉 UN의 이름이 유래되었다.

냉전

제2차 세계대전이 종결되고 독일은 패전의 대가로 동독과 서독으로 분할되었다. 수도 베를린 역시 서베를린과 동베를린으로 분할되었다. 그리고 처칠의 예상대로 자본주의와 사회주의의 대결이 시작되었다. 바로 냉전이다. 각 세력의 중심은 미국과 소련이었다. 1947년 소련이 그리스와 터키를 공산화시키려 하자 미국의 트루먼 대통령이 대소련 강경책을 발표했고, 이를 계기로 본격적인 냉전이 촉발되었다. 이로 인해 갓 독립한 한국에서도 신탁통치에 대해 논의하기 위해 개최된 제2차 미소공동위원회가 결렬되었다.

자본주의 진영은 미국이 서유럽을 경제적으로 지원해 주는 '마셜 계획'과 미국과 서유럽이 군사적 동맹을 맺는 '북대서양조약기구(NATO)'가 기반이었으며, 사회주의 진영은 소련이 공산국가를 경제적으로 지원해 주는 '코메콘'과 군사적 동맹체인 '바르샤바 조약기구(WTO)'가 기반이었다.

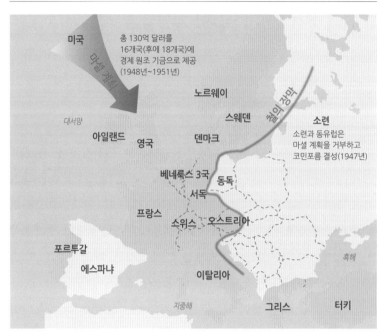

미국

총 130억 달러를
16개국(후에 18개국)에
경제 원조 기금으로 제공
(1948년~1951년)

마셜 계획

노르웨이

철의 장막

대서양

스웨덴

소련

소련과 동유럽은
마셜 계획을 거부하고
코민포름 결성(1947년)

아일랜드   영국   덴마크

베네룩스 3국   동독

서독

프랑스   스위스   오스트리아

포르투갈

흑해

에스파냐

이탈리아

지중해   그리스   터키

냉전 체제

미국과 소련의 격돌은 베를린과 쿠바에서 발생했다. 소련은 1948년 6월 동독 지역 내에 있는 베를린으로 통하는 모든 교통로를 차단하고 베를린의 서쪽 지구에 대한 전기·석탄·식량의 공급을 중단시켰다. 바로 '베를린 봉쇄'이다. 1962년 소련이 사회주의 국가인 쿠바에 미사일 기지를 설치하려 하자 미국 대통령 케네디는 쿠바의 해상을 봉쇄했다. 이로 인해 핵전쟁에 대한 위기감이 고조되었지만, 소련이 미사일 기지 설치 계획을 철회하면서 양 세력의 갈등은 극적으로 해소되었다.

1969년에는 닉슨 독트린이 발표되어 냉전이 잠시 완화되는 데탕트 체제가 되었지만, 1980년대에 다시 신냉전 시대가 전개되었다.

쿠바 미사일 사태를 다룬 만평
팔씨름을 벌이는 두 사람은 소련의 흐루쇼프
서기장(왼쪽)과 미국의 케네디 대통령(오른쪽)이다.

소련의 해체

탈냉전

고르바초프는 1985년 소련 공산당 서기장으로 취임해 개혁(페레스트로이카), 개방(글라스노스트) 정책을 펴 소련에 시장경제의 원리를 도입하고 동유럽에 대한 불간섭을 천명했다. 이 영향으로 동유럽이 붕괴되고 독일은 통일(1990)되었으며 소련은 해체(1991)되어 탈냉전시대가 되었다. 이후 소련은 독립국가연합으로 변모한다. 현재 냉전은 끝났지만 인류는 북반구에 부가 집중되고 남반구는 빈곤한 남북문제에 시달리고 있다.

소련과 러시아의 지도자들
왼쪽부터 레닌, 스탈린, 흐루쇼프, 브레즈네프, 고르바초프, 옐친, 푸틴이다. 이 중 맨 마지막의 옐친과 푸틴을 제외하면 공교롭게도 숱이 적을수록 개혁적이고, 숱이 많을수록 보수적인 경향이 있다. 레닌은 러시아 혁명을 주도했던 인물이고, 스탈린은 사회주의 체제에 저항하는 자들을 숙청하는 공포정치를 단행했다. 흐루쇼프는 냉전을 완화하는 데탕트를 추구한 반면 브레즈네프는 다시 신냉전을 이끌었고, 고르바초프는 소련을 자본주의 국가로 만들었다. 옐친은 소련 붕괴 후 혼란스러운 러시아를 이끌었고, 현재는 푸틴이 집권 중이다.

유럽연합

유럽연합(EU)은 1958년 유럽경제공동체(EEC)에서 출발한다. 유럽 국가들은 1991년 12월에 마스트리히트에서 조약을 체결해 공동의 외교와 안보 정책, 유럽의 단일 통화 등을 이룰 것을 결의했고, 그 결과 1993년에 유럽연합이 정식 출범했다. 2000년에는 「유럽연합 기본권 헌장」을 통과시켰다. 이 헌장은 구속력이 없지만 모든 유럽인들이 공유하는 가치를 정의하고 있다.

유럽연합 소속국

特講 ❶

태평양 전쟁과
제3세계의 성립

태평양 전쟁과 일제의 패망

진주만을 공습할 당시, 일본은 미국과의 전쟁을 낙관적으로 보고
있었다. 근거는 세 가지였다. 첫째, 유럽은 결국 독일의 손아귀에
떨어질 테니 미국은 대서양과 태평양 양쪽으로 병력을 나눠야 할
것이다. 둘째, 동남아시아만 빠르게 점령하면 그곳에서 획득한
석유에 힘입어 미국의 분산된 전력을 막아낼 수 있을 것이다. 셋
째, 전쟁이 장기화되면 미국 국민들은 평화를 원하게 될 테고, 민
주주의 국가인 미국은 이에 따를 것이다.

진주만 공격 이후 일본은 불과 반 년 만에 동남아시아를 장악
해 나갔다. 하지만 일본의 예상과는 달리 미국 국민들은 모두 일
본과의 결전을 원했다. 미국이 수도 도쿄까지 공격을 시작하자,
일본은 공습을 막기 위해 미드웨이를 공략하기로 결정했다.

하지만 1942년 5월 벌어진 미드웨이 해전에서 일본은 참패하
고 만다. 이미 객관적인 전력에서 미국이 일본을 압도했던 데다
진주만 기습 때와는 달리 일본군의 공격 계획이 사전에 미국에 노
출되었기 때문이다. 상대적으로 열세였던 일본의 함대가 미드웨

이에서 괴멸 당하며 전세는 급격히 기울었다.

1945년 맥아더가 이끄는 미군은 필리핀의 마닐라와 오키나와를 차례로 점령한 뒤 사이판섬의 일본군 수비대를 전멸시켰다. 일본의 패망은 가까워졌다. 하지만 현실적으로 승리가 불가능해진 상황에서도 일본 수뇌부는 자국민들에게 결사항전을 주문했다. 일본의 본토를 점령하려면 적지 않은 수의 미군이 희생될 수밖에 없었다. 이에 미국 대통령 트루먼은 특단의 조치를 내렸다.

1945년 8월 6일과 9일, 일본 히로시마와 나가사키에 미국의 원자폭탄이 떨어졌다. 두 번의 폭발로 20만 명 내외의 일본인들이 사망했다. 결국 일본은 8월 15일에 항복했다. 일설에 따르면 미국은 소련의 대일전 참전을 막기 위해 원자폭탄을 떨어뜨린 것이라고 한다. 일본이 항복하지 않은 채 전쟁이 장기화될 경우 소련이 참전할 테고, 그렇게 되면 전쟁의 결과물을 소련과 나누어야 했기 때문이다. 실제로 원자폭탄 투하 소식이 전해지자 소련

태평양 전쟁

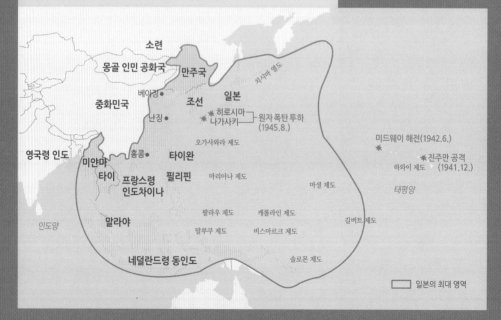

은 빠르게 남하했고 한반도의 북한까지 진출한 그들은 군정을 실시했다. 이후 1945년 9월 9일, 미군이 우리나라에 상륙해 미국 군정이 시작되었다.

제3세계와 다극화 체제

제2차 세계대전 이후 독립한 아시아, 아프리카 국가들이 반식민주의와 비동맹 중립 노선을 주장하며 제3세계가 탄생했다. 1954년에 평화 5원칙을 주장했고, 1955년에는 29개 국가가 모여 평화 10원칙을 주장했다. 반식민주의, 비동맹주의, 평화, 공존 등이 평화 10원칙의 주 내용이었다. 1961년에는 이집트의 나세르, 유고슬라비아의 티토, 인도의 네루 등이 '비동맹국 회의'를 개최했다. 이렇게 제3세계가 등장한 뒤 중국과 소련이 국경 문제로 대립하고 유럽 통합 운동이 이루어지면서 다극화 체제가 이루어졌다.

제3세계의 성립

아시아아프리카의 독립
- 1945년 이전 독립국
- 1959년까지 독립국
- 1980년 이후 독립국

유럽 주요 왕조의 계보

영국

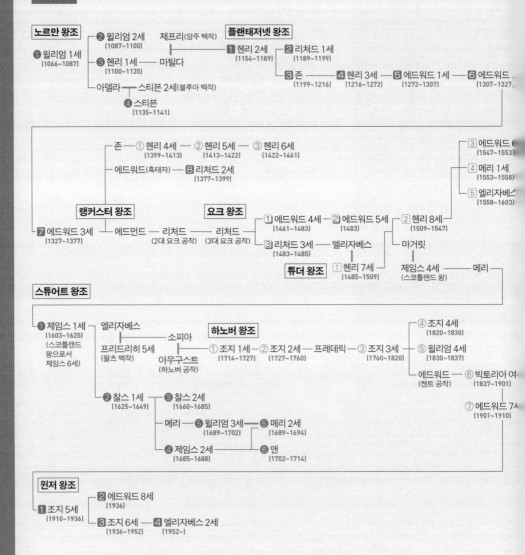

노르만 왕조

플랜태저넷 왕조

❶ 윌리엄 1세 [1066~1087]

❷ 윌리엄 2세 [1087~1100]

제프리(앙주 백작)

❶ 헨리 2세 [1154~1189]

❷ 리처드 1세 [1189~1199]

❸ 헨리 1세 [1100~1135] — 마틸다

아델라 — 스티븐 2세(블루아 백작)

❹ 스티븐 [1135~1141]

❸ 존 [1199~1216]

❹ 헨리 3세 [1216~1272]

❺ 에드워드 1세 [1272~1307]

❻ 에드워드 [1307~1327

존 — ① 헨리 4세 [1399~1413] — ② 헨리 5세 [1413~1422] — ③ 헨리 6세 [1422~1461]

에드워드(흑태자) — ❽ 리처드 2세 [1377~1399]

③ 에드워드 6 [1547~1553]

④ 메리 1세 [1553~1558]

⑤ 엘리자베스 [1558~1603]

랭커스터 왕조

요크 왕조

❼ 에드워드 3세 [1327~1377] — 에드먼드 — 리처드 (2대 요크 공작) — 리처드 (3대 요크 공작)

① 에드워드 4세 [1461~1483] — ② 에드워드 5세 [1483]

③ 리처드 3세 [1483~1485] — 엘리자베스

② 헨리 8세 [1509~1547]

마거릿

튜더 왕조

① 헨리 7세 [1485~1509]

제임스 4세 (스코틀랜드 왕) — 메리

스튜어트 왕조

❶ 제임스 1세 [1603~1625] (스코틀랜드 왕으로서 제임스 6세)

엘리자베스

프리드리히 5세 (팔츠 백작)

소피아

아우구스트 (하노버 공작)

하노버 왕조

① 조지 1세 [1714~1727] — ② 조지 2세 [1727~1760] — 프레데릭 — ③ 조지 3세 [1760~1820]

④ 조지 4세 [1820~1830]

⑤ 윌리엄 4세 [1830~1837]

에드워드 (켄트 공작) — ⑥ 빅토리아 여[1837~1901]

⑦ 에드워드 7세 [1901~1910]

❷ 찰스 1세 [1625~1649] — ❸ 찰스 2세 [1660~1685]

메리 — ❺ 윌리엄 3세 [1689~1702] — ❺ 메리 2세 [1689~1694]

❹ 제임스 2세 [1685~1688] — ❻ 앤 [1702~1714]

윈저 왕조

❶ 조지 5세 [1910~1936]

❷ 에드워드 8세 [1936]

❸ 조지 6세 [1936~1952] — ❹ 엘리자베스 2세 [1952~]

프랑스

메로베우스 왕조

카롤루스 왕조

카페 왕조

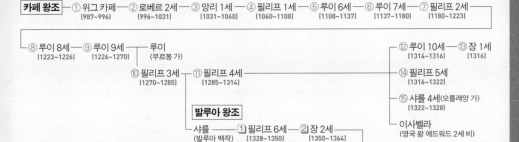

① 위그 카페 — ② 로베르 2세 — ③ 앙리 1세 — ④ 필리프 1세 — ⑤ 루이 6세 — ⑥ 루이 7세 — ⑦ 필리프 2세
[987~996]　[996~1031]　[1031~1060]　[1060~1108]　[1108~1137]　[1137~1180]　[1180~1223]

⑧ 루이 8세 — ⑨ 루이 9세 — 루이 (부르봉 가)
[1223~1226]　[1226~1270]

⑩ 필리프 3세 — ⑪ 필리프 4세
[1270~1285]　[1285~1314]

⑫ 루이 10세 — ⑬ 장 1세
[1314~1316]　[1316]

⑭ 필리프 5세
[1316~1322]

⑮ 샤를 4세(오를레앙 가)
[1322~1328]

이사벨라
(영국 왕 에드워드 2세 비)

발루아 왕조

샤를 (발루아 백작) — ① 필리프 6세 — ② 장 2세
[1328~1350]　[1350~1364]

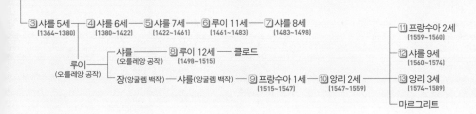

③ 샤를 5세 — ④ 샤를 6세 — ⑤ 샤를 7세 — ⑥ 루이 11세 — ⑦ 샤를 8세
[1364~1380]　[1380~1422]　[1422~1461]　[1461~1483]　[1483~1498]

루이 (오를레앙 공작)

샤를 (오를레앙 공작) — ⑧ 루이 12세 — 클로드
[1498~1515]

장(앙굴렘 백작) — 샤를(앙굴렘 백작) — ⑨ 프랑수아 1세 — ⑩ 앙리 2세
[1515~1547]　[1547~1559]

⑪ 프랑수아 2세
[1559~1560]

⑫ 샤를 9세
[1560~1574]

⑬ 앙리 3세
[1574~1589]

마르그리트

부르봉 왕조

❶ 앙리 4세 — ❷ 루이 13세
[1589~1610]　[1610~1643]

❸ 루이 14세 — 루이
[1643~1715]

필리프 (오를레앙 가) — ❽ 루이 필리프
[1830~1848]

필리프 5세(에스파냐 왕)
[1701~1746]

루이 — ❹ 루이 15세 — 루이
[1715~1774]

❺ 루이 16세
[1774~1792]

❻ 루이 18세
[1814~1824]

❼ 샤를 10세
[1824~1830]

보나파르트 왕조

나폴레옹 1세
[1804~1814]

루이 보나파르트 — 나폴레옹 3세
[1852~1870]

독일

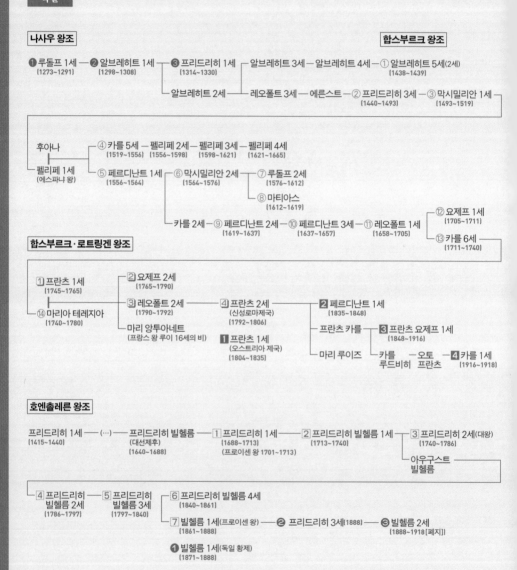

나사우 왕조

❶ 루돌프 1세 — ❷ 알브레히트 1세 ┬ ❸ 프리드리히 1세
[1273~1291]　　　[1298~1308]　　　　[1314~1330]
　　　　　　　　　　　　　　└ 알브레히트 2세

합스부르크 왕조

알브레히트 3세 — 알브레히트 4세 — ① 알브레히트 5세(2세)
　　　　　　　　　　　　　　　　　　　　[1438~1439]
레오폴트 3세 — 에른스트 ┬ ② 프리드리히 3세 — ③ 막시밀리안 1세
　　　　　　　　　　　　　[1440~1493]　　　　[1493~1519]

후아나
│
펠리페 1세
(에스파냐 왕) ┬ ④ 카를 5세 — 펠리페 2세 — 펠리페 3세 — 펠리페 4세
　　　　　　　│　[1519~1556]　[1556~1598]　[1598~1621]　[1621~1665]
　　　　　　　├ ⑤ 페르디난트 1세 ┬ ⑥ 막시밀리안 2세 ┬ ⑦ 루돌프 2세
　　　　　　　│　[1556~1564]　　　　[1564~1576]　　　　[1576~1612]
　　　　　　　│　　　　　　　　　　　　　　　　　　└ ⑧ 마티아스
　　　　　　　│　　　　　　　　　　　　　　　　　　　　[1612~1619]
　　　　　　　└ 카를 2세 — ⑨ 페르디난트 2세 — ⑩ 페르디난트 3세 — ⑪ 레오폴트 1세 ┬ ⑫ 요제프 1세
　　　　　　　　　　　　　　[1619~1637]　　　　[1637~1657]　　　　[1658~1705]　　│　[1705~1711]
　　└ ⑬ 카를 6세
　　　[1711~1740]

합스부르크·로트링겐 왕조

① 프란츠 1세 ┬ ② 요제프 2세
[1745~1765]　│　[1765~1790]
│　　　　　　├ ③ 레오폴트 2세 ┬ ④ 프란츠 2세 ┬ ② 페르디난트 1세
│　　　　　　│　[1790~1792]　│ (신성로마제국)　[1835~1848]
⑭ 마리아 테레지아 │　　　　　│ [1792~1806]
[1740~1780]　　│　　　　　└ ① 프란츠 1세 — 프란츠 카를 ┬ ③ 프란츠 요제프 1세
　　　　　　　　└ 마리 앙투아네트 (오스트리아 제국)　　　　│　[1848~1916]
　　　　　　　　(프랑스 왕 루이 16세의 비) [1804~1835]　└ 마리 루이즈 ┬ 카를 — 오토 — ④ 카를 1세
　　　　　　　　　　　　　　　　　　　　　　　　　　　　　　　　　　루드비히 프란츠　[1916~1918]

호엔촐레른 왕조

프리드리히 1세 —— (…) —— 프리드리히 빌헬름 ┬ ① 프리드리히 1세 — ② 프리드리히 빌헬름 1세 ┬ ③ 프리드리히 2세(대왕)
[1415~1440]　　　　　　　 (대선제후)　　　　│ [1688~1713]　　　[1713~1740]　　　　　　│ [1740~1786]
　　　　　　　　　　　　　 [1640~1688]　　　│ (프로이센 왕 1701~1713)　　　　　　　　└ 아우구스트
　　　　　　　　　　　　　　　　　　　　　　│　　　　　　　　　　　　　　　　　　　　　 빌헬름

┌ ④ 프리드리히 ┬ ⑤ 프리드리히 ┬ ⑥ 프리드리히 빌헬름 4세
│　 빌헬름 2세　│　 빌헬름 3세　│　[1840~1861]
│　 [1786~1797]│　 [1797~1840]│
│　　　　　　　　　　　　　　　└ ⑦ 빌헬름 1세(프로이센 왕) —— ② 프리드리히 3세(1888) —— ❸ 빌헬름 2세
│　　　　　　　　　　　　　　　　[1861~1888]　　　　　　　　　　　　　　　　　　　　　　　 [1888~1918(폐지)]
│
└ ❶ 빌헬름 1세(독일 황제)
　 [1871~1888]

러시아

로마노프 왕조

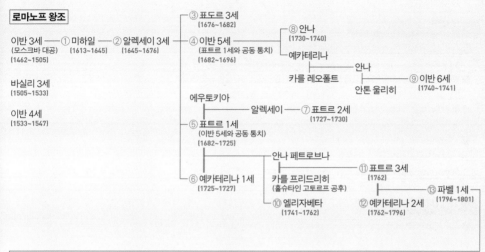

이반 3세
(모스크바 대공)
(1462~1505)

① 미하일
(1613~1645)

② 알렉세이 3세
(1645~1676)

③ 표도르 3세
(1676~1682)

④ 이반 5세
(표트르 1세와 공동 통치)
(1682~1696)

⑧ 안나
(1730~1740)

예카테리나

안나

카를 레오폴트

안톤 울리히

⑨ 이반 6세
(1740~1741)

바실리 3세
(1505~1533)

에우토키아

알렉세이

⑦ 표트르 2세
(1727~1730)

이반 4세
(1533~1547)

⑤ 표트르 1세
(이반 5세와 공동 통치)
(1682~1725)

안나 페트로브나

⑪ 표트르 3세
(1762)

카를 프리드리히
(홀슈타인 고토르프 공후)

⑬ 파벨 1세
(1796~1801)

⑥ 예카테리나 1세
(1725~1727)

⑩ 엘리자베타
(1741~1762)

⑫ 예카테리나 2세
(1762~1796)

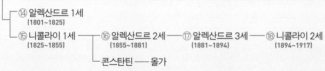

⑭ 알렉산드르 1세
(1801~1825)

⑮ 니콜라이 1세
(1825~1855)

⑯ 알렉산드르 2세
(1855~1881)

⑰ 알렉산드르 3세
(1881~1894)

⑱ 니콜라이 2세
(1894~1917)

콘스탄틴 ── 올가

이미지 출처

1. 인류 문명의 기원 – 오리엔트

❶ 지구라트 유적과 대(大) 피터르 브뤼헐이 그린 바벨탑 상상도 : By Hardnfast, CC BY 3.0,
https://commons.wikimedia.org/w/index.php?curid=3544015

❷ 함무라비 법전이 새겨진 돌기둥과 그 윗부분(전신) : By Mbzt – Own work, CC BY 3.0,
https://commons.wikimedia.org/w/index.php?curid=16931676

❸ 함무라비 법전이 새겨진 돌기둥과 그 윗부분(상단) : By Mbzt – Own work, CC BY 3.0,
https://commons.wikimedia.org/w/index.php?curid=59794940

❹ 카프라 왕의 피라미드 : By Most likely Hamish2k, the first uploader – Most likely Hamish2k, t
he first uploader, CC BY–SA 3.0,
https://commons.wikimedia.org/w/index.php?curid=778151

2. 서양 정신의 원류 – 그리스

❶ 일부 복원된 크노소스 궁전 : By Bernard Gagnon - Own work, CC BY-SA 3.0,
https://commons.wikimedia.org/w/index.php?curid=20916502

❷ 아테네의 아크로폴리스 : By Carole Raddato from FRANKFURT, Germany - The Acropolis of
Athens viewed from the Hill of the Muses, CC BY-SA 2.0,
https://commons.wikimedia.org/w/index.php?curid=37881267

❸ 싸우는 알렉산드로스(왼쪽)를 묘사한 부조 : By No machine-readable author provided.
Marsyas assumed (based on copyright claims). - No machine-readable source provided.
Own work assumed (based on copyright claims)., CC BY-SA 3.0,
https://commons.wikimedia.org/w/index.php?curid=59426

❹ 헬레폴리스의 모형 : By Gts-tg - Own work, CC BY-SA 4.0,
https://commons.wikimedia.org/w/index.php?curid=64833366

❺ 간다라 미술의 전파(운강 석불) : By TAOZIlovewiki - Own work, CC BY-SA 4.0,
https://commons.wikimedia.org/w/index.php?curid=62707939

❻ 간다라 미술의 전파(석굴암 본존불) : By 강일웅 – 자작, CC BY-SA 4.0, https://commons.
wikimedia.org/w/index.php?curid=62772321

3. 고대 유럽의 완성 – 로마

❶ 고대 그리스, 헬레니즘, 로마 문명의 비교(파르테논 신전) : By Steve Swayne - File :
O Partenon de Atenas.jpg, originally posted to Flickr as The Parthenon Athens, CC BY 2.0,
https://commons.wikimedia.org/w/index.php?curid=17065839

❷ 고대 그리스, 헬레니즘, 로마 문명의 비교(라오콘 조각상) : By Hagesandros, Athenedoros,
and Polydoros - LivioAndronico (2014), CC BY-SA 4.0,
https://commons.wikimedia.org/w/index.php?curid=36412978

❸ 고대 그리스, 헬레니즘, 로마 문명의 비교(콜로세움) : By Alessandroferri - Own work,
CC BY-SA 4.0, https://commons.wikimedia.org/w/index.php?curid=45837001

4. 종교와 계급의 시대 - 중세

❶ 성 소피아 성당 : "Turkey-3019 - Hagia Sophia" by Dennis Jarvis,
https://www.flickr.com/photos/archer10/2216460729/, CC BY-SA 2.0

5. 유럽 지성의 재발견, 유혈의 시대 - 근대

❶ 베르사유 궁전 : By ToucanWings - Own work, CC BY-SA 3.0,
https://commons.wikimedia.org/w/index.php?curid=28506008

❷ 타넨베르크 전투 : By Артур Орльонов - http://www.history-ua.org/gallery/show.php?id=466,
CC BY-SA 3.0, https://commons.wikimedia.org/w/index.php?curid=22296598

7. 가장 참혹한 전쟁을 넘어서 - 세계대전과 현대

❶ 킬 군항의 수병들 : By Bundesarchiv, Bild 183-J0908-0600-002 / CC-BY-SA 3.0,
CC BY-SA 3.0 de, https://commons.wikimedia.org/w/index.php?curid=5434332

❷ 소련과 러시아의 지도자들(흐루쇼프) : By Unknown - [1] Dutch National Archives,
The Hague, Fotocollectie Algemeen Nederlands Persbureau (ANeFo), 1945-1989,
bekijk toegang 2.24.01.04, Bestanddeelnummer 914-4385, CC BY-SA 3.0 nl,
https://commons.wikimedia.org/w/index.php?curid=36747633

❸ 소련과 러시아의 지도자들(브레즈네프) : By Kohls, Ulrich, extracted by Fredy.00 -
File:Bundesarchiv Bild 183-F0417-0001-011, Berlin, VII. SED-Parteitag, Eröffnung.jpg,
Deutsches Bundesarchiv (German Federal Archive), Bild 183-F0417-0001-011, CC BY-SA 3.0,
https://commons.wikimedia.org/w/index.php?curid=7375895

❹ 소련과 러시아의 지도자들(옐친) : By Kremlin.ru, CC BY 4.0,
https://commons.wikimedia.org/w/index.php?curid=67546416

❺ 소련과 러시아의 지도자들(푸틴) : By Пресс-служба Президента Российской Федерации -
http://en.kremlin.ru/, CC BY 3.0,
https://commons.wikimedia.org/w/index.php?curid=67735680

한 권 서양사
쉽게 읽고 오래 남는 유럽사와 세계사

초판 1쇄   2018년 11월 28일
　　　2쇄   2021년 11월 11일

지은이 | 이만적

발행인 | 박장희, 이상렬
제작 총괄 | 이정아
편집장 | 조한별

진행 | 김수미
표지 디자인 | 김아름
지도 | 김민영

발행처 | 중앙일보에스(주)
주소 | (04513) 서울시 중구 서소문로 100(서소문동)
등록 | 2008년 1월 25일 제2014-000178호
문의 | jbooks@joongang.co.kr
홈페이지 | jbooks.joins.com
네이버 포스트 | post.naver.com/joongangbooks
인스타그램 | @j__books

중앙북스는 중앙일보에스(주)의 단행본 출판 브랜드입니다.